WEIGUANJINGJIXUE

普通高等教育“十三五”应用型本科系列规划教材

微观经济学

主　编　　贾鹏飞
副主编　　肖唯楚　魏　曦

西安交通大学出版社
XI'AN JIAOTONG UNIVERSITY PRESS

内 容 提 要

现代西方经济学说是整个资产阶级经济学说史的重要组成部分，主要包括微观经济学和宏观经济学。本书是微观经济学，具有以下特点：

1. 在体系和内容的安排上，尽量还原西方经济学的基本内容、基本脉络。先讲需求、供给均衡和弹性这些基本分析方法，然后讲消费者行为和生产者行为理论，再讲市场结构理论，最后探讨生产要素市场和微观经济政策。

2. 体现了培养应用型人才的基本要求，以满足市场对应用型人才需求量的不断增加。本书每章有引言、阅读材料、案例分析和经典习题，目的在于培养学生应用微观经济学的研究方法分析经济、管理中实际问题的能力。

本书针对性和实用性较强，不仅可作为普通高等学校经济与管理类专业的基础课教材，也可作为从事经济、管理、金融、财税等工作的从业人员的自学参考书。

前言

Foreword

在当前我国全面推进小康社会建设的新时期,在社会主义市场经济不断发展的新形势下,人们越来越深刻认识到发展经济的重要性。因此,加强高校学生经济理论系统化学习,培养出一大批高素质的经济管理人才,越来越成为提升我国经济竞争力、保证国民经济持续健康发展的重要前提。然而,目前世界经济活动的主体仍然是资本主义市场,这不容否认,所以系统而全面地学习现代西方经济学说,不仅可以帮助我们进一步了解资本主义经济的内容、性质、运行模式,而且可以借鉴西方经济学家分析问题的方法和工具,从而更深入地分析社会主义市场经济,对于加快我国建设具有中国特色的社会主义大有裨益。

现代西方经济学说是整个资产阶级经济学说史的重要组成部分,主要包括微观经济学和宏观经济学。根据“十三五”期间我国高等教育发展改革的目标和任务,结合长期的教学经验,我们编写了西方经济学中的微观经济学部分,以期满足高校经济与管理类本科教学工作的需要。

本书具有以下特点:

(1)在体系和内容的安排上,尽量还原西方经济学的基本内容、基本脉络。先讲需求、供给均衡和弹性这些基本分析方法,然后讲消费者行为和生产者行为理论,再讲市场结构理论,最后探讨生产要素市场和微观经济政策。

(2)体现了培养应用型人才的基本要求,以满足市场对应用型人才需求量的不断增加。本书每章有引言、阅读材料、案例分析和经典习题,目的在于培养学生应用微观经济学的研究方法分析经济、管理中实际问题的能力。

(3)针对性和实用性较强。本书不仅可作为普通高等学校经济与管理类专业的基础课教材,也可作为从事经济、管理、金融、财税等工作的从业人员的自学参考书。

承担本书编写和出版的人员及分工如下:三峡大学科技学院贾鹏飞(第一章、第二章、第七章);三峡大学科技学院肖唯楚(第三章、第四章);三峡大学科技学院魏曦(第五章、第六章);第八章、第九章由三人共同编写。全书由贾鹏飞担任主编,负责全书的整理统稿工作,肖唯楚、魏曦担任副主编。

非常感谢西安交通大学出版社对本书出版的大力支持。在本书的编写过程中,我们参考了大量国内外同类教科书和论著,在此一并致谢!

由于编者学识水平有限,疏漏和错误在所难免,恳请专家和同仁不吝赐教,以便将来对本教材进一步完善和提高!

2016年11月

编者

目录

Contents

第一章

导论

引言

经济学是研究经济问题的学问。经济问题无处不在，它存在于我们每个人的日常生活中。我们每天都面临着大大小小的经济问题，大到如何理解国家的宏观经济政策，小到如何安排自己的衣食住行，每一样都无不体现着经济学的原理。那么，经济学到底研究什么？又用什么方法来进行研究呢？我们为什么要学习经济学呢？本章我们就对这些问题进行阐述。

第一节　经济学基本问题

一、何为"经济学"

经济学成为一门独立的社会学科，最早可追溯到1776年亚当·斯密发表的《国富论》，这本著作开始对经济学问题有了系统的思考和完整的理论框架，也奠定了经济学在社会科学中的重要地位。经济学研究的是一个社会如何利用稀缺的资源生产有价值的物品和劳务，并将它们在不同的人之间进行分配。资源的稀缺性是一切经济学分析的基础和前提条件，稀缺性是指相对于人们无限多样、不断上升的需要来说，用以满足这些需要的手段，即有用的资源，是相对不足的；同时，在既定的技术条件下，可利用的资源是相对不足的、有限的。稀缺性始终要求人们做出各种各样的选择，而选择意味着"取舍"，这正是经济学产生的根源。经济学就是研究人们对稀缺性资源合理配置、合理选择的科学。

理解经济学的含义应把握以下几个方面：

资源是稀缺的（与人们欲望的无限性相比较而言的），稀缺性是经济学分析的前提。稀缺性决定了有效利用资源的重要性。

经济学是选择的科学，选择行为是经济学分析的对象。即家庭、厂商、政府和涉外部门等都有各种各样选择行为。

资源的有效配置是经济学分析的中心目标。即家庭、厂商、政府和涉外部门等都以资源有效利用、合理配置为目标来进行选择。厂商选择的目的是获得利润最大化；家庭选择的目的是获得效用最大化；政府和涉外部门选择的目的是实现社会福利最大化。

二、经济学的基本问题

资源是稀缺的，而人们的欲望是无限的。有限资源与无限欲望之间的矛盾是所有经济体制必须面对的问题，这就要求我们研究如何做出合理的选择，使稀缺的经济资源得到充分利用和合理配置，以最大限度地满足需求，获得最大的社会福利。经济学理论的目标就是找出最恰当的处理稀缺性问题的方法，而这个方法就是必须解决下面三个基本的经济学问题：

（一）生产什么

“生产什么”要解决的问题是如何选择用总量既定的生产资源来生产哪些产品，并最大限度地满足人们的需要，也就是资源配置问题。

由于资源的稀缺性，任何形式的资源配置都会产生成本，这种成本就是人们选择所产生的成本。如果某人选择了某一资源用于某种用途，这就意味着他同时又放弃了这一资源的其他用途，而其他用途所产生的价值就构成了使用这一资源的成本，经济学上称之为“机会成本”。

（二）如何生产

“如何生产”要解决的是在生产同一种产品的许多种不同方法（如多用资本和少用劳动的方法或少用资本多用劳动的方法）中选择一种成本最低或者最有效率的方法，这既要从技术角度考虑，也要从经济角度考虑。

一种生产方法是有效的，是指我们不可能增加一种商品的生产而不从另一种商品的生产中抽取资源，从而减少另一种商品的产量。

（三）为谁生产

“为谁生产”则在相当程度上是一个收入分配问题，这既是一个经济问题，又是一个社会问题。

阅读材料

上海“取消老人免费交通”体现与时俱进

从2016年6月26日起，上海市停止实行70周岁以上沪籍老年人免费交通制度，改为发放老年综合津贴。原持有敬老卡的沪籍老年人，乘坐公交和轨道交通线路都需买票或投币上车。

上海之所以敢于这么做，显然不是“冒天下之大不韪”，而是有“老年综合津贴制度”作为免费乘车政策的替代品。依据当地方案，“老年综合津贴制度”是根据年龄实行梯度标准的。这项新制度，不仅让补贴数额高于当前公共交通出行成本，还扩大了受益人群，年龄段往前放宽了5岁，受益人群增加100万人，财政补贴增加近4倍。所以，尽管免费政策取消了，但包里的真金白银却增加了。其实，上海这项新政更大的好处，在于将福利分配权还给了个人。这就像单位发福利一样，大家一般觉得发钱比发实物更受欢迎。将宽泛的“乘车免费”替换为“综合津贴”，其意义是多重的。其一，老人可以自己来选择和决定这项福利的使用方式，给出行以更大自由度；其二，可以不同程度解决老人乘车难的问题。比如，上下班高峰期，不少公交车司机为规避风险，常常拒绝老年人上车。如今，老人有了诸如打车、不必要的时候不坐车等更多选择。不是所有的免费都最能体现公平。重要的是，要让福利能够抵达每一个符合条件的公民，同时为他们提供更多样的福利享受方式。

（资料来源：中国经济网，2016年6月，有删减）

第二节　经济学的内容和研究方法

一、经济学的内容

经济学根据其研究的具体领域、对象及角度不同，可分为微观经济学（microeconomics）和宏观经济学（macroeconomics）两大主要内容。

（一）微观经济学与宏观经济学的内涵

微观经济学是以单个经济主体为考察的出发点，研究单个经济主体的经济行为以及相应的经济变量的单项数值是如何决定的，主要采用个量分析方法。宏观经济学是研究整个国民经济活动的，采用总量分析法，以国民收入为中心，着重研究资源总量的充分利用。

（二）微观经济学与宏观经济学的区别

微观经济学与宏观经济学是经济学体系的两个重要组成部分，分别研究不同的领域，区别主要体现在五个方面，具体如表 1－1 所示。

表 1－1　微观经济学与宏观经济学的区别

区别 经济学	研究对象不同	研究变量不同	中心理论不同	解决的问题不同	研究方法不同
微观经济学	单个经济单位	经济总量为常量，相对价格等为变量	价格理论	解决优化资源配置的问题	个量分析，又称个量经济学
宏观经济学	整个国民经济	相对价格等为常量，经济总量为变量	国民产出决定理论	解决资源充分利用的问题	总量分析，又称总量经济学

（三）微观经济学与宏观经济学的联系

微观经济学与宏观经济学都属于经济学体系，因此虽有区别，但也有紧密的联系。

（1）二者互为前提和基础，相辅相成。微观经济研究个体经济单位的行为，无数个个体经济单位就构成了经济总体；宏观经济研究社会的总体经济，这也离不开对个体经济单位的研究，因此说二者是相辅相成的。

（2）二者有许多共同的规律，研究中采用了许多相同的分析方法。比如都使用静态均衡分析方法和动态过程分析方法；在进行数量分析时，都是用边际分析工具等。

（3）二者在根本目标上是一致的。微观经济分析的最终目标是在单个家庭或厂商最优行为的基础上，通过市场机制的引导和调节，达到整个经济最优的均衡结果；而宏观经济分析则是站在整个经济的角度，讨论如何解决那些最重要的经济问题，得出最好的政府政策取向，以便每个人的利益或福利都能得到改善。可见，无论是从微观角度还是从宏观角度，根本目标都是实现资源的有效配置、社会福利的最大化。

二、经济学的分析方法

由于研究对象及研究目的在性质、内容上存在差异，每一门学科都因此而形成自己的研究方法及其体系。在对社会经济问题进行研究的长期过程中，经济学形成了一定的基本研究方法。

（一）边际分析方法

边际分析法是利用边际概念对经济行为和经济变量进行数量分析的一种方法。具体来说，依据经济模型中自变量与作为总量的因变量之间的数量关系，自变量在每一个水平变化一个单位时因变量的变化量就叫做边际量，即数学中的微分的含义。它是一种确定最优值的简便方法，利用边际量可以确定总量的最大或最小，也可以分析一定条件下总量的最优分配。这种用边际量对经济行为和经济变量进行分析的方法，就是边际分析法。

在以下各章，我们会提到许多有关边际的概念，概括起来分为两大类：一是边际收益（marginal benefit），二是边际成本（marginal cost）。前者指的是增加一单位的某种经济活动（自变量）所带来的增加的收益（因变量），如货币收入、满意程度等；后者则指增加一单位的某种经济活动所带来的增加的成本或减少的利益。寻求利益极大化的个人总是遵循这样的边际原则：当某项经济活动（如生产、消费）的边际收益大于边际成本时，人们会扩大这种活动；反之，则会减少这种活动，直到边际收益等于边际成本，此时这种经济活动处于最优状态，也就达到了均衡。

（二）弹性分析方法

弹性分析是经济分析中的重要工具。某个经济变量（因变量）的弹性是指由于与该因变量有某种数量关系的某一个自变量的值变动1%时所引起的该因变量变化的百分比。

最常见的弹性就是需求弹性。根据自变量的不同，需求弹性分为需求价格弹性、需求收入弹性和需求交叉弹性。根据不同的数量关系，分别反映由于商品价格、消费者收入以及相关商品价格变动1%时所引起的因变量（商品需求量）的变化百分比。

（三）模型分析方法

建立经济模型是经济学用来研究各种相关经济变量之间关系的常用方法。简单地说，经济模型就是用变量的函数关系来说明经济理论、是经济理论的简单表达。经济模型可以用文字说明，也可用数学公式和几何图型形式来表达。每种形式各有优点，其中语言文字的叙述比较全面，数学公式比较严密、富有逻辑性，而几何图形比较形象、直观。不管采用哪一种表达形式，所反映的经济理论的本质是一样的，因此，三种形式往往同时被使用，不过在不同层次的教学和研究中使用时各有侧重。

一个完整的经济理论模型包括定义、假设、假说和预测四个部分。定义是对经济学研究的各种变量所做出的明确解释和说明。经济变量主要指由模型内部因素决定的内生变量和由模型之外的因素决定的外生变量。假设是某一理论所适用的前提条件，提出假设是为了限定和简化讨论的范围，不同的假设可以用来解释不同的经济问题。假说是在一定的假设下，利用定义来说明经济变量之间的关系，也就是未经证明的理论。预测是根据假说而对经济现象未来发展的趋势进行预期，是一种有条件的说明，是从假说中推理而得出的必然结论，它不是盲目的猜测，而是对经济模型的检验。

(四)均衡分析方法

均衡分析法是西方经济学采用的基本分析方法,在西方经济学特别是微观经济学中占有十分重要的地位。

均衡,亦称平衡,原来是一个力学概念,它是指一个物体受到同一直线上两个方向相反大小相等的外力的作用,该物体因受力均衡处于静止不动状态,这种状态就是均衡。在经济学中指的是这样一种状态:各个经济决策者(消费者、生产者等)所做出的决策正好相容,并且在外界条件不变的情况下,每个人都不会愿意再调整自己的决策,从而不再改变其经济行为。

均衡分析方法,就是假定外界诸因素(自变量)是已知的和固定不变的,然后再研究因变量达到均衡时应具备的条件。由于在现实中外界条件不断地发生变化,均衡有可能是转瞬即逝,也有可能永远无法实现,所以,在均衡分析中,我们只考察达到假想中的均衡时的情况。

(五)静态分析、比较静态分析和动态分析方法

静态分析、比较静态分析和动态分析与均衡分析是密切相关的。

一般假定外在因素是已知的和既定的,考察内在因素达到均衡状态的条件和在均衡状态下的情况,这称作静态分析。

如果自变量中的一部分或全部发生了变化,对变化之后的自变量再作一次静态分析,分析自变量变化后因变量达到均衡状态的情况,然后对变化前后两套不同外界因素条件下的因变量值进行比较,但不考察从原均衡状态到新均衡状态的变化过程,则称作比较静态分析;

如果自变量中的一部分或全部发生了变化,对变化之后的自变量再作一次静态分析,分析自变量变化后因变量达到均衡状态的情况,然后对变化前后两套不同外界因素条件下的因变量值进行比较,并且考察从原均衡状态到新均衡状态的变化过程,则称作动态分析。

(六)实证分析与规范分析方法

实证分析研究“是什么”或“怎么样”的问题,其目的在于表述经济是如何运行的,它只进行客观的陈述和分析,揭示经济变量之间稳定的函数关系或因果关系,提如假说或理论,再由经验事实加以验证。

规范分析研究“应该是什么”或“应该怎么样”的问题,是以一定的价值判断为基础,提出经济行为的标准和目标,并确定正确的途径和对策的一种研究方法。由于价值判断有很强的历史性、民族性并因社会阶层、利益群体的不同而存在差异,所以规范分析不如实证分析那么精确、科学。

第三节 学习经济学的目的

经济学是学习其他许多学科的基础。经济学几乎与其他所有学科交叉,经济学理论大量地被引入政治学、社会学等研究领域中,用于研究人的政治决策行为与社会决策行为等。因此,经济学基本理论分析作为社会科学的重要组成部分,对社会科学理论研究具有重要意义,学好经济学可以帮助人们更加深刻地理解经济对整个世界的作用。

从政府的角度来说,经济学能帮助其制定出更符合社会发展状况的政治决策。政府的政策选择不仅影响整个社会的资源配置效率,同时也影响着每个公民的福利,因此政府做出决策时如果客观地将微观经济因素考虑在内,就会减少决策的盲目性,更好地履行政府职能。同

时，政府进行宏观经济管理时，也可以充分利用宏观经济分析的许多方法和原则，为科学设计和合理实施宏观经济政策提供科学依据，如选择财政政策与货币政策的合理组合实现预期的宏观经济目标。一方面政府能够提供市场交易所需要的规则和秩序，另一方面政府也不能对市场过多干预，否则会导致价格扭曲、垄断横行，最终市场失灵。

从个人的角度来说，首先，学好经济学能让我们更好地理解整个世界的运行规律，以及人们各项经济行为、政府各项方针政策、各种政治事件的内在原因。我们能够透过现象看到本质，能够明白市场这只"看不见的手"如何使每个自利的个人为大家服务。其次，学习经济学有助于我们做出更好的个人决策。经济学是有关人们之间的决策如何相互作用的科学。每个人的生活状况不仅取决于自己的决策，而且依赖于其他人的决策，以及周围环境的变化，而资源（每个人的时间、精力、金钱等）是有限的，所以每个人都必须在各种竞争性的需求之间分配个人有限的资源。更为麻烦的是，决策常常是在不确定的情况下做出的，当你做出决策时，你可能并不知道未来会发生什么状况，而每一个决策，都会导致未来的不同走向。为了尽量避免决策的失误，我们就需要一些理论的指导，运用这些经济学理论，我们可以建立起各种具有预测功能的经济模型，可以在我们进行各项经济活动时提供科学的分析方法和合理的决策依据。

阅读材料

全球化视野下，英国脱欧公投有何启示？

2016年6月23日，英国民众将就是否退出欧盟进行全民公投。24日公布结果：脱欧阵营锁定最终胜利。

英国为何要进行脱欧公投？

英国首相卡梅伦的思路不难理解：脱欧公投可以迎合国内众多对欧盟不满的社会群体，同时在谈判中给欧盟施加更大的压力、获得对英国更有利的条件。可是，这两方面最终都失去了控制。在国内，基于欧债危机、难民问题的刺激，支持脱离欧盟的一方逐渐增多，基本与支持留在欧盟的一方齐平；而在与欧盟的谈判中，英国虽然被给予"特殊地位"，但它的要求也并没有被照单全收。

英国脱欧公投影响几何？

从短期来说，脱离欧盟会带给英国一些明显的好处，例如减少上交欧盟的大笔费用、阻止难民的流入、消除欧盟金融和农业等政策管制对英国的负面影响。但不利的方面也很明显，毕竟英国对欧盟的贸易依存度比较高，将近一半的进出口都是面向欧盟，大量的投资、技术和人才也是来自欧盟其他国家。而从长期来看，脱离欧盟将会使得英国丧失一个十分重要的平台，无法在欧洲事务中发挥重要的影响力。

从理性而言，英国不应退欧，其主要原因除了政治影响力，经济账也不得不算。英国留在欧盟，固然需要缴纳一定财政费用，忍受欧盟的官僚作风，但是从经济一体化的角度，英国留在欧盟显然更划算。按照国际基金组织的估算，英国脱欧会导致经济陷入衰退，并且会造成永久性的较低收入，也会使得未来英国GDP降低。以此而言，英国无论以哪种方式离开欧盟，都会损害其自身经济，最好的情况是保留对自身有利现状。同时，英国一旦退出欧盟，对于金融市场无疑是巨大冲击，而上至欧盟官方机构下至各大投资公司，似乎对此都还缺乏充分的准备。

（资料来源：2016年6月，中国经济网，有删减）

第四节 微观经济学的基本假设和理论框架

一、微观经济学的基本假设条件

微观经济理论的建立是以一定的假设条件作为前提的。在微观经济分析中,根据所研究的问题和所要建立的理论的不同需要,假设条件存在着差异。但是,在众多不同经济理论的各自不同的假设条件中,有些假设条件是所有的经济理论均具备的,微观经济学的理论正是以这些基本假设条件为前提来研究的。

微观经济学的第一个基本假设条件就是"理性人"的假设条件。所谓的"理性人"的假设是对在经济社会中从事经济活动的所有人的基本特征的一个一般性的抽象。即:每一个从事经济活动的人(消费者或厂商)都是利己的,或者说,每一个从事经济活动的人都是自觉地按利益最大化的原则行事,既能把最大化作为目标,又知道如何实现最大化。

微观经济学的第二个基本假设条件就是"市场出清"的假设条件。即:坚信在价格可以自由而迅速升降的情况下,市场上一定会实现充分就业的均衡状态。在这种状态下,资源可以得到充分利用,不存在资源闲置或浪费问题。

微观经济学的第三个基本假设条件就是"完全信息"的假设条件。即:消费者和厂商可免费而迅速地获得各种市场信息,只有信息是完全的,市场价格机制才会是有效的,资源才能实现最优配置。

二、微观经济学的理论框架

微观经济学主要研究以公众(消费者)为需求者、厂商为供给者的产品市场和厂商为需求者、公众(消费者)为供给者的生产要素市场,每一个消费者和每一个厂商都具有双重的身份。

出于对自身经济利益的追求,消费者的经济行为首先表现为在生产要素市场上提供生产要素,如提供一定数量的劳动、土地等以取得收入,然后在产品市场上购买所需的商品,如一定数量的面包、服装等,进而在消费中得到最大的效用满足。而厂商的经济行为则首先表现为在生产要素市场上购买生产所需的生产要素,如雇用一定数量的工人、租用一定数量的土地等,然后,进入生产过程进行生产,如生产出一定数量的面包、服装等,进而通过商品的出售获得最大的利润。

产品市场中,消费者对产品(如面包、服装)的需求和厂商对产品(如面包、服装)的供给要正好相等,以实现供求相等的均衡状态,否则就会供过于求或供不应求。这种均衡状态便决定了每一种产品(如面包、服装)在市场上的均衡价格和均衡数量;生产要素市场中,消费者对生产要素(如劳动、土地)的供给和厂商对生产要素(如劳动、土地)的引致需求也要正好相等,由此就又决定了每一种生产要素(如劳动、土地)在市场上的均衡价格(如工资、地租)和均衡数量。厂商购买生产要素所支付的总价格等于工资、利息、地租和利润的总和,这四部分分别构成生产要素劳动、资本、土地和企业家才能的提供者的报酬收入。

无论是产品市场,还是生产要素市场,在完全竞争条件下,消费者和厂商的经济活动都表现为在市场机制的作用下各自追求自身经济利益最大化的过程,最终都实现供求相等的均衡状态。即每一种产品都以最低的成本被生产出来，每一种产品也都以最低的价格在市场上出售，消费者获得最大的满足，厂商也获得最大的利润，生产要素的提供者根据各自对生产的贡献都得到了相应的报酬。同时，本书也介绍了在不完全竞争的条件下市场如何实现均衡，如何实现有效率的资源配置。

此外，微观经济学还包括微观经济政策分析。因为，西方经济学家认为，现实的资本主义经济在某些方面与上述的完全竞争经济的最优状态是有偏离的，这就需要执行一定的微观经济政策来加以矫正，以克服“市场失灵”，使得现实的经济能以最优状态或接近最优状态的效率来运行。

按照以上理论体系框架，本书的内容是这样安排的：首先介绍基础理论（包括第一章导论，第二章均衡理论和第三章弹性理论），然后介绍产品市场理论（包括第四章消费者行为理论、第五、六章生产者行为理论和第七章市场结构理论），再介绍生产要素市场理论（第八章），最后简单介绍市场失灵和微观经济政策（第九章）。

本章关键词

经济学　　微观经济学　　宏观经济学　　理性经济人

案例分析

顺风车“抽成”——天下没有免费的午餐

在当前购票难、养车贵、污染重的情况下，顺风车可以提高机动车的使用效率，降低车主的使用成本，节约社会资源，减少空气污染，是一个能够实现各方多赢的创意。这恐怕也是国家明确支持“拼车回家”的原因所在。而智能手机和移动互联网的普及，从技术上为顺风车提供了最大的方便，一些服务平台顺势而生。

然而，近日一些滴滴、顺风车车主发现，平台会抽取每单5%的服务费，如果一次形成4单顺风车（一个行程中有4名乘客分别搭车），就意味着滴滴会抽取4单的服务费。一些市民在使用时，犯了嘀咕，这5%的平台费滴滴应该收吗？车费到底收多少比较合理呢？乘坐顺风车到底安全不安全？

天下没有免费的午餐，这一道理同样适用于互联网领域。人们使用部分免费互联网产品时，看似没有任何经济支出，实际上也在为产品研发者和提供者赚取利润。如在发送免费电子邮件时，不得不浏览广告，为此，商家需要向平台支付费用；在使用聊天工具时，可能会购买虚拟装备，商家借此营利。正所谓，“羊毛出在狗身上，牛消费，猪买单”。

现在问题的焦点，是5%的服务费是不是过高。如果5%的服务费明显高于滴滴公司为顺风车服务付出的成本，那么就属于从公益身上揩油，应该降低。反之，如果5%的服务费低于滴滴公司付出的成本，那么现有的收费比例就应该保持甚至提高。简而言之，顺风车收费与否可由市场决定优胜劣汰，适者生存是市场经济的必然规律。互联网平台收费与否，完全可以交由投资者、决策者根据运营状况、市场前景自行决定。只要在法律范围内经营，无论是监管者还是消费者，都不宜过度干预，这样才能让有能力的企业发展壮大，促进互联网领域的创业激情。

（资料来源：中国经济网，2016年2月，有删减）

讨论并分析：

1. 以上材料反映了经济学中的哪一个基本假设？

2. 请结合生活实际，谈谈你对于这一基本假设的理解。

课后练习

一、选择题

1. 经济学是研究(　　)的学科。

A. 企业如何赚钱的问题　　B. 如何实现稀缺资源的有效配置和利用

C. 用数学方法建立数学模型　　D. 政府如何对经济实行管制

2. 资源的稀缺性是指(　　)。

A. 目前仍然有很多人生活在贫困中　　B. 资源的绝对数量有限

C. 相对于人类欲望无穷性的资源有限性　　D. 经济学家的一种主观想法

3. 微观经济学的最基本假设有(　　)。

A. 理性经济人的假设　　B. 完全信息的假设

C. 市场出清的假设　　D. 以上都正确

4. 微观经济学的研究对象是(　　)。

A. 个体经济单位　　B. 国民经济

C. 市场　　D. 一般均衡问题

二、简答题

1. 试述经济学的分析方法。

2. 试述微观经济学与宏观经济学的区别。

3. 请结合个人实际，谈谈你学习经济学的目的。

第二章
需求、供给与均衡价格

引言

价格理论是微观经济学的核心内容，对市场供给和需求的分析则是微观经济学理论分析的起点。在市场经济中，资源由价格来配置，价格则由供给和需求两个因素决定。本章在给定需求规律与供给规律的基础上，主要讨论两方面问题：一方面，介绍需求和供给的基本概念，了解影响需求、供给的因素以及深入分析二者的变动情况；另一方面，分析市场供求相互作用所决定的均衡价格和均衡产量，了解需求与供给的变动对均衡价格的深刻影响，探讨均衡价格的形成机制。

第一节　需求

一、需求的概念

什么是需求？经济学意义上的需求与我们平时所说的需求有什么区别呢？人的吃饭、穿衣、消费等都是需求，那么在经济学中，我们如何界定需求呢？

经济学意义上的需求指的是，消费者在一定时期内，在某种商品各种可能的价格水平上愿意并且能够购买的该商品的数量。依据此定义可知，经济学所讨论的需求，必须满足两个条件：消费者有购买欲望且有购买能力，只有这样，才能叫做有效需求。

理解需求概念需把握以下两点：①需求是购买欲望和支付能力的统一，消费者不但要有购买欲望，而且还要有支付能力，缺少任何一个条件都不能成为需求。它不同于需要，需要是指需求的欲望，它是一种主观愿望，不涉及能力；而对商品的需求，则除主观愿望外还涉及支付能力。例如，低收入者想购买豪宅，但没有购买能力，就不能称之为有效需求。已经拥有豪华跑车的高收入者不再添置新的跑车，虽有购买能力却没有购买欲望，也不能称之为有效需求。②需求与需求量有区别。需求是价格与需求数量之间的一种函数关系，是某种商品各种价格所对应的数量集，不是单一的数量。而需求量则是某种给定价格下消费者愿意并能够购买的数量。

需求分为个人需求和市场需求。个人需求是指某个居民对某一商品的需求；市场需求是指居民全体对某一商品的需求，市场需求是个人需求的加总。

二、影响需求的因素

影响需求的因素多种多样，既有经济的因素，也有非经济的因素，概括起来主要有以下几方面：

1. 商品自身的价格

一般情况下，对于大多数商品来说，商品自身的价格越高，该商品的需求量就越小；反之，价格越低，需求量就越大。

2. 相关商品的价格

相关商品是指与商品存在互补关系或替代关系的商品。例如牛肉与羊肉，苹果与草莓是替代关系，而汽车与汽油，网球与球拍则是互补关系。一种商品本身的价格不变，而与它相关的其他商品的价格发生变化时，这种商品的需求量也会随之发生变化。例如，在其他条件不变的前提下，当牛肉的价格不变而羊肉的价格上涨时，人们往往就会增加对牛肉的购买，从而使牛肉的需求量上升。

阅读材料

送你一盏灯，请买我的油

1894 年，美孚石油公司在上海设立销售网点，规定买 2 斤洋油，就奉送一盏刻有“请用美孚油”字样的洋油灯。消费者闻知此事，纷纷加入买洋油的行列。当时油价非常便宜，2 斤油利润微薄，加之赠送灯盏，公司大大蚀本，一年时间里，美孚公司赔了 87 万盏油灯，账面上出现巨额赤字。

短时期来看，美孚公司赔了。但从长远来看，随着时间的推移，有了洋油灯的消费者，都渐渐离不开洋油了，成了美孚石油公司的常年顾客。上海人因为得到了洋油灯，迅速淘汰了原先的菜油灯、蜡烛灯，从此开辟了上海的洋油灯时代，发展成为点灯就得买洋油。不到十年，美孚洋油在上海年销量就达到九百多万箱。从此，美孚石油公司的油盛销不衰，给公司带来了丰厚的利润。

（资料来源：李津，学会选择学会放弃，2009 年）

3. 消费者的收入水平

对于大多数商品来说，当消费者的收入水平提高时，就会增加对该商品的需求量。相反，当消费者的收入水平下降时，就会减少对该商品的需求量。

4. 消费者的偏好

当消费者对某种商品的偏好程度增强时，该商品的需求量就会增加。相反，偏好程度减弱，需求量就会减少。

5. 消费者对商品的价格预期

当消费者预期某种商品的价格在下一期会上升时，就会增加对该商品的现期需求量；当消费者预期某商品的价格在下一期会下降时，就会减少对该商品的现期需求量。

6. 人口结构与数量

社会人口结构和数量的变化无疑会影响需求量。例如，人口老龄化会导致整个社会对老年用品的需求增加，而战乱、瘟疫、自然灾害等导致的人口数量减少也必然会导致整个社会商品需求量的减少。

7. 政府的相关政策

政府的政策会鼓励或抑制消费，政府鼓励消费时会出台诸如降低利息、增加政府支出等政策，从而刺激消费者增加对商品的消费需求；反之，政府抑制消费时商品的需求量自然也就减少。

三、需求表与需求曲线

(一)需求表

需求是指价格与需求量之间的关系，这种关系可以用市场需求表来表示。

需求表是一张表明在各种价格下消费者能够购买的商品数量的数字序列表。表 2－1 即是某商品的需求表，从表中可以看出，在不同的价格下，消费者的需求数量不同。当商品价格为 10 元时，商品的需求量为 500 单位；当价格上涨到 25 元时，商品的需求量下降为 350 单位；当价格进一步上升到 40 元时，商品的需求量下降为更少的 200 单位；如此等等。

表 2－1　某商品的需求表

价格—数量组合	A	B	C	D	E	F	G
价格(元)	10	15	20	25	30	35	40
需求量(单位数)	500	450	400	350	300	250	200

(二)需求曲线

商品的需求曲线是根据需求表中商品不同的价格—需求量的组合在平面坐标图上所绘制的一条曲线。

图 2－1 是根据表 2－1 绘制的需求曲线，横轴 OQ 表示商品数量，纵轴 OP 表示商品价格。我们可以看到需求曲线向右下方倾斜，即它的斜率为负值。这是因为：价格下降会促使已经购买了一定量商品的消费者去购买更多的商品；同时，价格下降还使以前并没有能力购买该商品的消费者可以有能力购买一定量的商品。

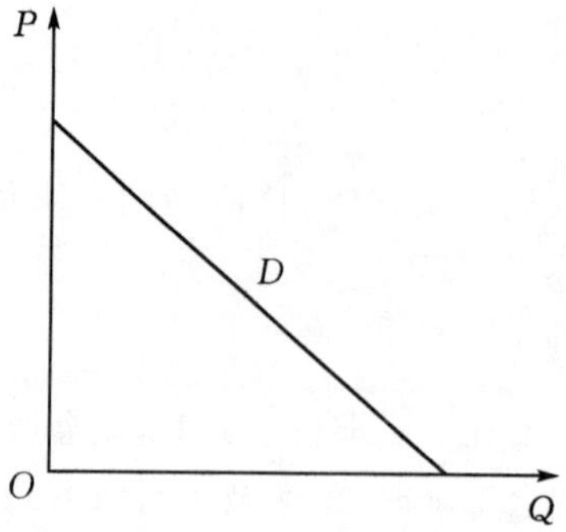

图 2－1　需求曲线

四、需求函数

需求函数表示一种商品的需求数量和影响该商品需求量的各种因素之间的相互关系。如果把某种商品的需求量作为因变量，把影响人们对这种商品需求的各种因素作为自变量，就可以得出需求函数：

$$Q_d=f(P,P_{其他},I,T,E,\cdots) \tag{2.1}$$

式中：Q_d表示商品需求量；P 表示商品自身价格；$P_{其他}$表示相关商品的价格；I 表示消费者收入；T 表示消费者偏好；E 表示消费者对价格的预期。这些因素任何一个发生变动，都会引起因变量 Q_d的变动。

在实际研究中，上述需求函数由于自变量众多，分析起来将非常复杂。因此，一般均假定其他因素不变，只考虑某一种影响因素对需求量的影响。所有影响因素中，最重要的影响因素是商品自身价格，因此，需求函数最常见的形式是以商品自身价格为自变量的函数。即：

$$Q_d=f(P) \tag{2.2}$$

需求函数可以是线性函数，也可以是非线性函数。在微观经济分析中，为了简化分析过程，在不影响结论的前提下，我们通常假定需求函数为线性函数，相应的需求曲线为直线型。则需求函数的通常形式可以写为：

$$Q_d=f(P)=a-bP(a、b\text{ 为常数且均}>0) \tag{2.3}$$

该函数所对应的需求曲线为一条向右下方倾斜的直线(见图 2－1)，表明商品的需求量和价格之间成反方向变动关系。

第二节　供给

一、供给的概念

什么是供给？经济学意义上的供给指的是，生产者在一定时期内，在某种商品各种可能的价格水平上愿意并且能够供给的该商品的数量。依据此定义可知，经济学所讨论的供给，同样必须满足两个条件：生产者有供给欲望且有供给能力，这样才能叫做有效供给。

同需求一样，供给也分为个别供给和市场供给。个人供给是指某个居民厂商对某一商品的供给；市场供给则是指市场上全体厂商对某一商品的供给，市场供给是个人供给的加总。

二、影响供给的因素

影响供给的因素多种多样，既有经济的因素，也有非经济的因素，概括起来主要有以下方面：

1. 商品的自身价格

一般说来，一种商品的价格越高，生产者提供的产量就越大。相反，商品的价格越低，生产者提供的产量就越小。

2. 相关商品的价格

一种商品本身的价格不变，而与它相关的其他商品的价格发生变化时，这种商品的供给量也会随之发生变化。例如，在其他条件不变的前提下，当牛肉的价格不变而羊肉的价格上涨时，生产者往往就会增加对羊肉的供给，从而使牛肉的供给量量减少。

3. **生产该商品的成本**

在商品自身价格不变的条件下，生产成本上升会减少利润，从而使得生产者愿意供给的量减少。相反，生产成本下降会增加利润，从而使得该商品的供给量增加。

4. **生产该商品的技术水平**

在一般的情况下，生产技术水平的提高可以降低生产成本，增加生产者的利润，因此生产者会提供更多的产量。

5. **生产者对未来的预期**

如果生产者对未来的预期看好，如预期商品的价格会上涨，生产者往往会扩大生产，增加商品供给。如果生产者对未来的预期是悲观的，如预期商品的价格会下降，生产者往往会缩减生产，减少商品供给。这对于生产周期短的商品来说尤其明显。

6. **政府的相关政策**

政府的政策会鼓励或抑制生产，政府鼓励生产时会出台诸如对生产者减轻税负、适当补贴等政策，从而使得生产者增加商品的供给量；政府抑制生产时商品供给量自然也就减少。

三、供给表与供给曲线

(一)供给表

供给是指价格与供给量之间的关系，这种关系可以用市场供给表来表示。

供给表是一张表明在各种价格下消费者能够购买的商品数量的数字序列表。表 2-2 是某商品的供给表，从表中可以看出，在不同的价格下，生产者的供给数量不同。当商品价格为 10 元时，商品的供给量为 80 单位；当价格上升为 25 元时，商品的供给量上升为 350 单位；当价格进一步上升为 40 元时，商品的供给量也进一步上升为 620 单位；如此等等。

表 2-2 某商品的供给表

价格—数量组合	A	B	C	D	E	F	G
价格(元)	10	15	20	25	30	35	40
供给量(单位数)	80	170	260	350	440	530	620

(二)供给曲线

商品的供给曲线是根据供给表中商品不同的价格—供给量的组合在平面坐标图上所绘制的一条曲线。

图 2-2 是根据表 2-2 绘制的供给曲线，横轴 OQ 表示商品数量，纵轴 OP 表示商品价格。我们可以看到供给曲线向右上方倾斜，即它的斜率为正值。

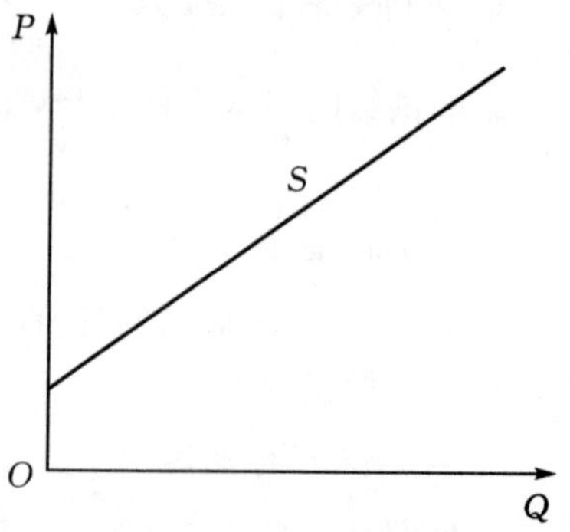

图 2-2 供给曲线

四、供给函数

供给函数表示一种商品的供给数量和影响该商品供给量的各种因素之间的相互关系。如果把某种商品的供给量作为因变量，把影响人们对这种商品供给的各种因素作为自变量，就可以得出供给函数：

$$Q_S = f(P, P_{其他}, C, E, \cdots) \qquad (2.4)$$

式中：Q_S表示商品供给量；P 表示商品自身价格；$P_{其他}$ 表示相关商品的价格；C 表示生产成本；E 表示生产者对价格的预期。这些因素任何一个发生变动，都会引起因变量 Q_S的变动。

在实际研究中，上述供给函数由于自变量众多，分析起来将非常复杂。因此，一般均假定其他因素不变，只考虑某一种影响因素对供给量的影响。所有影响因素中，最重要的影响因素是商品自身价格，因此，供给函数最常见的形式是以商品自身价格为自变量的函数，即：

$$Q_S = f(P) \qquad (2.5)$$

供给函数可以是线性函数，也可以是非线性函数。在微观经济分析中，为了简化分析过程，在不影响结论的前提下，可以假定供给函数为线性函数。则供给函数的通常形式可以写为：

$$Q_S = f(P) = -c + dP(c、d \text{ 为常数且均} > 0) \qquad (2.6)$$

该函数所对应的供给曲线为一条向右上方倾斜的直线，表明商品的供给量和价格之间成同方向变动关系。

第三节　均衡价格及其变动

在西方经济学中，均衡分析方法是一种被广泛运用的重要方法。均衡原是物理学中的概念，马歇尔将其引入经济学中，表示经济事物中有关的变量在一定条件的相互作用下所达到的一种相对静止的状态。

在需求—供给模型中，均衡状态是指需求量与供给量正好相等的状态，也叫市场出清(market-clearing)状态。

一、均衡价格的形成

通过前面的学习我们可以知道，需求和供给是市场上两种相反的力量。对于市场上大多数商品来说，商品的价格越低，人们的需求量越多，而企业愿意供给的量却越少；商品的价格越高，人们的需求量越少，而企业愿意供给的量却越多。只有当市场上需求方需求的量和供给方供给的量正好相等时，我们才说整个市场达到了均衡状态，此时的价格就叫均衡价格(equilibrium price)，数量就叫做均衡数量(equilibrium quantity)。

从几何意义上看，均衡价格和均衡数量出现在需求曲线与供给曲线的交点处，在这个交点上需求量与供给量正好相等，该交点就被叫做均衡点。

均衡价格是通过市场上供求双方的竞争力量自发形成的，这一点可通过两个方面来理解。

一是假定市场价格高于均衡价格的情况，如图 2－3 所示价格为 P_1时，此时价格水平较高，生产者愿意提供的量较多，即图中 Q_{1s}；而此时消费者需求的量却较少，即图中的 Q_{1d}。容易看出，这一价格水平导致了该商品的供给量高于需求量，造成了供过于求。供过于求会迫使市场价格下降，最终导致生产者供给量减少，消费者需求量增加，供求双方趋向于均衡，均衡点为 E 点，均衡价格为 P_0，均衡数量为 Q_0。

二是假定市场价格低于均衡价格的情况，如图价格为 P_2时，此时价格水平较低，消费者愿意购买的量较多，即图中 Q_{2d}；而此时生产者愿意提供的量却较少，即图中的 Q_{2s}。容易看出，这一价格水平导致了该商品的需求量高于供给量，造成了供不应求。供不应求会导致市场价格上升，最终消费者需求量减少，生产者供给量增加，供求双方趋向于均衡，均衡点为 E 点，均衡价格为 P_0，均衡数量为 Q_0。

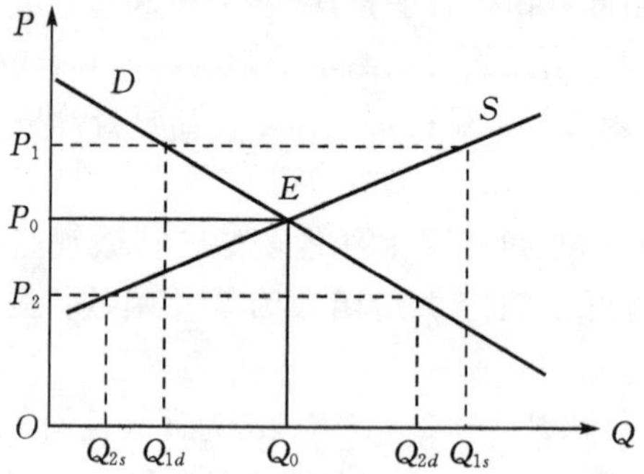

图 2-3　均衡价格的形成

二、均衡价格决定模型

商品的需求曲线和供给曲线共同决定商品的均衡价格和均衡数量，这一模型不仅可以用上述的文字语言来阐述，也可以用数学形式来表达。

图 2-3 就是以数学的几何图形来表示的均衡价格决定模型，即需求曲线 D 和供给曲线 S 的交点决定均衡价格和均衡数量。除了几何图形，我们也可以用数学方程式来表示均衡价格决定模型。

$$\begin{cases} Q_d = a - bP \\ Q_s = -c + dP \\ Q_d = Q_S \end{cases} \tag{2.7}$$

其中，a、b、c、d 均为常数，且均大于零。

通过解这个方程组，我们就可得出均衡点处的均衡价格和均衡数量。

思考题

根据前文表 2-1、表 2-2 的数据求出相应的需求函数和供给函数，并建立模型求出均衡价格 P_e 和均衡数量 Q_e。

三、均衡价格的变动

一种商品的均衡价格是由该商品的需求曲线和供给曲线的交点决定的。因此，需求曲线或供给曲线的位置移动都会导致均衡点发生变动。

(一)需求曲线移动对均衡价格的影响

(1)要理解需求曲线的移动，必须区分需求量的变动和需求的变动这两个概念。一般来说，需求量的变动和需求的变动都是指最终需求数量的变动，它们的区别在于引起这两种变动的原因不相同，因此，这两种变动在几何图形中的表示也不相同。

①需求量的变动。由于 $Q_d=f(P)$ 反映的是商品需求数量 Q 与商品价格 P 之间的函数关系，因此在其他因素不变的情况下，商品的价格 P 变动将会导致需求量 Q 发生变动，且这种变动反映在图形上是沿着需求曲线的点的移动，这就叫需求量的变动。

例如，在图 2-1 中，当商品价格由 10 元逐步上升到 25 元时，它所引起的商品的需求数量由 500 单位逐步减少为 350 单位，进一步上升为 40 元时，需求数量也下降为 200 单位，商品的价格——需求数量组合由点(10,500)沿着既定的需求曲线，经过点(25,350)，运动到点(40,200)。

②需求的变动。需求的变动是指在商品价格不变的条件下，由其他因素(包括相关商品的价格、消费者收入水平、消费者偏好以及消费者对该商品的价格预期等)变动所引起的该商品的需求数量的变动。这种变动体现在几何图形中，就表现为需求曲线的位置发生平移。下面以图 2-4 加以说明。

在图 2-4 中，原有的需求曲线为 D_0，在商品价格不变的前提下，如果消费者收入增加使需求增加，则需求曲线向右平移，如由图中的 D_0 曲线向右平移到 D_1 曲线的位置。如果消费者收入减少使需求减少，则需求曲线向左平移，如由图中的 D_0 曲线向左平移到 D_2 曲线的位置。由消费者收入变动所引起的这种需求曲线位置的移动，表示在每一个既定的价格水平上需求数量都增加或者都减少了。例如，在既定的价格水平 P_0，原来的需求数量为 D_0 曲线上的 Q_0，需求增加后的需求数量为 D_1 曲线上的 Q_1，需求减少后的需求数量为 D_2 曲线上的 Q_2。而且，这种在原有价格水平上所发生的需求增加量 Q_0Q_1 和需求减少量 Q_2Q_0，都是由消费者收入变动所引起的。显然，需求的变动所引起的需求曲线的位置移动，表示整个需求状态的变化。

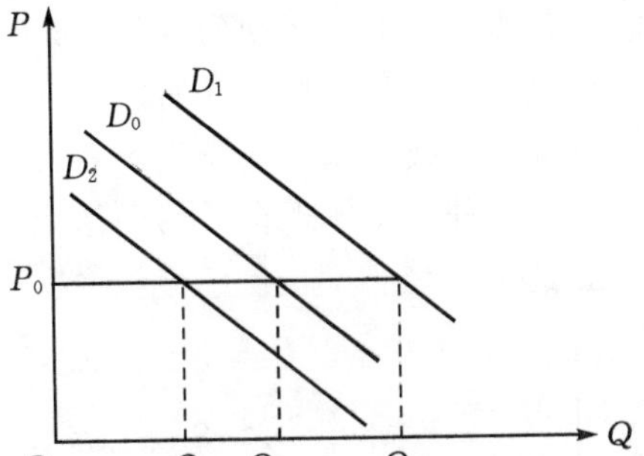

图 2-4 需求的变动

(2)均衡价格的变动。从上述分析可知，除价格之外的其他因素变动，会导致需求的变动，进而导致需求曲线的位置发生平移。在供给曲线不变的情况下，这种需求曲线的移动将导致均衡价格发生变动。需求曲线右移，均衡价格和均衡数量都增加；需求曲线左移，均衡价格和均衡数量都减少。

如图 2-5 所示，既定的供给曲线 S 与原来的需求曲线 D_0 相交于 E_0 点，均衡价格为 P_0，均衡数量为 Q_0。需求增加使需求曲线向右平移至 D_1 曲线的位置，D_1 曲线与 S 曲线相交于 E_1 点，均衡价格上升为 P_1，均衡数量增加为 Q_1；相反，需求减少使需求曲线向左平移至 D_2 曲线的位置，D_2 曲线与 S 曲线相交于 E_2 点，均衡价格下降为 P_2，均衡数量减少为 Q_2。

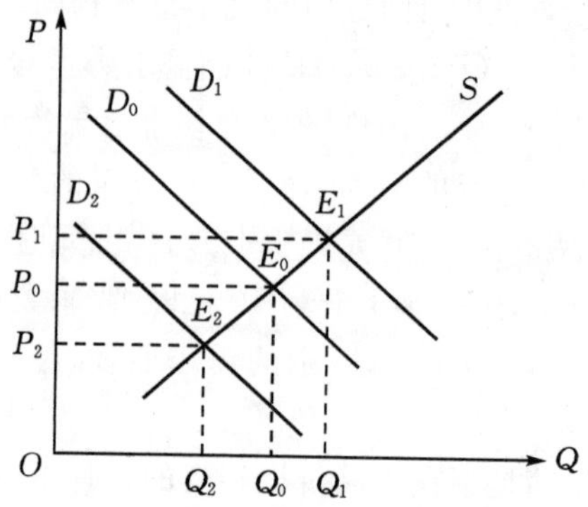

图 2-5　需求的变动导致的均衡价格变动

(二)供给曲线移动对均衡价格的影响

(1)要理解供给曲线的移动,必须区分供给量的变动和供给的变动这两个概念。一般来说,供给量的变动和供给的变动都是指最终供给数量的变动,它们的区别在于引起这两种变动的原因不相同,因此,这两种变动在几何图形中的表示也不相同。

①供给量的变动。由于 $Q_s=f(P)$ 反映的是商品供给数量 Q 与商品价格 P 之间的函数关系,因此在其他因素不变的情况下,商品的价格 P 变动将会导致供给量 Q 发生变动,且这种变动反映在图形上是沿着供给曲线的点的移动,这就叫供给量的变动。例如,在图 2-2 中,当商品价格由 10 元逐步上升到 25 元时,它所引起的商品供给数量由 80 单位逐步地上升为 350 单位,进一步上升为 40 元时,供给数量也上升为 620 单位,商品的价格——供给数量组合由点(10,80)沿着既定的供给曲线,经过点(25,350)运动到点(40,620)。

②供给的变动。供给的变动是指在商品价格不变的条件下,由其他因素(包括相关商品的价格、生产该商品的成本、生产该商品的技术水平以及生产者对该商品的价格预期等)变动所引起的该商品的供给数量的变动。这种变动体现在几何图形中,就表现为供给曲线的位置发生平移。下面以图 2-6 加以说明。

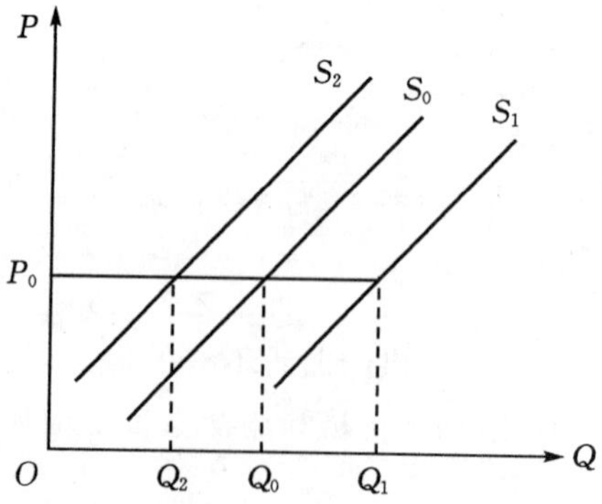

图 2-6　供给的变动

图 2-6 中,原有的供给曲线为 S_0,在商品价格不变的前提下,如果生产者生产成本下降导致供给增加,则供给曲线向右平移,如由图中的 S_0 曲线向右平移到 S_1 曲线的位置。如果生

产者生产成本上升导致供给减少，则供给曲线向左平移，如由图中的 S_0 曲线向左平移到 S_2 曲线的位置。由生产成本变动所引起的这种供给曲线位置的移动，表示在每一个既定的价格水平上供给数量都增加或者都减少了。例如，在既定的价格水平 P_0，原来的供给数量为 S_0 曲线上的 Q_0，供给增加后的供给数量为 S_1 曲线上的 Q_1，供给减少后的供给数量为 S_2 曲线上的 Q_2。而且，这种在原有价格水平上所发生的供给增加量 Q_0Q_1 和供给减少量 Q_2Q_0，都是由生产成本变动所引起的。显然，供给的变动所引起的供给曲线的位置移动，表示整个供给状态的变化。

(2)均衡价格的变动。从上述分析可知，除价格之外的其他因素变动，会导致供给的变动，进而导致供给曲线的位置发生平移。在需求曲线不变的情况下，这种供给曲线的移动将导致均衡价格发生变动。供给曲线右移，均衡价格下降，均衡数量增加；供给曲线左移，均衡价格上升，均衡数量减少。

如图 2－7 所示，既定的需求曲线 D 与原来的供给曲线 S_0 相交于 E_0 点，均衡价格为 P_0，均衡数量为 Q_0。供给增加使供给曲线向右平移至 S_1 曲线的位置，S_1 曲线与 D_0 曲线相交于 E_1 点，均衡价格下降为 P_1，均衡数量增加为 Q_1。相反，供给减少使供给曲线向左平移至 S_2 曲线的位置，S_2 曲线与 D_0 曲线相交于 E_2 点，均衡价格上升为 P_2，均衡数量减少为 Q_2。

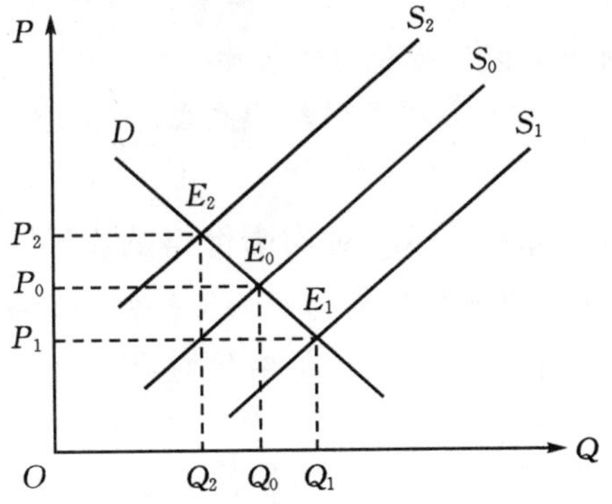

图 2－7 供给的变动导致的均衡价格变动

阅读材料

受供应量减少影响 九江再现“蒜你狠”

从猪肉到大蒜，一周时间内都出现了快速上涨，大蒜虽不及猪肉涨幅，但谈及本次“蒜你狠”，让市民仍“捏一把汗”。上周大蒜还是 6 元/公斤，现在都 7 元/公斤，而在 5 月份不过 4.5 元/公斤。

九江市商业管理办公室市场运行调节科分析认为，一是由于去年大蒜价格便宜，今年种植面积缩减，产量大幅降低，今年大蒜的批发价格相比去年上涨近一倍，拉动了大蒜的市场价格上涨。二是蒜农普遍看涨今年鲜蒜价格，加之对高质量的鲜蒜具有惜售、看涨心态，伴随一年一度的冷库收货存储在即，价格仍有进一步上涨的空间。三是今年前段时间大蒜价格较低，而大葱价格处于高位，作为替代品的大蒜市场消费量加大，加上货源所限，导致价格上涨。

（资料来源：2015 年 7 月，浔阳晚报评论，有删减）

综上所述，可以得到供求定理：在其他条件不变的情况下，需求变动引起均衡价格和均衡数量的同方向变动；供给变动引起均衡价格反方向变动，引起均衡数量同方向变动。归纳成表格如表 2-3 所示。

表 2-3　需求或供给变动对均衡价格的影响

变动情况	需求	供给	均衡价格	均衡数量
供给不变，需求变动	增加	不变	上升	增加
	减少	不变	下降	减少
需求不变，供给变动	不变	增加	下降	增加
	不变	减少	上升	减少

思考题

前文中，根据表 2-1、2-2 的数据我们得出需求函数为 $Q_d=600-10P$，供给函数为 $Q_s=-100+18P$，并由均衡模型求出了均衡价格和均衡数量。假如由于其他因素，需求或供给发生了变化，均衡价格和均衡数量又该是多少呢？

1. 假如受全社会收入水平提高的影响，该产品需求曲线右移，需求函数变为 $Q=880-10P$，供给函数不变。试求新的均衡价格和均衡数量。

2. 假如受全球金融危机的影响，该产品供给曲线左移，供给函数变为 $Q=-240+18P$，需求函数不变。试求新的均衡价格和均衡数量。

（三）需求曲线和供给曲线同时移动对均衡价格的影响

以上我们分别讨论了需求变动和供给变动对均衡价格的影响。但在实际生活中，供给和需求往往是同时变动的。在这种情况下，均衡价格和均衡数量又将如何变动呢？我们通过以下四种情况来讨论：

（1）需求增加，供给也增加，表现在几何图形上就是需求曲线右移，供给曲线也右移。如图 2-8(a)，需求曲线从 D_0 移动到 $D_{增}$，供给曲线从 S_0 移动到 $S_{增}$，这种供需同时增加使得新的均衡点肯定在原均衡点的右边，即均衡数量肯定增加；但由于需求曲线和供给曲线右移的幅度不确定，所以均衡价格不确定。

（2）需求减少，供给也减少，表现在几何图形上就是需求曲线左移，供给曲线也左移。如图 2-8(b)，需求曲线从 D_0 移动到 $D_{减}$，供给曲线从 S_0 移动到 $S_{减}$，这种供需同时减少使得新的均衡点肯定在原均衡点的左边，即均衡数量肯定减少；但由于需求曲线和供给曲线左移的幅度不确定，所以均衡价格不确定。

（3）需求增加，供给减少，表现在几何图形上就是需求曲线右移，供给曲线左移。如图 2-8(c)，需求曲线从 D_0 移动到 $D_{增}$，供给曲线从 S_0 移动到 $S_{减}$，这种供需变动使得新的均衡点肯定在原均衡点的上方，即均衡价格肯定上升；但由于需求曲线和供给曲线移动的幅度不确定，所以均衡数量不确定。

（4）需求减少，供给增加，表现在几何图形上就是需求曲线左移，供给曲线右移。如图2-8(d)，需求曲线从 D_0 移动到 $D_{减}$，供给曲线从 S_0 移动到 $S_{增}$，这种供需变动使得新的均衡点肯定在原均衡点的下方，即均衡价格肯定下降；但由于需求曲线和供给曲线移动的幅度不确定，所以均衡数量不确定。

需求和供给同时变动的情况，我们也可以归纳出如表 2-4 所示的表格。

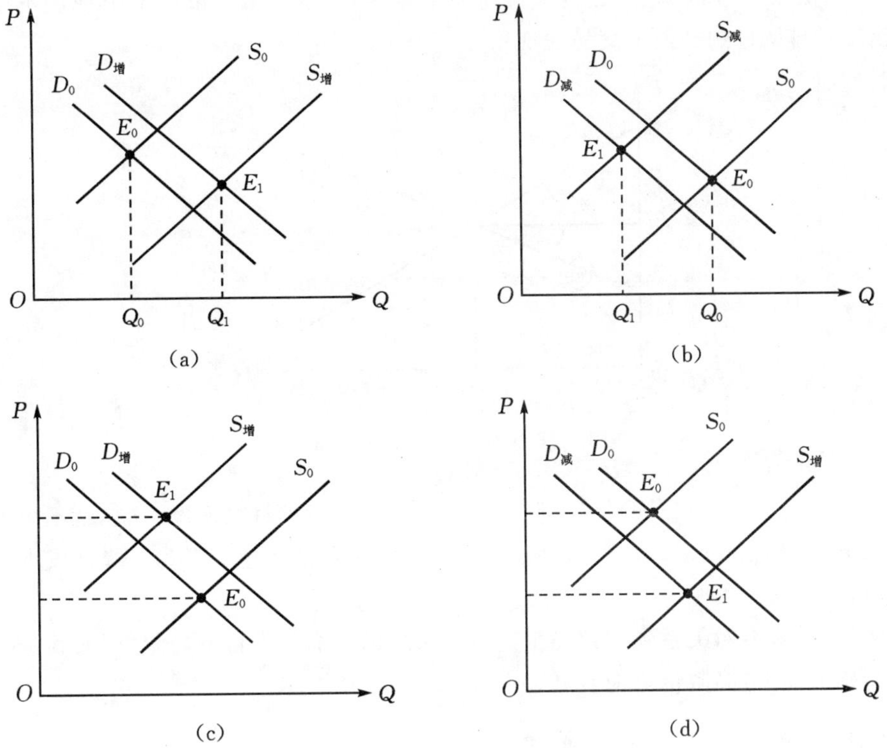

图 2-8 需求和供给同时变化对均衡的影响

表 2-4 需求和供给同时变化对均衡的影响

变动情况	需求	供给	均衡价格	均衡数量
需求和供给同时变动	增加	增加	不确定	增加
	减少	减少	不确定	减少
	增加	减少	上升	不确定
	减少	增加	下降	不确定

第四节 均衡价格模型的应用

一、最高限价

最高限价也称限制价格，是指政府对某种产品规定最高价格，这种最高价格总是低于市场均衡价格的。

图 2-9 表示政府对某种商品实行最高限价的情形。从图中可以看出，该产品的市场均衡价格为 P_e，均衡数量为 Q_e。但政府发现这一均衡价格对社会上某些群体来说太高，难以消费，因此政府将该产品价格限制在 P_0，$P_0<P_e$，即限制价格低于均衡价格。这种价格上的人为降

低使得该产品供给量被迫减少，变为 Q_0，而需求量增加，变为 Q_1，市场上出现供不应求的状况，从而出现了排队抢购和黑市交易的现象。

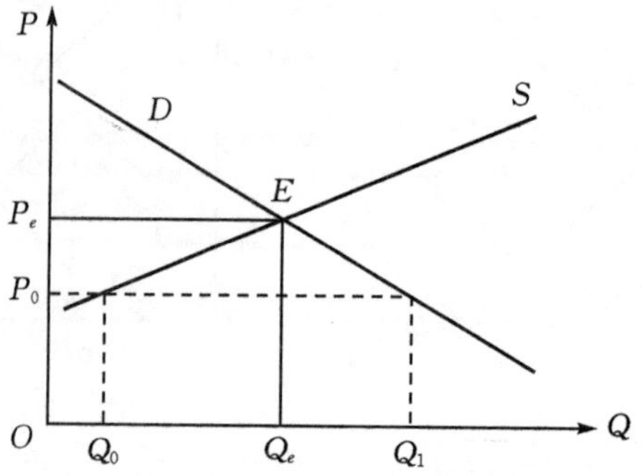

图 2－9　最高限价（限制价格）

政府为了维持限制价格，同时又要防止供不应求所引发的社会问题，往往就不得不采取配给的方法来分配产品。同时，政府要加强对生产者的监管，防止生产者为了降低成本而粗制滥造、变相涨价。

一般来说，政府会对关系到国计民生的行业或生活必需品实行最高限价，尤其是战争或自然灾害等特殊时期，最高限价更为常见。

阅读材料

廉价救命药需要统筹调配

一盒仅售 7.8 元，治疗罕见的婴儿痉挛症的注射用促皮质素，在很多家医院难觅踪影，而“黑市”上却卖到 4000 元。对于廉价药荒，虽然有关部门陆续出台过一些措施，但由于落实不到位，如同“开了方子，没下药”，导致廉价药荒一再上演。

中国医药企业管理协会、中国医药企业家协会会长于明德曾公开表示，廉价药品正以每年几十种的速度消失。ACTH 一盒只卖 7.8 元，利润只有 2%，再加上需求量很少，很多厂商不愿意生产，分销商也不愿意备货。在医院里，受长期以来以药养医的体制弊端影响，一些医院会选择购进贵的替代药而不是便宜药，有些药品需求量不是特别大，医院索性不进货。

要保证廉价救命药充足，一方面要通过取消低价药的最高零售限价，让药企愿意生产并获得合理利润；另一方面通过财政补贴，定点生产用量小的低价药。前一种是市场方式，发挥“无形之手”的作用，体现政府对市场的尊重；后一种是行政方式，发挥“有形之手”的作用，体现政府的责任担当。如此“双管齐下”，相信低价药一定能够满足患者需求。

除了政策上的规范与支持，最重要的还是要构建“以需定产”机制，建立短缺药品供应保障制度。国家药管平台也应加大资金投入，及时汇总全国药品短缺信息，加强与医疗机构、药品生产流通企业沟通，从而有效协调和解决药品短缺问题。

（资料来源：网易新闻，2016 年 10 月，有删减）

二、最低限价

最低限价也称支持价格，是指政府对某种产品规定最低价格，这种最低价格总是高于市场均衡价格的。

图 2 - 10 表示政府对某种商品实行最低限价的情形。从图中可以看出，该产品的市场均衡价格为 P_e，均衡数量为 Q_e。但政府为了扶持该行业的发展，将该产品价格限制在 P_0，$P_0 > P_e$，即限制价格高于均衡价格。这种价格的人为提升使得该产品供给量增加，变为 Q_1，而需求量减少，变为 Q_0，市场上出现供过于求的状况，从而出现了产品过剩、产品积压的现象。政府为了维持限制价格，常常采取收购过剩产品、补贴消费者或补贴生产者的办法来解决供过于求引发的问题。

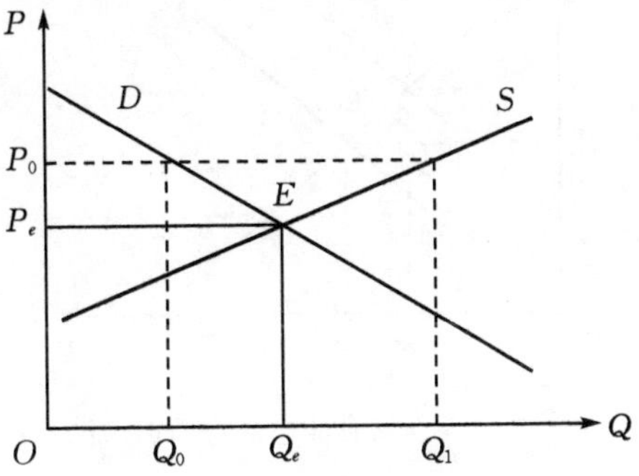

图 2 - 10　最低限价（支持价格）

一般来说，最低限价常被用于农产品行业。另外，地方产业、新兴产业或高技术含量产业的起步阶段，政府也会实行最低限价来给予与支持。

三、税收和补贴

（一）政府可利用税收政策对需要限制的行业征税

如图 2 - 11 所示，政府对生产者生产的每单位产品征税，意味着生产者成本提高了，供给曲线向左平移（移动的垂直距离等于该产品某产量上的税收额）。均衡价格上升，均衡产量下降，该产业的生产收缩了，政府达到了限制该行业的目的。

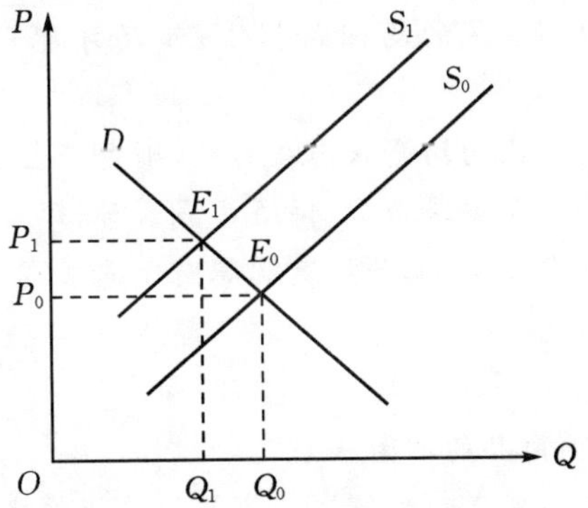

图 2 - 11　政府征税对均衡的影响

(二)政府对需要扶持的行业提供补贴

如图 2－12 所示，政府对厂商提供补贴，可部分补偿厂商的成本，厂商就会扩大生产使得供给曲线向右平移(移动的垂直距离等于该产品某产量上得到的补贴额)。均衡价格下降，均衡数量上升，该产业的生产扩张了，政府达到了扶持该行业的目的。

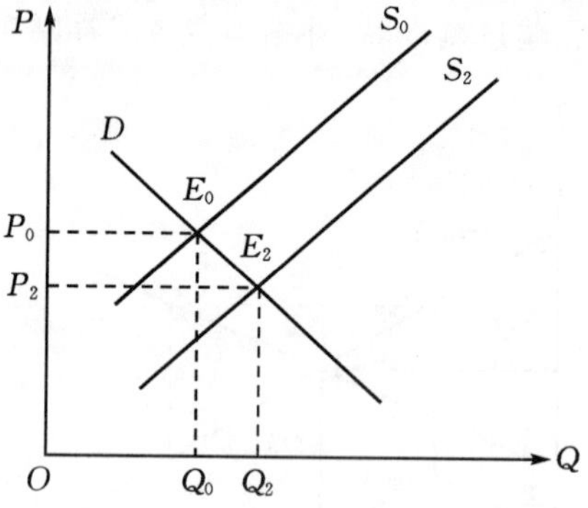

图 2－12　政府征税对均衡的影响

本章关键词

需求　　供给　　均衡价格　　需求量的变动

需求的变动　　供给的变动　　供给量的变动

案例分析

某家禽市场上鸡的价格为每公斤 15 元时，买者想要购买的数量恰好与卖者想要出售的数量相等，此时市场即处于均衡状态。

如果卖者不满意这种价格，把价格提高到每公斤 20 元，买者想要购买的数量就会小于卖者想要出售的数量，一部分鸡就卖不出去，价格必将回落，一直回落到每公斤 15 元。相反，如果买者把价格降到每公斤 10 元，卖者愿意出售的鸡的数量必会大大减少，价格就会回升，直至回升到每公斤 15 元。只有在 15 元的均衡价格上，市场才能保持暂时的稳定状态，即均衡状态。

如果外界环境发生变化，原有的均衡状态被打破，则会产生新的均衡价格。比如从外地突然涌进大批新鲜鸡鸭，这就等同于供给增加，供给曲线右移，那么均衡价格必将下降；又比如由于猪肉降价，消费者突然对鸡肉失去了兴趣，这就等同于需求减少，需求曲线左移，那么均衡价格也会下降，等等。

讨论并分析：

1. 生活中哪些因素会影响商品的均衡状态？

2. 请结合生活实际，谈谈需求变动如何影响商品的均衡价格。

课后练习

一、选择题

1. 需求曲线是一条向(　　)倾斜的曲线。

A. 右下方　B. 右上方　C. 左下方　D. 左上方

2. 供给曲线是一条向(　　)倾斜的曲线。

A. 右下方　B. 右上方　C. 左下方　D. 左上方

3. 其他条件不变时,牛奶价格下降将导致牛奶的(　)。

A. 需求下降　B. 需求增加　C. 需求量下降　D. 需求量增加

4. 当出租车租金上涨后,消费者对公共汽车服务的(　)。

A. 需求下降　B. 需求增加　C. 需求量下降　D. 需求量增加

5. 假如生产某种商品所需原料的价格上升了,这种商品的(　　)。

A. 需求曲线将向左方移动　B. 需求曲线将向右方移动

C. 供给曲线向左方移动　D. 供给曲线向右方移动

6. 对大白菜供给的减少,不可能是由于(　　)。

A. 气候异常严寒　B. 政策限制大白菜的种植

C. 大白菜的价格下降　D. 化肥价格上涨

7. 当某商品的供给和需求同时增加后,该商品的均衡价格将(　　)。

A. 上升　B. 下降　C. 不变　D. 无法确定

8. (　　)情况下,均衡数量将只会下降。

A. 需求和供给都增加　B. 需求和供给都减少

C. 需求增加,供给减少　D. 需求减少,供给增加

二、简答题

1. 请简析影响需求和供给的因素。

2. 均衡价格是如何形成的? 试画图说明需求与供给的变动对均衡价格的影响。

3. 请简析政府若在农产品行业实行最低限价政策,会对农产品的供求关系产生什么影响。

第三章

弹性及其应用

引言

从上一章我们知道，商品需求量的大小受诸多因素的影响。价格上涨，需求量会减少，但不同的商品受影响的程度是不一样的。茶叶价格上涨20%和服装价格上涨20%引起的需求量的变化是不同的，茶叶的需求量变化肯定要远小于服装的需求量变化。为了说明这种变化差异，本章将学到“需求弹性”这一概念。简单地说，需求弹性就是指某种商品的需求量对某种影响因素变化的反应程度。同样，供给量的大小也受多种因素的影响。供给弹性就是反映供给量对某种影响因素变化的反应程度。本章将介绍需求及供给弹性以及它们的应用。

第一节　弹性

在第二章中已经知道了商品的价格和需求数量以及供给数量之间存在着一定的联系，换一句话说就是当商品的价格发生变化时需求数量和供给数量也会跟着变动。那么当某种商品的价格上升1%时，相应的需求数量和供给数量会变动多少的百分比呢？研究这个问题需要引入一个新的概念——弹性。

在经济学上，弹性概念是由阿尔弗莱德·马歇尔提出的，是指一个变量对另一个变量变化的敏感程度。弹性的概念可以应用在所有具有因果关系的两个变量上，作为原因的变量通常称作因变量，受其作用发生改变的量称作自变量。就好比用力去按压弹簧，按压的力度是一个变量，弹簧收缩的幅度是另一个变量，那么按压的力度变化所引起的弹簧收缩幅度的变化就是一种弹性。

从数学的角度来说，弹性可以表示为：

$$\text{弹性系数} = \frac{\text{因变量变动比例}}{\text{自变量变动比例}} \tag{3.1}$$

对于函数 $Y=f(X)$，X 表示自变量，Y 表示因变量，则：

$$e = \frac{\frac{\Delta Y}{Y}}{\frac{\Delta X}{X}} = \frac{\Delta Y}{\Delta X} \cdot \frac{X}{Y} \tag{3.2}$$

式中：e 是弹性系数；ΔX 和 ΔY 是指变动量；该公式表示自变量 X 变动一个百分比时会引起的因变量 Y 变动多少个百分比，也就是因变量 Y 对于自变量 X 变化的敏感程度，式(3.2)的弹性系数叫做弧弹性。

当自变量 X 和因变量 Y 趋于无穷小时，式(3.2)中的 $\Delta X \to 0$ 且 $\Delta Y \to 0$，此时弹性系数公

式在式(3.2)的基础上发生了变化：

$$e=\lim_{\Delta X\to 0}\frac{\frac{\Delta Y}{Y}}{\frac{\Delta X}{X}}=\frac{\frac{\mathrm{d}Y}{Y}}{\frac{\mathrm{d}X}{X}}=\frac{\mathrm{d}Y}{\mathrm{d}X}\cdot\frac{X}{Y} \tag{3.3}$$

它表示的是对于某一个点而言，该点的因变量对于自变量的敏感程度，(3.3)式的弹性系数叫做点弹性。

在了解了弹性的含义之后，要具体来学习需求弹性和供给弹性。

第二节 需求弹性

需求弹性是需求对于其他因素变化的敏感程度，或者说是当其他因素变动百分之一时会引起需求量变动的百分比。在第二章中知道了需求的影响因素有很多，比如商品价格、消费者的收入水平、相关商品的价格、消费者对未来价格的预期等，根据这些影响因素，也就是自变量的不同，需求弹性又可以分为需求的价格弹性、需求的收入弹性以及需求的交叉价格弹性。

一、需求的价格弹性

需求价格弹性，又可以称为价格弹性或需求弹性，它是指需求量对价格变动的敏感程度，是需求量变化的百分比除以价格变化的百分比。

$$\text{需求的价格弹性系数}=\frac{\text{需求量变动比例}}{\text{价格变动比例}} \tag{3.4}$$

式(3.4)表示在一定的时期内，价格变动百分之一所引起的需求量变动的百分比。

需求价格弹性又分为需求价格弧弹性和需求价格点弹性。

(一)需求价格弧弹性

1.需求价格弧弹性的含义

需求价格弧弹性是表示某商品需求曲线上两点之间的需求量的变动对于价格的变动的敏感程度。弧弹性强调的是两点之间弧上的变化，当需求函数为 $Q=f(P)$ 时，ΔP 和 ΔQ 就分别代表了价格的变动和需求量的变动，需求价格弧弹性可以表示为：

$$e_d=\frac{\frac{\Delta Q}{Q}}{\frac{\Delta P}{P}}=\frac{\Delta Q}{\Delta P}\cdot\frac{P}{Q} \tag{3.5}$$

用 e_d 表示需求价格弹性，一般情况下，商品的价格 P 和需求数量 Q 之间是反向变动的，当 $\Delta P>0$ 时必然有 $\Delta Q<0$，所以需求价格弹性系数 e_d 是一个小于零的负数。

在以后的研究中为了方便比较大小，在式(3.5)前面加上一个负号，使需求价格弹性系数变为一个大于零的正数：

$$e_d=-\frac{\frac{\Delta Q}{Q}}{\frac{\Delta P}{P}}=-\frac{\Delta Q}{\Delta P}\cdot\frac{P}{Q} \tag{3.6}$$

2. 需求价格弧弹性的计算

假设有一条需求函数 $Q_d = 3000 - 500P$，如图 3-1 所示。

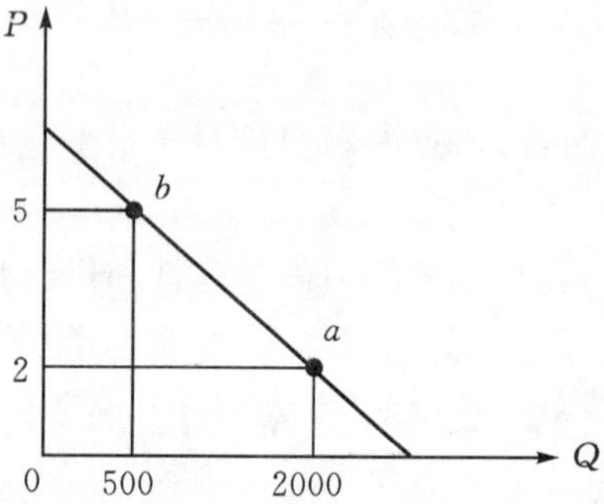

图 3-1　需求价格弧弹性

图 3-1 中的需求曲线上有 a，b 两点，价格分别为 5 和 2，对应的需求量分别为 500 和 2000，那么可以根据需求价格弧弹性的公式计算出 a、b 两点间的需求价格弧弹性。

价格从 5 下降到 2 时(a 点到 b 点)：

$$e_d = -\frac{\frac{\Delta Q}{Q}}{\frac{\Delta P}{P}} = -\frac{\frac{Q_b - Q_a}{Q_a}}{\frac{P_b - P_a}{P_a}} = -\frac{\frac{2000 - 500}{500}}{\frac{2-5}{5}} = 5$$

价格从 2 上升到 5 时(b 点到 a 点)：

$$e_d = -\frac{\frac{\Delta Q}{Q}}{\frac{\Delta P}{P}} = -\frac{\frac{Q_a - Q_b}{Q_b}}{\frac{P_a - P_b}{P_b}} = -\frac{\frac{500 - 2000}{2000}}{\frac{5-2}{2}} = 0.5$$

利用式(3.6)计算出的需求价格弧弹性有两个不同结果，其原因就在于考虑两点之间的弧弹性时，虽然 ΔP 和 ΔQ 的绝对数值是相等的，但点的变动方向不同时，P 和 Q 的基数值也会不同，因此会得出两个截然不同的答案。这就说明在利用需求价格弧弹性公式计算时，必须考虑点的变动方向。具体而言，就是要分价格上升和价格下降两种情况计算。

这显然比较麻烦，为了把这种复杂的情况简单化，可以不考虑点的变动方向，直接取两点之间的中点，把价格的平均数和需求量的平均数作为基数值，式(3.6)将变形为：

$$e_d = -\frac{\frac{\Delta Q}{\frac{Q_a + Q_b}{2}}}{\frac{\Delta P}{\frac{P_a + P_b}{2}}} = -\frac{\Delta Q}{\Delta P} \cdot \frac{P_a + P_b}{Q_a + Q_b} \tag{3.7}$$

式(3.7)叫做需求价格弧弹性的中点公式。

思考题

利用需求价格弧弹性中点公式计算出图 3-1 中 a、b 两点之间的需求价格弧弹性。

3. 需求价格弧弹性的类型

通过计算图 3 - 1 中的需求价格弧弹性，得出了两个结果。从 a 点到 b 点的需求价格弧弹性等于 5，意味着当价格下降 1% 时需求量增加了 5%，此时需求量的变动比例大于价格的变动比例，也就是说需求量对价格的变动非常敏感；从 b 点到 a 点的需求价格弧弹性等于 0.5，意味着当价格上升 2% 时需求量减少了 1%，此时需求量的变动比例小于价格的变动比例，也就是说需求量对价格的变动不敏感。

因此，可以根据需求量对价格变动的敏感程度的大小把需求价格弧弹性分为五种类型，如图 3 - 2 所示。图 3 - 2(a)中需求量的变动比例大于价格的变动比例，需求量对价格的变动非常敏感，此时 $e_d > 1$，属于富有弹性；图 3 - 2(b)中需求量的变动比例小于价格的变动比例，需求量对价格的变动不太敏感，此时 $e_d < 1$，属于缺乏弹性；图 3 - 2(c)中需求量的变动比例刚好等于价格的变动比例，此时 $e_d = 1$，属于单位弹性，它介于富有弹性和缺乏弹性之间；图 3 - 2(d)中价格非常微小的变动会引起需求量的无穷大的变化，需求量对价格变动的敏感程度可以说是无穷大，此时 $e_d = \infty$，属于完全弹性；图 3 - 2(e)中价格非常大的变动也不会引起需求量发生任何变化，需求量对价格的变动完全不敏感，此时 $e_d = 0$，属于完全无弹性。

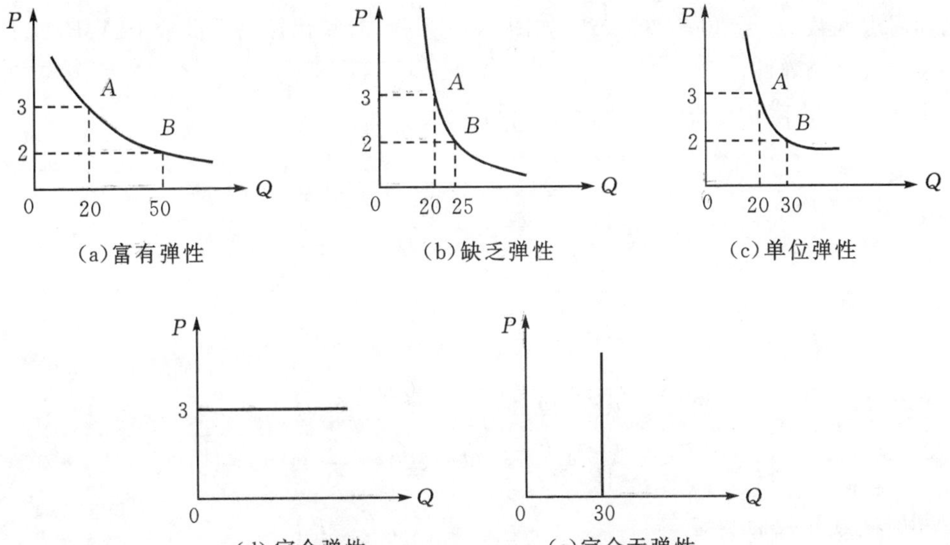

图 3 - 2 需求价格弧弹性的类型

利用式(3.7)，即需求价格弧弹性的中点公式可以计算出图 3 - 2 中的(a)、(b)、(c)、(d)、(e)对应的 A、B 两点间的需求价格弧弹性分别为 1.8、0.4、1、∞ 、0，分别属于富有弹性、缺乏弹性、单位弹性、完全弹性和完全无弹性。比较图 3 - 2 中的五条需求曲线就会发现：弹性越大的需求曲线形状越平坦，如图 3 - 2(a)，其中完全弹性属于富有弹性的极端情况，因此完全弹性的需求曲线是一条水平的线，如图 3 - 2(d)；弹性越小的需求曲线形状越陡峭，如图 3 - 2(b)，其中完全无弹性属于缺乏弹性的极端情况，因此完全无弹性的需求曲线是一条垂直的线，如图3 - 2(e)；单位弹性介于富有弹性和缺乏弹性之间，因此单位弹性的需求曲线的陡缓程度也介于 3 - 2(a)和 3 - 2(b)之间，如图 3 - 2(c)。

需要强调的是，这个结论不是绝对地，并不能绝对地说平缓的需求曲线就是富有弹性或陡峭的需求曲线就是缺乏弹性，必须根据需求曲线的横纵轴的刻度具体来判断。如图 3－2(a)这条平缓的需求曲线本来是富有弹性的，如果把横轴的刻度从 10、20、30、40、50 改为 11、12、13、14、15，那么这条平缓的需求曲线就变成缺乏弹性了。

(二)需求价格点弹性

1. 需求价格点弹性的含义

当需求曲线上某两个点之间的距离趋于无穷小时，(3.6)式中的 $\Delta P \to 0$ 且 $\Delta Q \to 0$，此时需求价格弹性系数公式在式(3.6)的基础上发生了变化：

$$e_d = \lim_{\Delta P \to 0} - \frac{\frac{\Delta Q}{Q}}{\frac{\Delta P}{P}} = - \frac{\frac{\mathrm{d}Q}{Q}}{\frac{\mathrm{d}P}{P}} = - \frac{\mathrm{d}Q}{\mathrm{d}P} \cdot \frac{P}{Q} \tag{3.8}$$

它表示的是对于需求曲线上的某一个点而言，该点的需求量对于价格变动的敏感程度，把式(3.8)的弹性系数叫做需求价格点弹性。

2. 需求价格点弹性的计算

已知需求函数 $Q_d = 3000 - 500P$，如图 3－3 所示，计算出该需求曲线上 A、B、C、D、E 五个点的需求价格点弹性。

利用式(3.8)需求价格弹性系数公式，可得：

$$e_{dA} = - \frac{\mathrm{d}Q}{\mathrm{d}P} \cdot \frac{P}{Q} = -(-500) \cdot \frac{0}{3000} = 0$$

$$e_{dB} = - \frac{\mathrm{d}Q}{\mathrm{d}P} \cdot \frac{P}{Q} = -(-500) \cdot \frac{1}{2500} = 0.2$$

$$e_{dC} = - \frac{\mathrm{d}Q}{\mathrm{d}P} \cdot \frac{P}{Q} = -(-500) \cdot \frac{3}{1500} = 1$$

$$e_{dD} = - \frac{\mathrm{d}Q}{\mathrm{d}P} \cdot \frac{P}{Q} = -(-500) \cdot \frac{5}{500} = 5$$

$$e_{dE} = - \frac{\mathrm{d}Q}{\mathrm{d}P} \cdot \frac{P}{Q} = -(-500) \cdot \frac{6}{0} = \infty$$

3. 求价格点弹性的类型

和需求价格弧弹性类似的，可以根据需求量对价格变动的敏感程度的大小把需求价格点弹性也分为五种类型，如图 3－3 所示。A 点需求量对价格完全不敏感，$e_{dA} = 0$ 属于完全无弹性；B 点需求量对价格不太敏感，$e_{dB} < 1$ 属于缺乏弹性；C 点介于富有弹性的 D 点和缺乏弹性的 B 点之间，$e_{dC} = 1$ 属于单位弹性；D 点需求量对价格非常敏感，$e_{dD} > 1$ 属于富有弹性；E 点需求量对价格敏感到了极限，$e_{dE} = \infty$ 属于完全弹性。

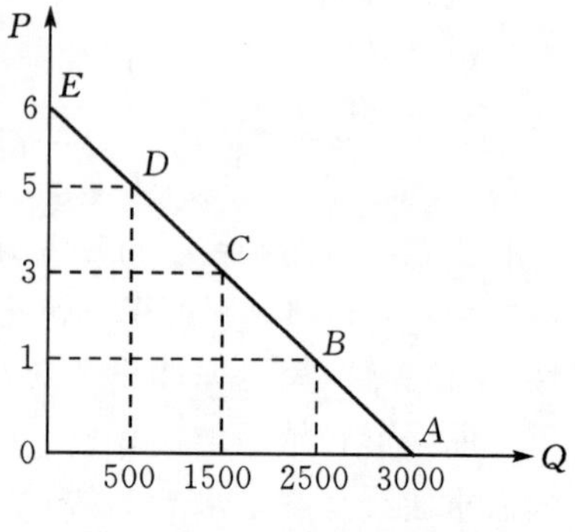

图 3－3　需求价格点弹性

由此可以发现，需求曲线上的需求价格点弹性从右到左越来越大，如图 3－4 所示：以需求曲线的中点 C 和它的横纵截距点 A、E 为分界点把一条需求曲线分为五个区域，从右到左依次是 A 点弹性等于零、A 点和 C 点之间弹性小于 1、C 点弹性等于 1、C 点和 E 点之间弹性大于 1、E 点弹性无穷大。

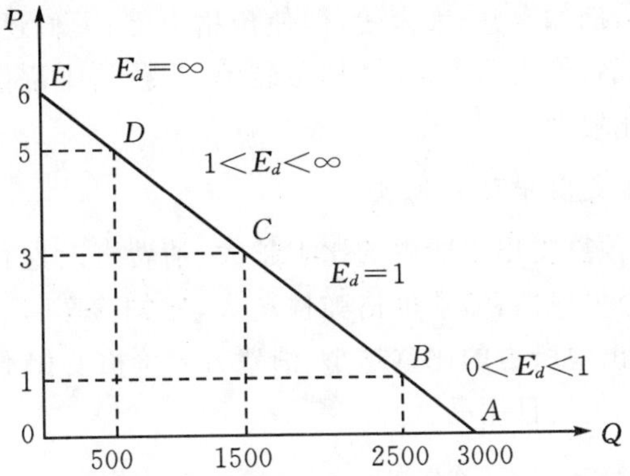

图 3-4　需求价格点弹性的类型

(三)影响需求价格弹性的因素

一般情况下，需求价格弹性的大小主要受以下五个因素的影响：

1. 替代品的数量和相近程度

替代品数量越多且相近程度越高，则需求价格弹性越大。一种商品如果有许多相近的替代品，那么一旦这种商品价格上涨，即使是很微小的上涨，消费者往往舍弃这种商品而去购买其他相对来说更便宜的替代品，从而使涨价的这种商品的需求量减少很多。较小的价格变动引起需求量较大的变动，需求价格弹性自然很大。

阅读材料

成都中药材价格指数环比上涨 0.1%

据对成都中药材市场价格监测显示，2016 年 7 月第 4 周中价成都中药材价格指数为 147.48 点，与上一周相比上涨 0.1%。组成中价成都中药材价格指数的 12 类分类指数依然呈现“7 涨 5 跌”的态势，其中，植物根茎类、植物皮类、植物花类、全草类、藻菌地衣类价格指数分别为 119.24 点、143.59 点、120.13 点、164.75 点和 131.08 点，与上周相比，植物根茎类、植物皮类、藻菌地衣类价格分别上涨 0.6%、1.2%、1.1%，植物花类、全草类分别下跌 0.1 %、0.3%。药材对于生病的人来说是一种必需品，替代品较少，所以药材的需求量对价格变动不敏感，即需求价格弹性小。

（资料来源：国家发改委价格监测中心，中国发展网，2016 年 7 月）

对某种商品的定义越窄，该商品的替代品数量会越少，需求价格弹性越小。对于大部分对饼干没有特殊偏好的消费者来说，饼干作为零食的一种，它的替代商品很多，当饼干价格上涨时，人们会转而消费其他的零食，饼干的需求量就会减少非常多，所以饼干的需求价格弹性比较大。但如果是对一个特别喜欢巧克力夹心饼干的消费者来说，当饼干价格上涨时，消费者可能仍然会去购买巧克力夹心饼干，它的需求量并不会下降太多，这时需求价格弹性就会比较小。

2. 商品的重要性

对消费者越重要的商品需求价格弹性越小,越不重要的商品需求价格弹性越大。一种商品如果是属于生活必需品,例如食盐、大米等,即使价格上涨,人们还得照样买,其需求就缺乏弹性。而一些非生活必需品,像贵重首饰、高档服装等,当价格上涨的时候人们可以选择少消费或不消费,弹性自然就比较大。

3. 商品在消费者预算支出中所占比重

商品在消费者的整个预算支出中所占的比重越大,消费者对这种商品的价格变化就越敏感,消费者在作出选择时会更谨慎,需求价格弹性越大,比如汽车、房子等大额商品。反之,商品在消费者的整个预算支出中所占的比重越小,消费者对价格变化不会那么在意,需求价格弹性就越小,比如牙刷毛巾等生活日用品。

阅读材料

不打折商场还卖得掉衣服吗?

美国服装零售商近来叫苦不迭,无论是梅西百货(Macy's)等百货商场还是J. Crew、Gap这样的品牌专卖店都普遍遇冷。零售商反映,只有在打折季才有顾客盈门,大量客源被折扣零售商夺走。其他报告的数据显示:美国各类消费者(包括高端奢侈品消费者)在购物时会考虑价格因素,货比三家,并会光临不同风格的店铺。服装由于替代品很多,重要性相对较小,当某一个品牌的服装价格太高时,很多消费者会去购买其他价格相对低廉的品牌的服装,因此服装的需求量对价格的变动很敏感。

(资料来源:华丽志、刘隽,联商资讯,2016年7月)

4. 商品的用途

一般来说,商品的用途越多,它的需求弹性越大,反之就缺乏弹性。任何商品的不同用途都有一定的排列顺序。如果一种商品价格上升,消费者会缩减其需求,购买力用于重要的用途上,使购买数量减少;随着价格的降低,会增加其购买量。

5. 考察时间的长短

人们对价格变化调整的时间越长,需求弹性就越大。比如汽油这种商品,在短时间内消费者很难找到其他商品去替代它,即使汽油价格上涨消费者仍然要去购买它,但考虑到在较长的时间范围内,可能会找到其他能够替代汽油的资源,那时,消费者就会减少对汽油的消费,转而用其他资源去替代汽油。

二、需求收入弹性

(一)需求收入弹性的含义及计算

随着中国经济的高速发展,人们的收入水平在不断提高,伴随而来的是对各种产品与服务的需求不断增加,那么在收入增长1%的前提下,商品的需求会增加多少呢?答案取决于需求的收入弹性。

需求收入弹性是在其他因素不变的条件下,一种产品或服务对收入变动反应程度的衡量,通常简称为收入弹性,表示在一定时期内,消费者对某种商品需求量的变动对于消费者收入量变动的反应程度，是需求量变化的百分比除以收入变化的百分比，即：

$$\text{需求收入弹性系数} = \frac{\text{需求量变动比例}}{\text{收入变动比例}} \tag{3.9}$$

式(3.9)表示在一定的时期内，收入变动百分之一所引起的需求量变动的百分比。

需求收入弹性又分为需求收入弧弹性和需求收入点弹性。

假设需求 Q 和收入 M 之间满足函数 $Q = f(M)$，那么，需求收入弧弹性是表示该函数上两个点之间需求量的变动对于收入变动的敏感程度。弧弹性强调的是两点之间弧上的变化，ΔM 和 ΔQ 就分别代表了收入的变动和需求量的变动，需求收入弧弹性可以表示为：

$$e_M = \frac{\frac{\Delta Q}{Q}}{\frac{\Delta M}{M}} = \frac{\Delta Q}{\Delta M} \cdot \frac{M}{Q} \tag{3.10}$$

当式(3.10)中的 $\Delta M \to 0$ 且 $\Delta Q \to 0$，此时需求收入弹性系数公式在(3.10)式的基础上发生了变化：

$$e_M = \lim_{\Delta M \to 0} \frac{\frac{\Delta Q}{Q}}{\frac{\Delta M}{M}} = \frac{\frac{dQ}{Q}}{\frac{dM}{M}} = \frac{dQ}{dM} \cdot \frac{M}{Q} \tag{3.11}$$

式(3.11)的弹性系数叫做需求收入点弹性。

思考题

已知某商品的消费数量和消费者收入之间的函数关系为 $Q=\frac{M}{50}$，求当收入 $M=6000$ 时的需求收入点弹性？

(二)需求收入弹性的类型

可以根据需求量对收入变动的敏感程度的大小把需求收入弹性分为以下几种类型：

当消费者收入增加时，消费者对某种商品的需求量增加，需求量和收入同向变动，此时 $e_M > 0$。具体的，当 $e_M > 0$ 时又可以细分为三种情况：需求量和收入同向变动，且需求量的变动幅度 ΔQ 大于收入的变动幅度 ΔM，则 $e_M > 1$，属于需求收入富有弹性；需求量和收入同向变动，且需求量的变动幅度 ΔQ 等于收入的变动幅度 ΔM，则 $e_M = 1$，属于需求收入单位弹性；需求量和收入同向变动，且需求量的变动幅度 ΔQ 小于收入的变动幅度 ΔM，则 $0 < e_M < 1$，属于需求收入缺乏弹性。当消费者收入增加时，消费者对某种商品的需求量反而减少，需求量和收入反向变动，此时 $e_M < 0$，属于需求收入负弹性。当消费者收入的变化并不引起对商品需求量的变化时，说明需求量对收入完全不敏感，此时 $e_M = 0$，属于需求收入无弹性，这是一种极端情况。

需求收入弹性系数的大小取决于商品的性质。如果商品的需求收入弹性 $e_M > 0$，表明该商品是正常商品，因为正常商品的需求量会随着收入的增加而增加，随着收入的减少而减少，也就是说正常商品的需求量与消费者收入是同方向变化的。如果 $e_M < 0$，则该商品是低档商品。

进一步的，对于 $e_M > 0$ 的正常物品而言，如果 $e_M > 1$，该商品是奢侈品，因为奢侈品的需求量增加的幅度要大于收入的增加幅度；如果 $0 < e_M < 1$，则该商品是生活必需品，因为生活

必需品的需求量增加的幅度要小于收入的增加幅度。

(三)需求收入弹性的影响因素

(1)商品被“需要”的程度。在发达国家,人们收入增加,对昂贵商品的需求增加迅速,对基本商品如面包的需求仅有微小增长,这样汽车和到国外度假的收入弹性很高,而马铃薯和公共汽车旅行等商品或劳务需求的收入弹性很低,有时甚至会出现负数值。

(2)商品对人们欲望的满足程度。消费一种商品,人们的欲望越快得到满足,当收入增加时需求增加的数量就越少。

(3)收入阶层。穷人和富人在收入增加时做出的反应是不同的,同样的收入增加,穷人对于食品的购买量的增加量会大于富人。

阅读材料

2016 年上半年,江西省限额以上单位粮油、食品类零售额增长 20.1%;饮料类零售额增长 20.1%;烟酒类零售额增长 16.8%;服装鞋帽针纺织品类零售额增长 11.1%;日用品类零售额增长 16.9%。第一季度,全省城镇家庭居民人均消费支出中医疗保健、交通通讯和教育文化娱乐三类支出合计 1162 元,同比增长 22.5%,占消费支出的比重达 24.9%,比去年同期上升了 2.9 个百分点。尤其是智能信息通讯产品,休闲旅游、健康养生、绿色环保的家居类等个性化、多样化的商品备受青睐,消费结构升级明显。上半年,江西省限额以上单位体育娱乐用品类、建筑及装潢材料类、通讯器材类、家具类、中西药品类、家用电器和音像器材类零售额分别增长 32.5%、28.2%、27.8%、24.7%、22.6%、21.2%。乡村游、自驾游、出境游等旅游服务消费持续火爆,上半年全省接待旅游总人数 2.3 亿人次,实现旅游总收入 2051.1 亿元,同比分别增长 22.1%和 32.4%。

分析以上数据可以看出,不同类型的商品对消费者收入水平提高的反应程度不一样。食品服装等生活必需品的销售增长速度明显要低于文化娱乐等非生活必需品的增长速度。

(资料来源:江西省人民政府网,2016 年 7 月)

(四)恩格尔定理

在学习了需求收入弹性的基础上,如果具体地研究消费者用于购买食物的支出量对于消费者收入量变动的反应程度,就可以得到食物支出的收入弹性。恩格尔定律就是分析收入变化中的食品支出比重的变化所得到的结论。该定律指出:随着家庭和个人收入的增加,收入中用于食品方面的支出比例将逐渐减小。也即是:对于一个家庭或一个国家来说,富裕程度越高,则食物支出的收入弹性就越小;反之,就越大。

反映这一定律的系数被称为恩格尔系数。食物开支占总消费数量比重越大,恩格尔系数越高,生活水平越低;反过来,食物占比重越小,恩格尔系数越低,生活水平就越高。整个社会经济发展水平越高,用于食物消费部分支出的比重就越小。在其他条件不变的情况下,随着收入水平的提高,食品支出占总消费支出的比重有逐渐下降的趋势。

国际上常用恩格尔系数来衡量一个国家和地区人民生活水平的状况。根据联合国粮农组织提出的标准,恩格尔系数在 59%以上为贫困,50%~59%为温饱,40%~50%为小康,30%~40%为富裕,低于 30%为最富裕。在我国运用这一标准进行国际和城乡对比时,要考虑到那些不可比因素,如消费品价格比价不同、居民生活习惯的差异以及由社会经济制度不同所产生的特殊因素。对于这些横截面比较中的不可比问题，在分析和比较时应做相应的剔除。另外，在观察历史情况的变化时要注意，恩格尔系数反映的是一种长期的趋势，而不是逐年下降的绝对倾向。

三、需求交叉价格弹性

(一)需求交叉价格弹性的含义及计算

在第二章中，已经知道了商品的需求量不仅受到该商品自身价格的影响，同时还会受到相关商品价格的影响。当要研究一种商品的价格是如何影响另一种商品的需求量时，就涉及了一个新的概念——需求交叉价格弹性。

需求交叉价格弹性是在其他因素不变的条件下，一种商品的需求量对收入变动反应程度的衡量，表示在一定时期内，消费者对某种商品需求量的变动对于消费者收入量变动的反应程度，是一种商品需求量变化的百分比除以另一种商品价格变化的百分比。

$$\text{需求交叉价格弹性系数}=\frac{X\text{ 商品需求量的变动比例}}{Y\text{ 商品价格的变动比例}} \tag{3.12}$$

式(3.12)表示在一定的时期内，Y 商品价格变动百分之一所引起的 X 商品需求量变动的百分比。

ΔQ_X 和 ΔP_Y 就分别代表了 X 商品需求量的变动和 Y 商品价格的变动，需求交叉价格弹性可以表示为：

$$e_{XY}=\frac{\dfrac{\Delta Q_X}{Q_X}}{\dfrac{\Delta P_Y}{P_Y}}=\frac{\Delta Q_X}{\Delta P_Y}\cdot\frac{P_Y}{Q_X} \tag{3.13}$$

思考题

假定 X 商品的需求曲线为 $P=200-Q$，Y 商品的需求曲线为 $P=300-0.5Q$。Y 商品降价后，需求量从 100 增加到 160，同时使得 X 商品的需求量从 50 下降到了 40，问 X 商品的需求交叉价格弹性是多少？商品 Y 的需求交叉价格弹性又是多少？

(二)需求交叉价格弹性的类型

需求交叉价格弹性的大小取决于所研究的两种商品的关系。当两种商品可以相互替代以满足消费者的某一种欲望时，它们互为替代品(如苹果和梨)，$e_{XY}>0$，表示该商品的价格与它的替代品的需求量之间成一种同向的关系。当两种商品必须同时使用才能满足消费者的某种欲望时，它们互为互补品(钢笔和墨水、眼镜框和眼镜片等)，$e_{XY}<0$，表示商品的价格与它的互补品的需求量成一种反方向的变动关系。若一种商品的需求量不会因为另一种商品的价格变化而产生变化，说明它们是属于相互独立商品，则 $e_{XY}=0$。

第三节 供给弹性

供给弹性是供给对于其他因素变化的敏感程度，或者说是当其他因素变动百分之一时会引起供给量变动的百分比。本教材中只介绍商品价格这一种因素的变动对于供给量的影响，也就是供给价格弹性。

一、供给价格弹性的含义及计算

供给价格弹性，是指供给量对价格变动的敏感程度，是供给量变化的百分比除以价格变化的百分比。

$$\text{供给的价格弹性系数}=\frac{\text{供给量变动比例}}{\text{价格变动比例}} \tag{3.14}$$

式(3.14)表示在一定的时期内，价格变动百分之一所引起的供给量变动的百分比。

供给价格弹性同样也分为供给价格弧弹性和供给价格点弹性。

(一)供给价格弧弹性

1. 供给价格弧弹性的含义

供给价格弧弹性是表示某商品供给曲线上两点之间的供给量的变动对于价格的变动的敏感程度。弧弹性强调的是两点之间弧上的变化，当供给函数为 $Q=f(P)$ 时，ΔP 和 ΔQ 就分别代表了价格的变动和供给量的变动，供给价格弧弹性可以表示为：

$$e_s=\frac{\frac{\Delta Q}{Q}}{\frac{\Delta P}{P}}=\frac{\Delta Q}{\Delta P}\cdot\frac{P}{Q} \tag{3.15}$$

用 e_s 表示供给价格弹性，一般情况下，商品的价格 P 和供给数量 Q 之间是正向变动的，当 $\Delta P>0$ 时必然有 $\Delta Q>0$，所以供给价格弹性系数 e_s 是一个大于零的正数。

2. 供给价格弧弹性的计算

已知一个供给函数 $Q=-2+2P$，求出价格 3 元(a 点)和 5 元(b 点)之间的供给价格弧弹性。

价格从 5 下降到 3 时：

$$e_s=\frac{\frac{\Delta Q}{Q}}{\frac{\Delta P}{P}}=\frac{\frac{Q_a-Q_b}{Q_b}}{\frac{P_a-P_b}{P_b}}=\frac{\frac{4-8}{8}}{\frac{3-5}{5}}=\frac{5}{4}$$

价格从 3 上升到 5 时：

$$e_s=\frac{\frac{\Delta Q}{Q}}{\frac{\Delta P}{P}}=\frac{\frac{Q_b-Q_a}{Q_a}}{\frac{P_b-P_a}{P_a}}=\frac{\frac{8-4}{4}}{\frac{5-3}{3}}=\frac{3}{2}$$

利用式(3.15)计算出的供给价格弧弹性有两个不同结果，其原因就在于考虑两点之间的弧弹性时，虽然 ΔP 和 ΔQ 的绝对数值是相等的，但点的变动方向不同时，P 和 Q 的基数值也会不同，因此会得出两个截然不同的答案。这就说明在利用供给价格弧弹性公式计算时，必须考虑点的变动方向。具体而言，就是要分价格上升和价格下降两种情况计算。

这显然比较麻烦，为了把这种复杂的情况简单化，可以不考虑点的变动方向，直接取两点之间的中点，把价格的平均数和供给量的平均数作为基数值，式(3.15)将变形为以下形式：

$$e_s = \frac{\dfrac{\Delta Q}{\dfrac{Q_a + Q_b}{2}}}{\dfrac{\Delta P}{\dfrac{P_a + P_b}{2}}} = \frac{\Delta Q}{\Delta P} \cdot \frac{P_a + P_b}{Q_a + Q_b} \tag{3.16}$$

式(3.16)叫做供给价格弧弹性的中点公式。

思考题

利用供给价格弧弹性中点公式计算出上面例子中 a、b 两点之间的需求价格弧弹性。

(二)供给价格点弹性

当供给曲线上某两个点之间的距离趋于无穷小时,式(3.15)中的 $\Delta P \to 0$ 且 $\Delta Q \to 0$,此时供给价格弹性系数公式在式(3.15)的基础上发生了变化:

$$e_x = \lim_{\Delta P \to 0} \frac{\dfrac{\Delta Q}{Q}}{\dfrac{\Delta P}{P}} = \frac{\dfrac{dQ}{Q}}{\dfrac{dP}{P}} = \frac{dQ}{dP} \cdot \frac{P}{Q} \tag{3.17}$$

它表示的是对于供给曲线上的某一个点而言,该点的供给量对于价格变动的敏感程度,式(3.17)的弹性系数叫做供给价格点弹性。

思考题

利用供给价格点弹性公式计算出上面例子中 a、b 两点各自的需求价格点弹性。

二、供给价格弹性的类型

根据供给量对价格变动的敏感程度的大小,供给价格弧弹性被分为五种类型。如图 3-5 所示:供给量的变动比例大于价格的变动比例,供给量对价格的变动非常敏感,此时 $e_s > 1$ 属于富有弹性;供给量的变动比例小于价格的变动比例,供给量对价格的变动不太敏感,此时 $e_s < 1$ 属于缺乏弹性;供给量的变动比例刚好等于价格的变动比例,此时 $e_s = 1$ 属于单位弹性,它介于富有弹性和缺乏弹性之间;价格非常微小的变动会引起供给量的无穷大的变化,供给量对价格变动的敏感程度可以说是无穷大,此时 $e_s = \infty$ 属于完全弹性;价格非常大的变动也不会引起供给量发生任何变化,供给量对价格的变动完全不敏感,此时 $e_s = 0$ 属于完全无弹性。

三、影响供给价格弹性的因素

1. 生产规模和规模调整的难度

一般来说,生产规模越大的企业,规模调整难度越大,调整的时间长,因而其产品的供给弹性小。反之,规模较小的企业,规模调整难度越小一些,调整的时间相对较短,则其产品供给弹性相对更大一些。

2. 生产难度

一般地,容易生产的产品,比如像服装之类的劳动密集型产品,技术含量低,生产周期很

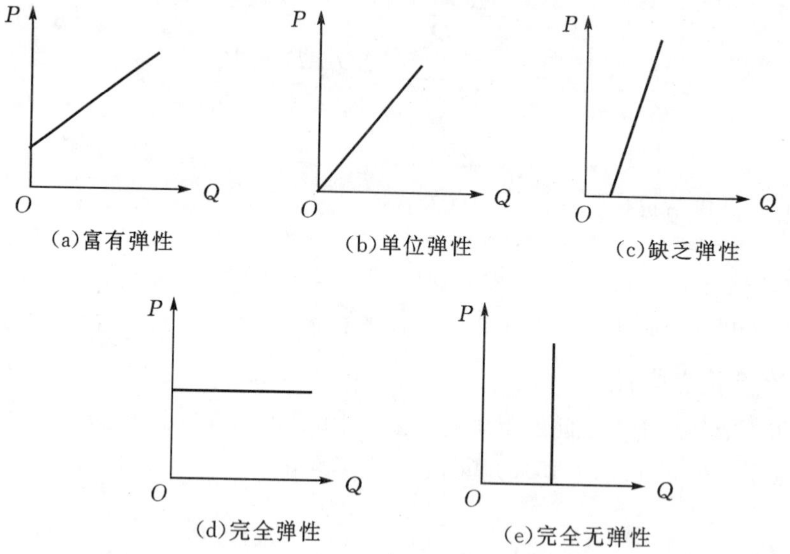

图 3-5　供给价格弧弹性的类型

短，则产量调整比较快，供给弹性大。反之，较难生产的产品，生产周期长，则供给弹性小。

3. **生产成本的变化**

当其他条件不变时，如果生产成本随着产量的增加不会增加太多，则产品的供给弹性就大；相反，如果产品增加促使成本显著增加，则供给弹性就小。比如批量生产的产品，由于所有的产品具有同质性，产品设计、生产设备、生产流程和生产技术都是一模一样的，这些生产成本是在生产初期就已经投入了的，即使后期增加或减少产量都不会对成本产生太大影响，当价格上升时厂商可以放心的去增加供给量，那么供给弹性较大。反之，如果是个性化定制的产品，每生产一个产品就需要改变产品设计、生产流程甚至生产技术，成本就会增加，虽然价格上升会促使生产者增加供给量，但考虑到生产成本的增加，最终供给量的增加并不会特别多，也就是供给弹性较小。

4. **时间跨度**

当商品价格发生变化时，厂商必然会对产量做出一定的调整。但是，厂商对产量调整的能力和时间跨度有密切的联系。在较短的时间跨度内，厂商的生产设备和技术难以更新，生产能力不可能发生较大改变，供给数量自然不可能发生很大的变化，所以供给量对价格的反应不敏感，即供给弹性比较小。但在较长的时间跨度内，生产设备和技术的更新相对于短期来说要容易得多，厂商完全可以根据价格的变化来调整自己的供给数量，价格下降就缩小生产规模减少供给量，价格上升就扩大生产规模增加供给量，也就是说，供给量可以对价格变动作出充分的反应，即供给弹性较大。

第四节　弹性的应用

弹性是经济学中得到广泛应用的一个重要概念，它在预测市场结果、分析市场受到干预时所发生的变化等方面起着重要作用，是企业管理者进行科学决策的一个有利的经济分析工具。

一、弹性与价格决策

利用需求价格弹性理论,可以判断价格变动会如何影响需求量,进而如何影响销售收益,这对于生产者制定销售策略和合理确定商品价格有着重要的参考价值。同学们只要稍加注意就会发现,在我们生活中,大部分的食品商家都采用薄利多销的销售策略,但房地产商却采用高价的销售策略,这是为什么呢?

我们都知道商家的总收益是由商品价格和销售数量所决定的,销售数量一般情况下可以用商品的需求数量来代替,即 $TR = P \cdot Q$。对于富有弹性的商品来说,价格变动1%所引起的需求量变动的百分比大于1%,总收益受需求量影响更大,也就是需求量增加总收益就会增加,需求量减少总收益就会减少,那么总收益和价格之间形成一种反向变动的关系。所以,富有弹性的商品如果降价,总收益就会增加;反过来如果涨价,则总收益会下降。这就是为什么像化妆品这种富有弹性的商品会采取薄利多销策略的原因。对于缺乏弹性的商品来说,价格变动1%所引起的需求量变动的百分比小于1%,总收益受价格的影响更大,也就是价格增加总收益就会增加,价格减少总收益就会减少,总收益和价格之间存在一种正向变动的关系。所以,缺乏弹性的商品如果涨价,总收益就会增加;反过来如果降价,则总收益会下降。这就是为什么像商品房这种缺乏弹性的商品不会采取薄利多销策略的原因。

总的来说,生产者在定价策略上必须要考虑商品的需求价格弹性,需求富有弹性的商品可以通过适当降价来增加收益,而需求缺乏弹性的商品则可以通过适当提高价格使收益增加。

思考题

某厂商的需求函数为 $Q = 100 - 2P$,该厂商目前的消费者需求量是40,如果该厂商的目标是追求总收益最大化,那么他应该采取什么样的销售策略?

阅读材料

万盛米行的河埠头,横七竖八停泊着乡村里出来的敞口船。船里装载的是新米,把船身压得很低。那些戴旧毡帽的人大清早摇船出来,到了埠头,气也不透一口,便来到柜台前面占卜他们的命运。

"糙米五块,谷三块,"米行里的先生有气没力地回答他们。

"什么!"旧毡帽朋友几乎不相信自己的耳朵。美满的希望突然一沉,一会儿大家都呆了,"在六月里,你们不是卖十三块么?"

"十五块也卖过,不要说十三块。"

"哪里有跌得这样厉害的!"

"现在是什么时候,你们不知道么?各处的米像潮水一般涌来,过几天还要跌呢!"

刚才出力摇船犹如赛龙船似的一股劲儿,现在在每个人的身体里松懈下来了。今年天照应,雨水调匀,小虫子也不来作梗,一亩田多收这么三五斗,谁都以为该得透一透气了。哪里知道临到最后的占卜,却得到比往年更坏的课兆!

"还是不要粜的好,我们摇回去放在家里吧!"从简单的心里喷出了这样的愤激的话。

"嗤,"先生冷笑着,"你们不粜,人家就饿死了么?各处地方多的是洋米,洋面,头几批还没吃完,外洋大轮船又有几批运来了。"

(资料来源:叶圣陶,多收了三五斗,有删减)

像阅读材料中这样在丰收年份农民的收入反而减少的现象，在我国民间被形象地概括为“谷贱伤民”。产生这一现象的原因在于，丰收年份粮食产量增加，市场上粮食的供给曲线向右移动，粮食的均衡价格下降，同时由于粮食是一种生活必需品，它的需求数量对于价格的变动不敏感，当粮食降价时，需求量增加的幅度小于价格下降的幅度，最终使农民的销售收入下降。

由于粮食是最基本的生活资料，绝大多数国家重视本国粮食生产，尤其是具有一定人口规模的国家，采取了各种为保证粮食安全、保护农民利益的干预粮食市场的支农政策。政府保护价收购或者支持价格。政府设定农产品收购保护价，这就保证了农民可以以较高的价格出售农产品，国家收购存入粮库，从而减少供给。对农业生产进行补贴。政府可以采取直接补贴的形式，对进行农业生产的农民进行财政补贴，实质上降低了农业生产的成本，现在我国取消农业税、给予种植补贴。

二、弹性与经济部门

国家或区域经济的发展会使该地区的居民收入普遍增长，对于大部分的正常商品来说，居民对这些商品的需求量也会随着收入的增加而增加，需求量的增加又会反过来促进该地区各经济部门的发展，从而形成一个良性的循环。不过，收入增加和需求量增加对不同经济部门产生的促进作用有大有小，这取决于该经济部门所生产的产品的需求收入弹性系数的大小。

当某经济部门的产品需求收入缺乏弹性时，假设 $Em=0.2$，表明该地区居民收入增加1%，他们对该经济部门产品的需求只会增加 0.2%，这就意味着该经济部门的增长速度小于整个国民经济的增速，那么它在国民经济中的相对重要性就会比较低。当某经济部门的产品需求收入富有弹性时，假设 $Em=2$，表明该地区居民收入增加 1%，他们对该经济部门产品的需求会增加 2%，这就意味着该经济部门的增长速度大于整个国民经济的增速，那么它在国民经济中的相对重要性就会比较高。由此可见：当某经济部门的产品需求收入缺乏弹性时，将不能按比例地分享国民收入的增长额；而当某经济部门的产品需求收入富有弹性时，该部门将在国民收入的增长额中得到一个超比例的份额。

弹性问题在很多关键性的国民经济部门显出了它的重要性。以我们国家的农业部门为例，农业作为一个国家的支柱产业和经济命脉，它的地位和重要性不言而喻，但事实上农业部门的发展一直滞后于其他经济部门，如表 3－1 所示，农业作为第一产业在整个国民生产总值中的比重最低，而且农业部门的增速不仅小于第二产业和第三产业，还小于整个国民经济的增速。

原因就在于，农产品是一种需求收入缺乏弹性的商品，当消费者的收入增加 1%时，消费者对农产品的需求量的增量小于 1%，农业部门的增长速度自然就小于整个国民经济的增速。反之，像金融业这样的第三产业，金融产品的需求收入富有弹性，当消费者的收入增加 1%时，他们对该经济部门产品的需求的增量会大于 1%，就意味着该经济部门的增长速度大于整个国民经济的增速。

表 3-1 2016 年 1 季度 GDP 核算表

	绝对额	比上年同期增长(%)
国民生产总值	158526	6.7
第一产业	8803	2.9
第二产业	59510	5.8
第三产业	90214	7.6

(数据来源:国家统计局网站)

与此相似的另一个问题是住房问题。自第二次世界大战结束以来,美国国会及历届总统均曾宣称改善美国居民的住房条件是国家的主要目标之一。如果住房的需求收入富有弹性,那么改善住房条件自然成为繁荣经济的副产品;而如果住房的需求收入缺乏弹性,增加的收入中只有一个相当小的份额花在住房上,即使在经济繁荣、收入增长的条件下,住房条件也不会有多大改善。在这种情况下,政府就需要直接采取行动(如供给公用住房、实行房租与利息补贴等),以便使住房条件提高到要求的水平。

三、弹性与国际贸易

研究一国进出口商品供给和需求弹性,对一国正确地制定汇率政策、价格政策、产业政策、外贸管理政策等宏观、微观经济政策,进而改善贸易收支,促进国际收支平衡有着重大的理论意义。

需求价格富有弹性时,意味着需求量对价格的变动非常敏感,当一国货币贬值时,该国商品的相对价格下降,会引起消费者对该国商品需求量的较大增加,该国商品的出口额会随之发生较大增加,能一定程度上消除逆差,当需求量增加到一定数量时,还可以使该国从贸易逆差变为贸易顺差。相反当需求缺乏弹性时,需求量对价格的变动不敏感,当一国货币贬值时,即使该国商品的相对价格下降很多,消费者对该国商品需求量也只会增加较小的幅度,该国商品的出口额会进一步下降,顺差可能会变为逆差或者使逆差继续加剧,该国的国际贸易收支水平会不断恶化。

一般而言,需求价格弹性越大,货币贬值对贸易收支的调节效果越好,越有利于改善国际贸易收支。

本章关键词

点弹性需求弹性　　需求的交叉弹性　　需求的收入弹性

恩格尔定律　　供给弹性

案例分析

案例一:从毒奶粉到假奶粉,接踵而出的奶制品丑闻以及面对结石宝宝的悲惨境地,国人对国内奶粉厂商的信任降至冰点,因此很多爸妈愿意支付一倍以上的全球最高溢价购买洋奶粉,也不愿意购买便宜的国产奶粉。据统计,进口洋奶粉贵得不合理,在中国比原产地贵100%太常见了,如日本和光堂的二段配方奶粉,在日本官网售价 1900 日元(116 元),但在国内大超市要卖近 300 元,比日本贵 150%。然而就算这样,爸妈们也毫不犹豫掏腰包,他们觉得花高价钱买到的是放心，是额外购买了更好的某些服务，而这些服务是国内没有的。

案例二：哈尔滨到大连的高铁开通以后，航空公司开始推出哈尔滨去大连特价机票440元，之前飞大连的航班票价全价1030元。据南航黑龙江分公司相关负责人说，如果动车在两地运行时间在4个半小时内，就会给民航带来巨大冲击，是否缩减两地间的航班，还要再观察和等待一段时间。而大连方面的部分航空公司已开始取消高铁途经线路的航班：大连机场取消了飞往沈阳的航班，南航大连分公司取消了大连飞长春的航班等。从高铁与航空公司的博弈中我们看到，当民航产品涨价时或价格高于高铁时必然会产生需求交叉的弹性，必定会将部分需求推到铁路运输上。反过来，民航产品如果降价也会对铁路产生影响，但这种影响非常小，小的几乎可以忽略不计。

讨论并分析：

1. 上述两个案例分别体现了经济学中的哪些弹性原理？

2. 试简要阐述弹性原理对厂商销售收入的影响。

课后练习

一、选择题

1. 需求价格弹性较大的商品是(　　)。

A. 可替代程度差的商品　　B. 用途较窄的商品

C. 对消费者来说不太重要的商品　　D. 消费支出占收入比重小的商品

2. 一条垂直的需求曲线所表示的是(　　)。

A. 单位弹性　　B. 完全有弹性

C. 在长期中倾向于增加　　D. 需求的价格弹性为零

3. 小明每月的收入从2000元增加到3000元，同时，他吃火锅的次数从每月2次增加到了每月4次，火锅对于小明来说(　　)。

A. 需求价格弹性大　　B. 需求价格弹性小

C. 需求收入弹性大　　D. 需求收入弹性小

4. 如果一个果农在草莓坏掉之前愿意以任何价格把草莓卖出去，此时，草莓的供给价格弹性是(　　)。

A. 0　　B. 1　　C. 无穷大　　D. 不能确定

5. 当两种商品中一种商品的价格发生变化时，这两种商品的需求量都同时增加或减少，则这两种商品的需求的交叉弹性系数为(　　)。

A. 正　　B. 负　　C. 1　　D. 0

6. 甲商品的价格下降10%后，会使得乙商品的需求量上升5%，这两种商品属于(　　)。

A. 替代品　　B. 互补品　　C. 相互独立的商品　　D. 无法确定

7. 已知某商品的收入弹性等于0.6，则这种商品是(　　)。

A. 低档商品　　B. 正常商品　　C. 奢侈品　　D. 吉芬商品

8. 如果某商品的需求价格弹性为富有弹性，则该商品的价格上升(　　)。

A. 会使销售收益增加　　B. 销售收益不变

C. 会使销售收益下降　　D. 销售收益可能增加也可能下降

二、简答题

1. 是什么原因导致了不同的商品有不同的需求价格弹性？

2. 在日常生活中，为什么提高食盐售价后销售收入会增加？而提高服装售价后销售收入却下降了呢？

3. 是所有饼干市场的需求价格弹性大，还是巧克力夹心饼干的需求价格弹性大？是所有饼干市场的供给价格弹性大，还是巧克力夹心饼干的供给价格弹性大？请说明理由。

三、计算题

1. 某商场统计了一年内在该商场购物的女性消费者和男性消费者对服装的需求，具体情况如表 3－2 所示：

表 3－2　女性、男性消费者对服装的需求

价格(元)	需求量(女性消费者)	需求量(男性消费者)
150	2100	1000
200	2000	800
250	1900	600
300	1800	400

(1)请利用中点公式计算，当服装价格从 200 元上升到 250 元时，女性消费者和男性消费者的需求价格弹性分别是多少？

(2)为什么女性消费者和男性消费者的需求价格弹性不同？

2.《纽约时报》1996 年报道，在地铁票价上升之后乘客减少："1995 年 12 月，即价格从 25 美分上升到 1.5 美元的第一个月以后，乘客减少了近四百万人次，比上一年的 12 月减少了 4.3%。"

(1)用这些数据估算地铁乘客的需求价格弹性。

(2)根据你的估算，当票价上升时，地铁当局的收益会有什么变化？

3. 假定某商品的需求价格弹性为 1.6，现售价格 $P=4$。求：该商品的价格下降多少，才能使得销售量增加 10%？

4. 某人总是把他收入的 1/3 用于买衣服，他对衣服的需求收入弹性是多少？

5. 已知某市场上两个厂商 A、B 的需求曲线分别为 $P_A=200-Q_A$ 和 $P_B=300-0.5Q_B$，一开始消费者对两个厂商的产品需求数量分别是 $Q_A=50$，$Q_B=100$，如果 B 厂商降价后，它的需求量增加为 160，同时使 A 厂商的需求量减少为 40。

(1)算出 A 厂商的需求交叉价格弹性 e_{AB}。

(2)如果 B 追求销售收入最大化，那么，你认为 B 厂商的降价是一个正确的行为选择吗？

第四章 消费者行为理论

引言

在前面的章节中，我们已经知道了消费者对商品的需求大小与价格的变动是呈反向关系的，但并没有解释需求和价格反向变动的深层次原因。本章将分析需求曲线背后的消费者行为，分析消费者在无限欲望和有限收入以及商品价格一定的条件下，如何达到最大效用，进而从效用的角度揭示需求和价格关系的本质。也正是从这个意义上，效用论通常被称为消费者行为理论。

第一节 效用论概述

一、效用的概念

效用是指对商品满足人的欲望的能力评价，或者说，效用是指消费者在消费商品时所感受到的满足程度。一种商品对消费者是否具有效用，取决于消费者是否有消费这种商品的欲望，以及这种商品是否具有满足消费者欲望的能力。效用这一概念与人的欲望是联系在一起的，它是消费者对商品满足自己欲望的能力的一种主观心理评价。

既然效用是一种主观的心理评价，那就意味着同一种商品对不同的消费者而言效用大小可能是不一样的。甚至，对同一个人来说，同一种商品的效用还可能因时间或地点的不同而发生改变。

比如，两个大学毕业生为了心中的梦想来到北京找工作，不久后两人应聘进入同一家公司上班，为了尽快安顿下来两个人决定去租房。小明认为应该在离公司近的市区租房，虽然房租贵一点但是每天上下班通勤的时间短，节约出来的时间可以休息得更好，下班后有更多的时间去锻炼身体或者用来学习提高自己。而小李则认为在市区租房太贵，还是在郊区租房更划算，虽然上下班要花很长时间，但省下来的钱可以早日在北京买一套属于自己的房子。对于小李而言，金钱带给他的心里满足感大于更多休息时间带给他的满足感。小明正好相反，他认为生活的舒适感比钱更重要一些。显然，面对同样的两种东西，不同的人可能会做出不同的选择。

阅读材料

很久以前，某地闹起了水灾，洪水吞没了土地和房屋。一个地主和一个长工爬到了一棵大树上，地主紧紧地抱着一盒金子，警惕地注视着长工的一举一动，害怕长工会趁机把金子抢走。长工则提着一篮玉米面饼，呆呆地看着滔滔大水。除了这一篮面饼，长工已一无所有了。

几天过去了，四处仍旧是白茫茫一片。长工饿了就吃几口饼，地主饿了却只有看着金子发呆。地主舍不得用金子去换饼，长工也不愿白白地把饼送给地主。又几天过去了，大水悄悄退走了。长工高兴地爬到树下，地主却静静地躺着，永远留在大树上了。金子放在平时应该是效用很大的东西，可在非常时期金子的效用几乎为零，这就体现了效用大小因时因地而异的道理。

二、基数效用和序数效用

因为效用是一个表示消费者在消费商品时所感受到的满足程度的概念，所以需要进一步的探讨如何对这种“满足程度”即效用大小进行度量。本教材主要介绍基数效用理论和序数效用理论这两种度量方法。

20 世纪初期之前，主要采用的是基数效用理论。基数是指 1，2，3，…，基数是可以加总求和的。例如，基数 3 加 9 等于 12，且 12 是 3 的 4 倍等。基数效用论者认为，效用和长度、重量等概念一样，可以用具体数字衡量大小并加总求和，具体的效用量之间的比较是有意义的。表示效用大小的计量单位被称作效用单位。例如，对某一个人来说，吃一顿丰盛的晚餐和看一场高水平的足球赛的效用分别为 5 效用单位和 10 效用单位，则可以说这两种消费的效用之和为 15 效用单位，且后者的效用是前者的效用的 2 倍。

20 世纪 30 年代开始，序数效用理论流行起来。序数是指第一，第二，第三，…，只表示顺序或等级，不能加总求和的。它所要表明的仅仅是第二大于第一，第三大于第二，至于第一、第二和第三本身各自的数量具体是多少，是没有意义的。序数效用论者认为，效用是一个有点类似于香、臭、美、丑那样的概念，效用的大小是无法具体衡量的，效用之间的比较只能通过顺序或等级来表示。仍就上面的例子来说，消费者要回答的是偏好哪一种消费，即哪一种消费的效用是第一，哪一种消费的效用是第二。或者是说，要回答的是宁愿吃一顿丰盛的晚餐，还是宁愿看一场高水平的足球赛。

本章接下来将介绍以基数效用理论为基础的边际效用分析方法和以序数效用理论为基础的无差异曲线分析方法。

第二节 基数效用论与边际效用分析法

一、总效用、平均效用、边际效用

总效用是指消费者在一定时间内从一定数量的商品消费中所得到的效用量的总和。

$$TU = \sum U_{Xi}; TU = f(U) \tag{4.1}$$

边际效用是指消费者在一定时间内增加一单位商品的消费中所得到的效用量的增量，即最后增加或减少的那一单位商品所带来的满足程度。

$$\begin{aligned} MU_X &= \Delta TU_X / \Delta X \\ MU_X &= \lim_{\Delta X \to 0} (\Delta TU_X / \Delta X) = \mathrm{d}TU / \mathrm{d}X \end{aligned} \tag{4.2}$$

平均效用消费若干数量的商品或劳务时，平均每单位商品或劳务可提供的效用。

$$AU = TU / X \tag{4.3}$$

表 4－1 非常清楚地表明了包子的总效用、平均效用和边际效用三者之间的关系。比如，小猪吃 5 个包子的总效用是 30，这个 30 是每个消费数量下的边际效用的加总，即 10＋8＋6＋4＋2＝30，或者用 5 个包子的平均效用 6 乘以包子的消费数量 5，也可以得到总效用 30。再比如，小猪吃 3 个包子的边际效用是 6，这个 6 其实就是从第二个包子增加到第三个包子的过程中总效用从 18 增加到 24 的那个增加量，即 24－18＝6。

表 4－1　小猪吃包子的效用

包子的数量	总效用	边际效用	平均效用
1	10	10	10
2	18	8	9
3	24	6	8
4	28	4	7
5	30	2	6
6	30	0	5
7	28	−2	4

二、边际效用递减规律及其应用

在表 4－1 中还可以观察到包子的消费数量和效用之间的关系，具体来说：随着小猪吃的包子越来越多，每多吃一个包子所得到的总效用的增量即边际效用是逐渐减少的，我们把类似的情况统称为边际效用递减规律。边际效用递减规律指的是，在一定时间内，在其他商品消费数量不变的前提条件下，随着消费者消费某一种商品的数量不断增加，每增加一单位该种商品的消费，所带来的总效用的增量即边际效用是逐渐减少的。

阅读材料

美国总统罗斯福连任三届后，记者问他有何感想，总统一言不发，只是拿出一块三明治让记者吃，记者接过便吃了。总统又拿出了第二块，记者勉强吃下了。没料到，紧接着又来了第三块，记者大倒胃口，赶紧婉言谢绝。这时罗斯福微微一笑："现在你知道我连任三届总统的滋味了吧。"

当总统是如此，吃东西如此，赚钱也是这样，一个人占有的财产越多，他从增加的财产上所获取的幸福越少。而当钱在富人那里的边际效用递减的时候，就需要税收、慈善这样的调节手段，把富人的一部分财富，转移给穷人，富人依然是富人，不会伤筋动骨，但社会经济福利却由于穷人收入的提高而得到改善，从而实现整个社会的边际效用递加。

边际效用递减规律可以通过式(4.4)来证明：

$$\frac{\mathrm{d}MU}{\mathrm{d}X}=\frac{\mathrm{d}}{\mathrm{d}X}\left(\frac{\mathrm{d}TU}{\mathrm{d}X}\right)=\frac{\mathrm{d}^2 TU}{\mathrm{d}X^2}<0 \tag{4.4}$$

为什么在消费过程中会呈现出边际效用递减规律呢？基数效用论者解释，边际效用递减规律成立的原因，可以是由于随着相同消费品的连续增加，从人的生理和心理的角度讲，从每一单位消费品中所感受到的满足程度和对重复刺激的反应程度是递减的。还可以是由于在一种商品具有几种用途时，消费者总是将第一单位的消费品用在最重要的用途上，第二单位的消费品用在次重要的用途上，如此等等。这样，消费品的边际效用便随着消费品的用途重要性的减小而减小。

阅读材料

价值悖论

为什么像水那样对生命如此不可缺少的东西只有很低的价格,而对生命并非必不可少的钻石却如此昂贵呢?

水的实际用途大于钻石,所以水带给人的总效用远远大于钻石的总效用。但是,商品的需求价格不是由商品的总效用而是由商品的边际效用决定,即 $P=MU/\lambda$(λ 为货币的边际效用)。钻石作为一种具有特殊意义的商品,可以给人带来精神和情感上的愉悦,而且数量相对稀少,所以增加一个单位钻石的消费给消费者带来的边际效用很大,消费者愿意以较多的支出来购买。而水虽然是人的生命不可缺少的,给人带来极高的效用,但由于世界上水的数量很多,增加一个单位的水给人们增加的效用就很低了,即水的边际效用很低,所以水的价格自然也就很低了。

三、基数效用理论下的消费者均衡

消费者均衡是研究单个消费者如何把有限的货币收入分配在各种商品的购买中以获得最大的效用。也可以说,它是研究单个消费者在既定收入下实现效用最大化的均衡条件。这里的均衡是指消费者实现最大效用时既不想再增加、也不想再减少任何商品购买数量的这么一种相对静止的状态。

基数效用论者认为,消费者实现效用最大化的均衡条件是:如果消费者的货币收入水平是固定的,市场上各种商品的价格是已知的,消费者应使自己花费在各种商品购买上的最后一元钱所带来的边际效用相等。消费者获得最大效用,并不是指消费者的欲望得到完全满足,而是指货币收入和商品价格为一定的条件下得到了能够得到的最大效用。

$$\frac{MU_1}{P_1}=\frac{MU_2}{P_2}=\Lambda=\frac{MU_n}{P_n}=\lambda \tag{4.5}$$

基数效用理论中的消费者均衡可以通过拉格朗日函数推导出来。假定消费者用既定的收入购买两种商品,λ 为货币边际效用,假定价格不变,P 商品的既定价格,X 表示商品的数量,TU 表示商品的边际效用,MU 表示商品的边际效用。

目标函数:

$$U = f(X_1, X_2) \tag{4.6}$$

限制条件:

$$P_1X_1 + P_2X_2 = I \tag{4.7}$$

建立拉格朗日函数:

$$L(X_1, X_2) = f(X_1, X_2) + \lambda(I - P_1X_1 - P_2X_2) \tag{4.8}$$

求拉格朗日函数的极值:

$$\begin{aligned} \mathrm{d}L/\mathrm{d}X_1 &= \mathrm{d}U/\mathrm{d}X_1 - \lambda P_1 = MU_1 - \lambda P_1 = 0 \\ \mathrm{d}L/\mathrm{d}X_2 &= \mathrm{d}U/\mathrm{d}X_2 - \lambda P_2 = MU_2 - \lambda P_2 = 0 \end{aligned} \tag{4.9}$$

即:

$$MU_1 = \lambda P_1, MU_2 = \lambda P_2 \tag{4.10}$$

则:

$$\frac{MU_1}{P_1} = \frac{MU_2}{P_2} = \lambda \tag{4.11}$$

设消费者的收入为 8 元，两商品的价格都是 1 元，根据表 4－2 求效用最大化的购买组合。

表 4－2　某消费者的消费组合

Q	1	2	3	4	5	6	7	8
MU	11	10	9	8	7	6	5	4
TU_1	11	21	30	38	45	51	56	60
MU	19	17	15	13	12	10	8	6
TU_2	19	36	51	64	76	86	94	100

根据消费者效用最大化的条件：

$$P_1X_1+P_2X_2=I$$

消费者购买两单位的商品 1 和六单位的商品 2 时效用达到最大化，此时：

$$1\times2+1\times6=8$$

$$\frac{MU_1}{P_1}=\frac{MU_2}{P_2}=\frac{10}{1}$$

在商品的边际效用 MU 连续下降的情况下，消费者只有使每一元钱所带来的效用最大，才能最后使总效用最大。具体地看，根据表 4－2，理性的消费者将会用第一元钱购买第一单位的商品 2，由此得到 19 效用单位，他不会用第一元钱去购买第一单位的商品 1，因为这样只能得到 11 效用单位。同理，根据追求最大效用的原则，他将用第二、第三、第四和第五元钱去购买第二、第三、第四和第五单位的商品 2，分别获得 17、15、13 和 12 效用单位。再用第六元钱去购买第一单位的商品 1，获得 11 效用单位。最后，用第七、第八元钱去购买第二单位的商品 1 和第六单位的商品 2，这时，分别花费在这两种商品上的最后一元钱所带来的边际效用是相等的，都是 10 效用单位。至此，该消费者的全部收入 8 元都用完，并以最优购买组合 $X_1=2$ 单位和 $X_2=6$ 单位，实现了效用最大化的均衡条件，此时获得最大的总效用，即 107(21＋86)效用单位。

四、需求曲线的推导

基数效用论者以边际效用递减规律和建立在该规律上的消费者效用最大化的均衡条件为基础推导消费者的需求曲线。首先，商品的需求价格是指消费者在一定时期内对一定量的某种商品所愿意支付的最高价格。基数效用论者认为，商品的需求价格取决于商品的边际效用。具体地说，如果某一单位的某种商品的边际效用越大，则消费者为购买这一单位的该种商品所愿意支付的最高价格就越高；反之，如果某一单位的某种商品的边际效用越小，则消费者为购买这一单位的该种商品所愿意支付的最高价格就越低。其次，由于边际效用递减规律的作用，随着消费者对某一种商品消费量的连续增加，该商品的边际效用是递减的，相应地，消费者为购买这种商品所愿意支付的最高价格即需求价格也是越来越低的。这意味着，建立在边际效用递减规律上的需求曲线是向右下方倾斜的。

以表 4－3 为例来说明。由于边际效用递减规律的作用，随着消费者对某一种商品消费量的连续增加，该商品的边际效用是递减的，表 4－3 中随着商品数量从 1 增加到 5，商品的边际效用从 4 下降到 0。已知商品价格 $P=MU/\lambda$，表中的 $\lambda=2$，由此可以得出每一个边际效用下对应的商品价格，即商品边际效用从 4 下降到 0 时对应的商品从 2 下降到 0。通过边际效用这个第三方中介，最终得到了商品数量 Q 和商品价格 P 的一一对应的反向变动关系。

表 4-3 某商品数量和价格关系的推导

(假定货币的边际效用为常数 λ,且 $\lambda=2$)

商品数量(Q)	边际效用(MU)	商品价格($P=MU/\lambda$)
1	4	2
2	3	1.5
3	2	1
4	1	0.5
5	0	0

该结论正是需求定理,商品的需求量随商品价格的上升而减少,随着商品价格的下降而增加,即商品的需求量与商品的价格成反方向的变动。

由上述分析可知,基数效用论者在对消费者行为的分析中,运用边际效用递减规律的假定和消费者效用最大化的均衡条件,推导出了单个消费者的需求曲线,同时,解释了需求曲线向右下方倾斜的原因,而且说明了单个消费者的需求曲线上的每一点都是满足消费者效用最大化均衡条件的商品的价格—需求量组合点。

第三节　序数效用论与无差异曲线分析法

一、无差异曲线

(一)关于偏好的假定

序数效用论者认为,商品给消费者带来的效用大小应用顺序或等级来表示。为此,序数效用论者提出了消费者偏好的概念。所谓偏好,就是爱好或喜欢的意思。序数效用论者认为,对于各种不同的商品组合,消费者的偏好程度是有差别的,正是这种偏好程度的差别,反映了消费者对这些不同的商品组合的效用水平的评价。具体地讲,给定 A、B 两个商品组合,如果某消费者对 A 商品组合的偏好程度大于 B 商品组合,那也就是说,这个消费者认为 A 组合的效用水平大于 B 组合,或者说,A 组合给该消费者带来的满足程度大于 B 组合。

序数效用论者提出了关于消费者偏好的三个基本的假定,具体如下:

1. 偏好的完全性

偏好的完全性指消费者总是可以比较和排列所给出的不同商品组合。换言之,对于任何两个商品组合 A 和 B,消费者总是可以作出,而且也仅仅只能作出以下三种判断中的一种:对 A 的偏好大于对 B 的偏好;对 B 的偏好大于对 A 的偏好;对 A 和 B 的偏好相同(即 A 和 B 是无差异的)。偏好的完全性的假定保证消费者对于偏好的表达方式是完备的,消费者总是可以把自己的偏好评价准确地表达出来。

2. 偏好的可传递性

偏好的可传递性指对于任何三个商品组合 A、B 和 C,如果消费者对 A 的偏好大于对 B 的偏好,对 B 的偏好大于对 C 的偏好,那么,在 A、C 这两个组合中,消费者必定有对 A 的偏好大于对 C 的偏好。偏好的可传递性假定保证了消费者偏好的一致性,因而也是理性的。

3. 偏好的非饱和性

偏好的非饱和性指如果两个商品组合的区别仅在于其中一种商品的数量不相同,那么,消费者总是偏好于含有这种商品数量较多的那个商品组合。这就是说消费者对每一种商品的消费都没有达到饱和点,或者说,对于任何一种商品,消费者总是认为数量多比数量少好。

(二)无差异曲线基本分析

为了简化分析,假定消费者只消费两种商品。

表 4-4 给出了面包和衣服这两种商品的四种不同消费数量的集合,A、B、C、D 四个消费组合虽然代表了不同的面包和衣服的消费数量,但都有一个共同点,那就是它们带给消费者的效用大小都是 10 个单位。

表 4-4 面包和衣服的消费组合

组合	面包(X)	衣服(Y)	效用(U)
A	10	1	10
B	6	2	10
C	4	3	10
D	2.5	4	10

如果要把表 4-4 的消费组合更形象的表现出来,可以建立一个坐标轴。横轴是面包的消费数量 X,纵轴是衣服的消费数量 Y,如图 4-1 所示,在坐标平面上标出 A、B、C、D 四个消费组合,连接这四个点就得到了一条平滑的曲线。可以想象在这条曲线上除了 A、B、C、D 四个点之外还有无数个点,这些点都表示同时消费面包和衣服两种商品并且得到的效用大小也都是 10。我们把这种能够带给消费者相同效用水平的所有消费组合集合起来得到的曲线叫做无差异曲线。

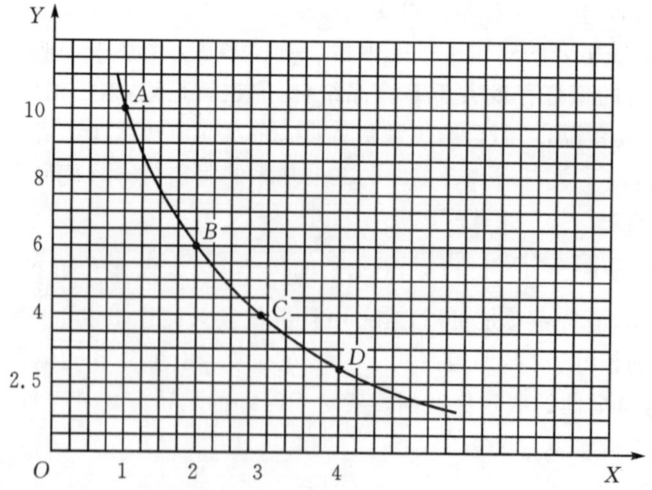

图 4-1 无差异曲线

无差异曲线是表示能够给消费者带来相同的效用水平或满足程度的两种商品的所有消费组合的点的集合。所谓无差异是指这两种商品的不同数量组合给消费者带来的效用大小或满足程度是没有差异的。

无差异曲线的函数表达式叫做效用函数，效用函数表示两种商品的消费组合给消费者所带来的效用水平。假定消费者只消费两种商品，则效用函数为：

$$f(X,Y)=U \tag{4.12}$$

表 4－5 是某消费者关于商品 X 和商品 Y 的无差异表列，表中列出了关于这两种商品各种不同的组合。该表由三个子表即表 1、表 2 和表 3 组成，每一个子表中都包含六个消费组合，假定每一个子表中六个消费组合的效用水平是相等的。以表 1 为例：表 1 中有 A、B、C、D、E 和 F 六个消费组合。在 A 组合中，商品 X 和商品 Y 的数量各为 20 和 130；在 B 组合中，商品 X 和商品 Y 的数量各为 30 和 60，如此等等。而且，消费者对这六个组合的偏好程度是无差异的。

表 4－5　面包和衣服的消费组合

商品组合	表 1		表 2		表 3	
	X	Y	X	Y	X	Y
A	20	130	30	120	50	120
B	30	60	40	80	55	90
C	40	45	50	63	60	83
D	50	35	60	50	70	70
E	60	30	70	44	80	60
F	70	27	80	40	90	54

但需要注意的是，表 1、表 2 和表 3 三者各自所代表的效用水平的大小是不一样的。只要对表中的商品组合进行仔细观察和分析，就可以发现，根据偏好的非饱和性假设，或者说，根据商品数量"多比少好"的原则，可得出结论：表 1 所代表的效用水平低于表 2，表 2 又低于表 3。

根据表 4－5 绘制的无差异曲线如图 4－2 所示。图中的横轴和纵轴分别表示商品 X 的数量和商品 Y 的数量，曲线 U_1、U_2、U_3顺次代表与表 1、表 2 和表 3 相对应的三条无差异曲线，假定它们的效用大小分别是 50、100、150。需要指出，在表 4－5 中我们只列出了三个子表，相应地，在图 3－2 中我们只得到了三条无差异曲线。实际上，我们可以假定消费者的偏好程度可以无限多，也就是说，我们可以有无穷个无差异子表，从而得到无数条无差异曲线。表 4－5 和图 4－2 只不过是一种分析的简化而已。

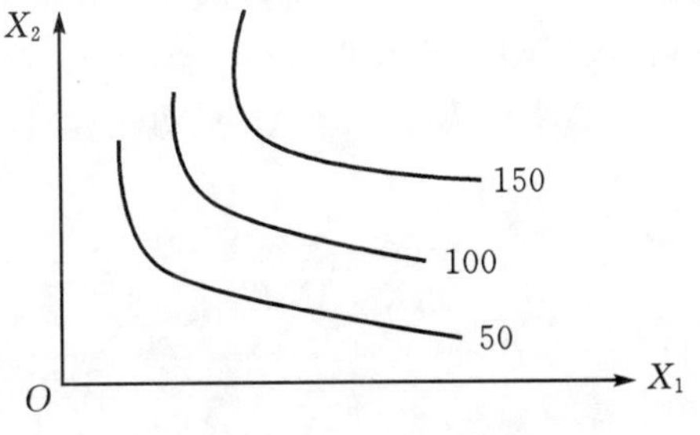

图 4－2　无差异曲线

通过分析可以得出无差异曲线的四个基本特征：

第一，无差异曲线是一条向右下方倾斜的线，斜率是负的。

第二，同一个坐标平面上有无数条无差异曲线。每一条曲线代表一个效用水平，位置越高的效用水平越高，位置越低的效用水平越低。

第三，在同一坐标平面图上的任何两条无差异曲线不会相交。这一点可以用图 4-3 来说明。假设有两条无差异曲线 U_1、U_2 相交于 A 点，由差异曲线的定义可知，A 点和 B 点在同一条无差异曲线 U_1 上，因此 A 点效用等于 B 点效用；同理 A 点和 C 点在同一条无差异曲线 U_2 上，因此 A 点效用等于 C 点效用。于是，根据偏好的可传递性，必定有 B 和 C 这两点的效用水平是相等的。但是，观察和比较图中 B 和 C 这两点的商品组合，可以发现 B 组合中的两种商品的消费数量都多于 C 组合，于是，根据偏好的非饱和性假定，必定有 B 点的效用水平大于 C 点的效用水平。这样一来，矛盾产生了：该消费者在认为 B 点和 C 点无差异的同时，又认为 B 点要优于 C 点，这就违背了偏好的完全性假定。由此证明：对于任何一个消费者来说，两条无差异曲线相交的画法是错误的。

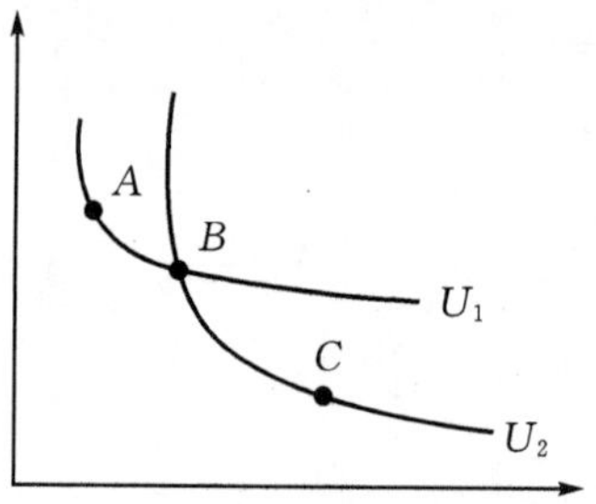

图 4-3　无差异曲线不相交推导

第四，无差异曲线是凸向原点的。即无差异曲线的斜率的绝对值是递减的，这一特征在图 4-2 中表现得很明显。为什么无差异曲线具有凸向原点的特征呢？这取决于商品的边际替代率递减规律。

（三）边际替代率及其递减规律

可以想象一下，当一个消费者沿着一条既定的无差异曲线上下滑动的时候，两种商品的数量组合会不断地发生变化，而效用水平却保持不变。这就说明，在维持效用水平不变的前提条件下，消费者在增加一种商品的消费数量的同时，必然会放弃一部分另一种商品的消费数量，即两商品的消费数量之间存在着替代关系。由此，经济学家建立了商品的边际替代率（MRS）的概念。在维持效用水平不变的前提下，消费者增加一单位某种商品的消费数量时所需要的放弃的另一种商品的消费数量，被称为商品的边际替代率。

商品 X 对商品 Y 的边际替代率的定义公式为：

$$\Delta X \cdot MU_X = -\Delta Y \cdot MU_Y$$

即：

$$-\frac{\Delta Y}{\Delta X} = \frac{MU_X}{MU_Y}$$

因此：

$$MRS_{XY} = -\frac{\Delta Y}{\Delta X} = \frac{MU_X}{MU_Y} \tag{4.13}$$

式中，ΔX 和 ΔY 分别为商品 1 和商品 2 的变化量。由于 ΔX 是增加量，ΔY 是减少量，两者的符号肯定是相反的，所以，为了使 MRS_{XY} 的计算结果是正值，以便于比较，就在公式中加了一个负号。

如图 4－4 所示，A、B、D、G、E 五点表示五个不同的食品和衣服的消费数量组合，但由于五个点在同一条无差异曲线上，所以代表的效用大小是相同的。此时，当消费者的消费状况由 A 点变动到 B 点时，消费者获得效用大小维持不变，只不过增加了 1 单位的食品同时减少了 6 单位的衣服，即边际替代率为 6。

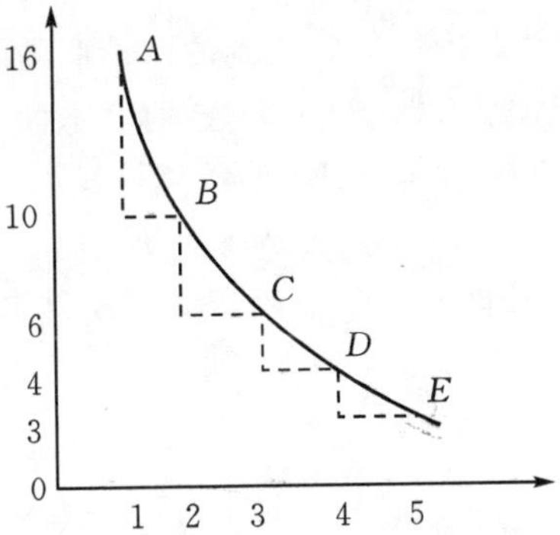

图 4－4　边际替代率

思考题

1. 比较和区分边际效用递减规律和边际替代率递减规律。联系生活实际，分别用这两个递减规律解释实际问题。

2. 如果对于消费者甲来说，以商品 X 替代商品 Y 的边际替代率等于 3；对于消费者乙来说，以商品 X 替代商品 Y 的边际替代率等于 2；那么下述两种情况：(1) 乙用 X 向甲交换 Y；(2) 乙用 Y 向甲交换 X，哪一种更可能发生？

当商品数量的变化趋于无穷小时，则商品的边际替代率公式为：

$$MRS_{XY}=\frac{\Delta Y}{\Delta X}=\lim_{\Delta X\to 0}-\frac{\Delta Y}{\Delta X}=-\frac{dY}{dX} \tag{4.14}$$

显然，无差异曲线上某一点的边际替代率就是无差异曲线在该点的斜率的绝对值。

通过图 4－4 可以进一步观察到，随着食品的消费数量的逐步增加，消费者想要获得更多的这种商品的愿望就会递减，从而，他为了多获得一单位的食品而愿意放弃的衣服的数量就会越来越少。具体来说，当消费者沿着既定的无差异曲线由 A 点逐渐运动到 G 点时，食品的增加量始终为 1，相应的商品 2 的减少量分别为 6、4、2、1，每增加一单位的食品所需放弃的衣服的数量是逐渐递减的。这就是经济学中的边际替代率递减规律。商品边际替代率递减规律是指：在维持效用水平不变的前提下，随着一种商品的消费数量的连续增加，消费者为得到每一单位的这种商品所需要放弃的另一种商品的消费数量是递减的。

从几何意义上讲，由于商品的边际替代率就是无差异曲线的斜率的绝对值，所以，边际替代率递减规律决定了无差异曲线的斜率的绝对值是递减的，也就是造成无差异曲线是凸向原点的原因。

二、预算线

无差异曲线描述了消费者对不同的商品组合的偏好，它仅仅表示了消费者的消费愿望。这种愿望构成分析消费者行为的一个方面。另一方面，消费者在购买商品时，必然会受到自己的收入水平和市场上商品价格的限制，这就是预算约束。预算约束可以用预算线来说明。

(一)预算线基本分析

预算线又称为预算约束线、消费可能线和价格线。预算线表示在消费者的收入和商品的给定价格的条件下，消费者的全部收入所能购买到的两种商品的各种组合。

假定以 I 表示消费者的既定收入，以 P_1 和 P_2 分别表示商品 1 和商品 2 的价格，以 X_1 和 X_2 分别表示商品 1 和商品 2 的数量，那么，相应的预算等式为：

$$P_1X_1+P_2X_2=I \tag{4.15}$$

式(4.15)表示：消费者的全部收入等于他购买商品 1 和商品 2 的总支出。而且，可以用 X_1 和 X_2 来分别表示全部收入仅购买商品 1 或商品 2 的数量，它们分别表示预算线的横截距和纵截距。式(4.15)可以改写成如下形式：

$$X_2=(-P_1/P_2)X_1+I/P_2 \tag{4.16}$$

式(4.16)中的预算线方程表明，预算线的斜率为 $-P_1/P_2$，横截距为 I/P_1，纵截距为 I/P_2。

如图 4-5 所示，假定某消费者有一笔收入为 120 元，全部用来购买商品 1 和商品 2，其中，商品 1 的价格 $P_1=4$ 元，商品 2 的价格 $P_2=3$ 元。那么，全部收入都用来购买商品 1 可得 30 单位，全部收入都用来购买商品 2 可得 40 单位。由此作出的预算线为图 4-5 中的线段 AB。图中预算线的横截距 30 和纵截距 40 分别表示全部收入用来购买商品 1 和商品 2 的数量。预算线的斜率是两商品的价格之比的相反数，即 $-3/4$。

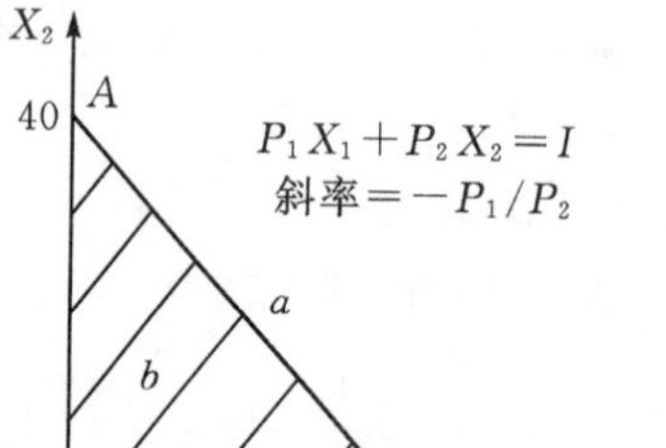

图 4-5　预算线

除此之外，从图 4-5 中还可以看到，预算线 AB 把平面坐标图划分为三个区域：预算线 AB 以外的区域中的任何一点，如 a 点，是消费者利用全部收入都不可能实现的商品购买的组合点。预算线 AB 以内的区域中的任何一点，如 b 点，表示消费者的全部收入在购买该点的商品组合以后还有剩余。只有预算线 AB 上的任何一点，才是消费者的全部收入刚好花完所能购买到的商品组合点。图中的阴影部分的区域(包括直角三角形的三条边)，被称为消费者的预算可行集或预算空间。

思考题

如图 4－6，X_1、X_2表示两种商品的数量，线段为消费者的预算线，已知商品 X_1的价格为 $P_1=2$。

1. 求消费者收入 I。
2. 求商品 $X_2$2 的价格 P_2。
3. 写出预算线方程。
4. 求预算线的斜率。

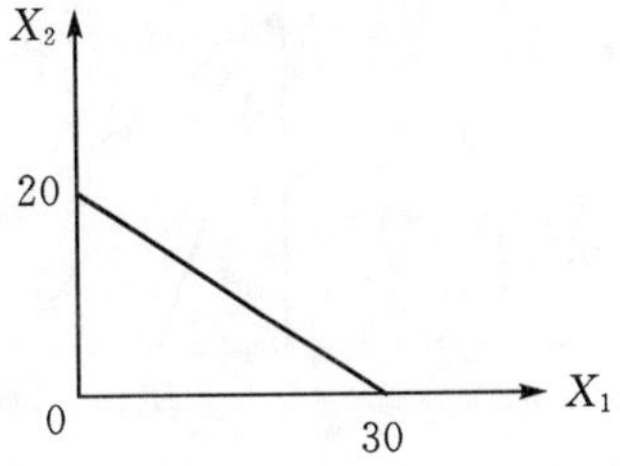

图 4－6

(二)预算线的变动

从以上分析可知，只要给定消费者的收入 I 和两种商品的价格 P_1和 P_2，则相应的预算线的位置和形状也就决定了。由此可以推断，当消费者的收入 I、两种商品的价格 P_1和 P_2这三个量中的任何一个量发生变化时，原有的预算线就会发生变动。预算线的变动有很多种具体情况，大致可以归纳为以下四种情况：

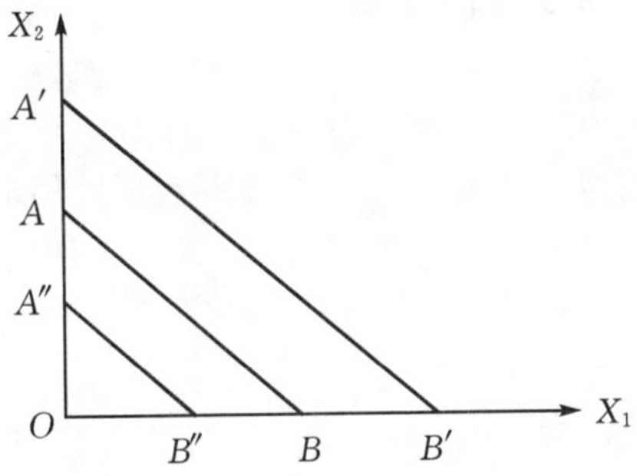

图 4－7　预算线变动

(1)商品的价格 P_1和 P_2不变，消费者的收入 I 发生变化。这时，相应的预算线的位置会发生平移。如图 4－7，假定原有的预算线为 AB，消费者收入 I 增加，P_1、P_2不变，意味着预算线的斜率保持不变，则预算线由 AB 向右平移至 $A'B'$。相反，消费者收入 I 减少，使预算线 AB 向左平移至 $A''B''$。前者表示消费者的全部收入用来购买任何一种商品的数量都因收入的增加而增加，后者表示消费者的全部收入用来购买任何一种商品的数量都因收入的减少而减少。

(2)收入 I 不变，两种商品的价格 P_1和 P_2同比例同方向发生变化，这时，相应的预算线的位置也会发生平移，如图 4－7 所示。其理由是，P_1和 P_2同比例方向的变化，并不影响预算线的斜率$-P_1/P_2$，而只能使预算线的横、纵截距 I/P_1和 I/P_2发生变化。

(3)消费者的收入 I 不变，价格 P_1或价格 P_2两者中任意一个发生变化，这时，预算线斜率发生变化，预算线截距发生变化。如图 4－8(a)所示，假如其他条件不变，商品 1 价格下降表示消费者把所有收入用来购买商品 1 得到的数量比降价前要多，表现在图形上就是预算线横截距增加，也就是预算线绕着它与纵轴的交点向外逆时针转动；商品 1 价格上升表示消费者把所有收入用来购买商品 1 得到的数量比降价前要少，表现在图形上就是预算线横截距缩短，也就是预算线绕着它与纵轴的交点向内顺时针转动。同理，如图 4－8(b)所示，假如其他条件不变，商品 2 价格下降将导致预算线绕着它与横轴的交点向外转动，反之则向内转动。

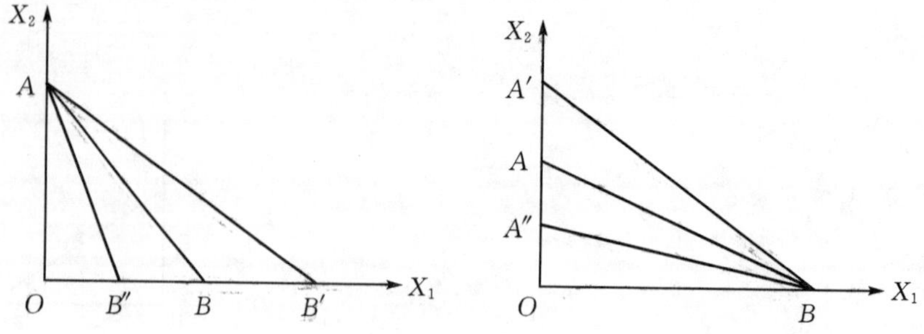

(a) (b)

图 4-8 预算线变动

(4)消费者的收入 I 与两种商品的价格 P_1 和 P_2 都同比例同方向发生变化。这时预算线不发生变化，它表示消费者的全部收入用来购买任何一种商品的数量都未发生变化。

三、序数效用理论下的消费者均衡

(一)消费者均衡基本分析

消费者均衡是研究单个消费者在既定收入条件下实现效用最大化的均衡条件。这里的均衡是指消费者实现最大效用时既不想再增加，也不想再减少任何商品购买数量的这么一种相对静止的状态。

这种相对静止的状态表现在图形上如图 4-9 所示，当预算线与无差异曲线相切于某一点时，消费者在有限的预算约束下取得了他所能够获得的最大效用或最大限度的满足感。

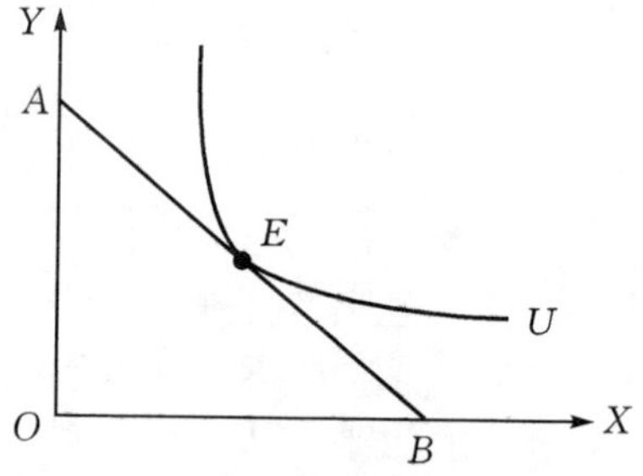

图 4-9 消费者均衡

无差异曲线 U 上点 E 的边际替代率 MRS 等于该点切线的斜率值的负数，而点 E 的切线刚好就是预算线 AB，因此点 E 的边际替代率 MRS 又等于预算线 AB 的斜率值的负数，即 P_X/P_Y。也就是说，在一定的预算约束下，为了实现最大的效用，消费者应该选择最优的商品组合，使得两商品的边际替代率等于两商品的价格之比。

$$MRS_{XY}=\frac{P_X}{P_Y} \tag{4.17}$$

式(4.17)表示在消费者的均衡点上，消费者愿意用一单位的某种商品去交换的另一种商品的数量(MRS)，应该等于该消费者能够在市场上用一单位的这种商品去交换得到的另一种商品的数量(P_X/P_Y)。

B、C、D 点连成一条曲线，则 Q_0 即为等产量线。在线上任意一点所表示的资本与劳动的不同数量的组合，都能生产出相等的产量。

生产理论中的等产量曲线与效用理论中的无差异曲线的几何特点相似，所以它又被称为“生产的无差异曲线”。所不同的是，等产量线代表的是产量，是客观的；而无差异曲线代表的是效用，是主观的。

(二)等产量线的特征

(1)等产量线是一条向右下方倾斜的线，其斜率为负值。这就表明，在生产者的资源与生产要素价格既定的条件下，为了达到相同的产量，在增加一种生产要素时，必须减少另一种生产要素。两种生产要素的同时增加是资源既定时无法实现的；两种生产要素的同时减少，不能保持相等的产量水平。至于等产量线向右下方倾斜的程度就和边际技术替代率有关。

(2)等产量线上任何一点代表一种生产要素投入的组合，虽然组合的方式各不相同，但功效相同，在同一坐标平面上，可以有无数条等产量线，其中每一条都代表着一个产量，因此不同的等产量线就代表不同的产量水平，并且离原点越远的等产量线所代表的产量水平就越高。

一条等产量曲线代表一定的产量水平，不同的产量水平就必然需要用不同的等产量曲线来代表。两种可变要素的多种组合可能存在多种产量水平，所以要用多条等产量曲线来表示各种组合之间的关系。图 5 - 5(b)中，Q_0、Q_1、Q_2 是三条不同的等产量线，它们分别代表不同的产量水平，离原点越远，意味着投入的劳动和资本的数量就越多，从而它所能生产的产量也就越大，故其产量水平顺序为：$Q_0 < Q_1 < Q_2$。

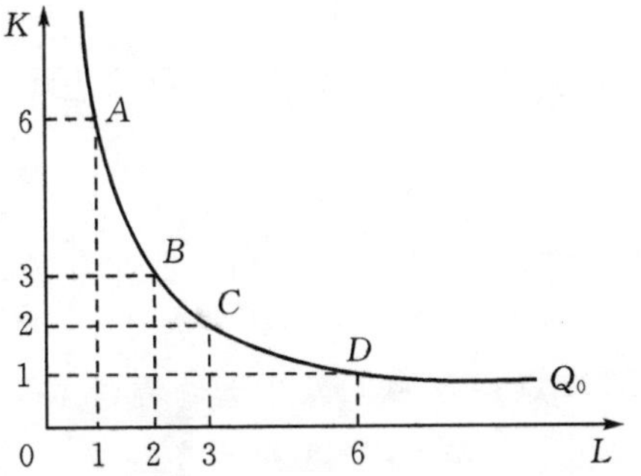

(a)

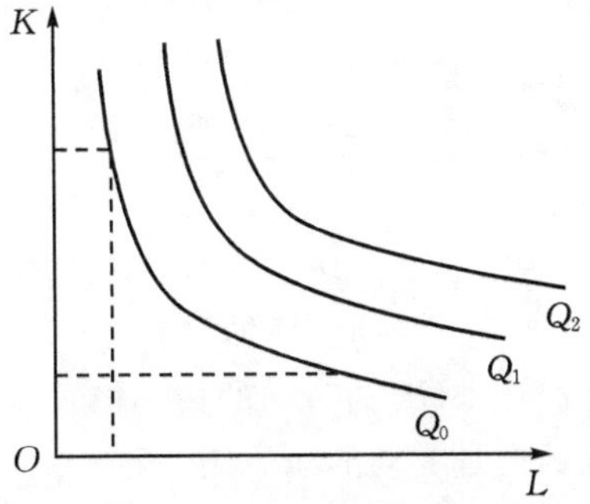

(b)

图 5 - 5(a) 不同要素组合的等产量线　　图 5 - 5(b) 等产量曲线

(3)在同一坐标平面上，任意两条等产量线都不会相交。否则等产量线的定义会和它的第二特征发生矛盾。

(4)等产量线是一条凸向原点的曲线。这点可用边际替代率来说明。

等产量线给出了厂商进行生产决策的可行性空间——为得到特定的产出，厂商可以使用不同的投入品组合。对于企业经理人员，这个可行性空间有着十分重要的意义。如果劳动力成本提高了，企业就可以采用劳动节约型技术，也就是说，可以用资本代替劳动装配线，可以用机器代替人工以实现自动化，土地稀少的时候可以用资本代替土地。如果资本相对较为昂贵，企业也可以用劳动代替资本。总之，大部分商品和服务都可以采用不同的技术和方法来生产。所有企业都要作出的关键决策之一就是采用什么技术，以达到成本最小，利润最大。

二、边际技术替代率

(一)边际技术替代率的概念

在经济学中,两种要素之间的相互替代关系就是边际技术替代率(marginal rate of technical substitution,MRTS)。它指在技术水平不变的条件下,增加一单位某种生产要素的投入量时所减少的另一种要素的投入量。劳动—资本的边际技术替代率指的是,在保持产出不变的前提下,多投入一单位劳动,资本的投入可以减少的量。这与消费者理论中的边际替代率(MRS)十分相似。若用劳动 L 去替代资本 K,边际技术替代率表示为 $MRTS_{LK}$;若用资本 K 去替代劳动 L,表示为 $MRTS_{KL}$。那么,劳动 L 去替代资本 K,即 $MRTS_{LK}$ 的数学表达式为:

$$MRTS_{LK}=\frac{\Delta K}{\Delta L} \tag{5.10}$$

式中,ΔK、ΔL 分别为资本、劳动的变化量。如果这个替代率等于 2,说明 1 个劳动能替代 2 个资本,即增加 1 个劳动的使用量可以放弃 2 个资本的使用量。由于劳动要素和资本要素变化的方向相反,为了便于说明和叙述,添加一个负号将其变为正值。当然,同样可以得到资本对劳动的边际技术替代率,方向发生变化,但实质没有变化。

边际技术替代率是负值,其原因在于,随着一种生产要素的增加,另一种生产要素必然减少。但是为方便起见,边际技术替代率一般取绝对值。

当 $\Delta L\to 0$ 时,那么边际技术替代率还可以用微分表示为:

$$MRTS_{LK}=-\frac{\Delta K}{\Delta L}=\lim_{\Delta L\to 0}-\frac{\Delta K}{\Delta L}=-\frac{\mathrm{d}K}{\mathrm{d}L} \tag{5.11}$$

这里,当等产量线给定时,$-\mathrm{d}K/\mathrm{d}L$ 也为其斜率,即等产量线上任一点的边际技术替代率就是等产量线在该点切线的斜率。

此外,边际技术替代率还可以用两种生产要素的边际产量之比来表示。仍以图 5 - 5(a)为例,当沿着等产量线从 A 点移动到 B 点时,资本的减少量为 ΔK,那么由此带来的产量的变动量为 $\Delta K\cdot MP_K$,劳动的增加量为 ΔL,那么由此带来的产量的变动量为 $\Delta L\cdot MP_L$,MP_K 为资本的边际产量,MP_L 为劳动的边际产量。由于 A 点和 B 点同处于一条等产量线上,因此这一变化带来的产量变动的净效应为零,即:

$$\Delta K\cdot MP_K+\Delta L\cdot MP_L=0$$

即:

$$-\frac{\Delta K}{\Delta L}=\frac{MP_L}{MP_K}$$

因此:

$$MRTS_{LK}=\frac{-\Delta K}{\Delta L}=\frac{MP_L}{MP_K}$$

(二)边际技术替代率递减规律

在生产要素的相互替代过程中同样存在着边际技术替代率递减规律:在维持产量不变的前提下,当一种生产要素的投入量不断增加时,每一单位的这种生产要素所能替代的另一种生产要素的数量是递减的。

在图 5 - 6 中,产出固定在 75 时,当劳动由 1 个单位增至 2 个单位时,$MRTS$ 等于 2。但是,当劳动由 2 个单位增至 3 个单位时,$MRTS$ 的值降至 1,然后逐渐降至 2/3,1/3。很明显,当用越来越多的劳动替代资本时，劳动的生产率降低，而资本的生产率相对上升。所以，单位劳动可以替换的资本数量越来越小，等产量线也由此变得越来越平坦。

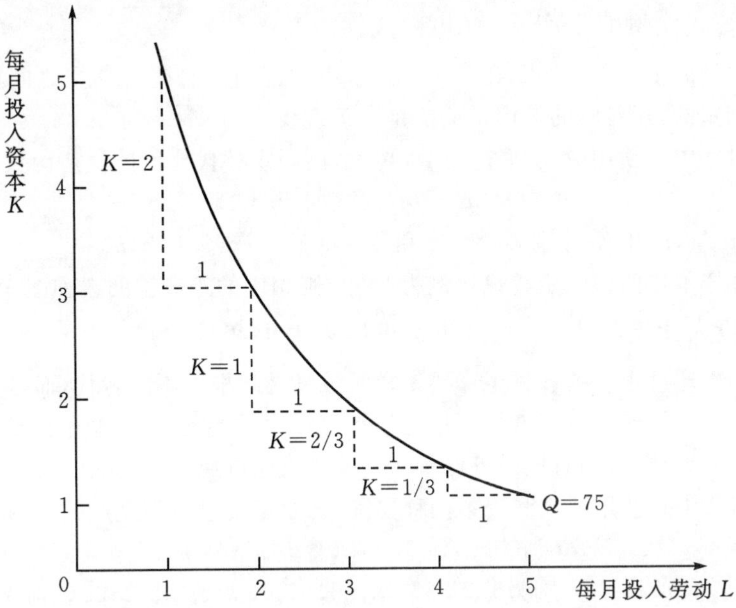

图 5-6　边际技术替代率

等产量曲线凸向原点的弯曲程度，完全取决于两种要素的替代性的大小，即取决于边际技术替代率递减的速度，如果两种可变要素替代性强，边际技术替代率递减缓慢，等产量曲线的弯曲程度就小；反之，等产量曲线弯曲程度就大。一般来说，在边际技术替代率递减规律作用下，等产量曲线都是凸向原点的，但也有特殊的情况。

思考题

牛奶生产：根据农业部资料，在一定的时间内，按下列草与粮食的组合搭配喂养一头奶牛均可生产出 4250 千克牛奶(见表 5-4)。

1. 根据上面的数据，画出等产量曲线。
2. 计算等产量曲线上各点的边际技术替代率。
3. 讨论该等产量曲线的凸凹性。
4. 如果每千克草的价格等于每千克粮食的价格，应否按 2500 千克草和 3077 千克粮食的组合喂养奶牛？

表 5-4　草与粮食的搭配

草/千克	粮食/千克
2500	3077
2750	2727
3000	2446
3250	2211
3500	2014
3750	1847

三、长期生产函数的具体形式

(一)固定替代比例的生产函数(也称线性生产函数)

固定替代比例的生产函数表示在每一产量水平上任何两种生产要素之间可相互替代,且替代比例都是固定的,相对应的等产量曲线是一条直线。

假定生产过程中只使用劳动和资本两种要素,则固定替代比例的生产函数的通常形式为:

$$Q=aL+bK(\text{常数 a,b}>0) \tag{5.12}$$

其中,Q 为产量,L 和 K 分别表示劳动和资本的投入量,常数 $a,b>0$。

假定劳动和资本之间的固定替代比例为 2∶1,则相应的等产量曲线如图 5-7(a)所示。

(二)固定投入比例的生产函数(也称里昂惕夫生产函数)

这一函数指生产过程中的各种生产要素投入数量之间根本不能替代,而是完全互补的,且在每一个产量水平上任何一对要素投入量之间都存在固定不变的比例关系,即两种要素边际技术替代率为零或无穷大,相对应的等产量曲线就是向原点成 90°凸出的折线。

假定生产过程中只使用劳动和资本两种要素,则固定投入比例生产函数的通常形式为:

$$Q=\min\{L/u,K/v\}\ (\text{常数 } u、v>0) \tag{5.13}$$

式中:Q 为产量;L 和 K 分别为劳动和资本的投入量;常数 u、$v>0$,分别为固定的劳动和资本的生产技术系数,它们分别表示生产一单位产品所需要的固定的劳动投入量和固定的资本投入量。(5.13)式的生产函数表示:产量 Q 取决于 L/u 和 K/v 这两个比值中较小的那个,即使其中的一个比例数值较大,那也不会提高产量 Q。这一函数可在坐标上表示出来,如图 5-7(b),从原点出发经过 a、b 和 c 点的射线 OR 表示了这一固定投入比例生产函数的所有产量水平的最小要素投入量的组合。

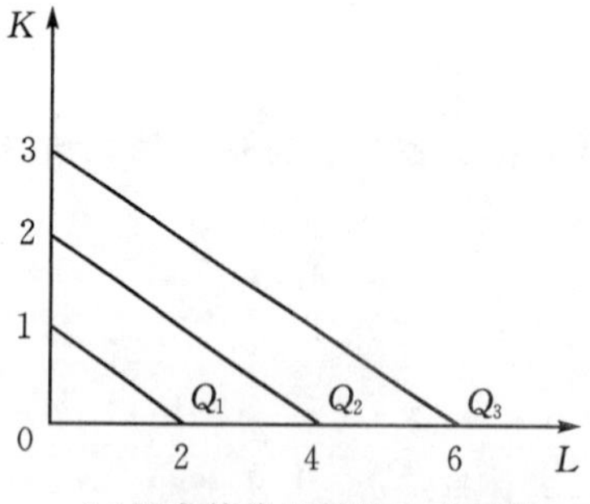

(a)固定替代比例的生产函数

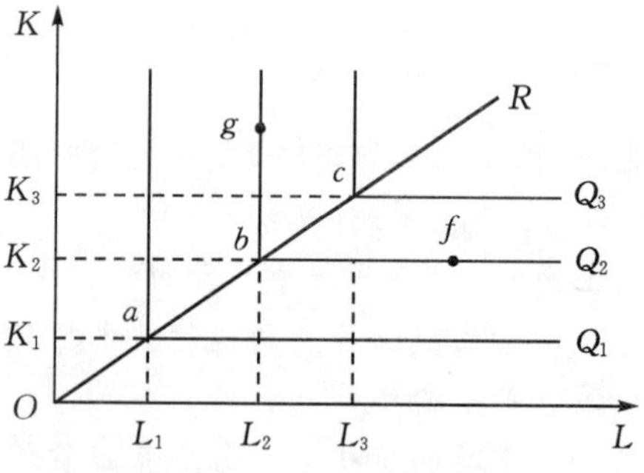

(b)固定投入比例的生产函数

图 5-7 固定替代/投入比例的生产函数

(三)柯布—道格拉斯生产函数

柯布—道格拉斯生产函数是由美国数学家 C·柯布和经济学家 P·道格拉斯于 20 世纪 30 年代初一起提出来的。柯布—道格拉斯生产函数被认为是一种很有用的生产函数,因为该函数以其简单的形式描述了经济学家所关心的一些性质,它在经济理论的分析和实证研究中都具有一定意义。该生产函数的一般形式为:

$$Q=AL^{\alpha}K^{\beta} \tag{5.14}$$

式中的 A、α 和 β 为三个参数，$0<\alpha$、$\beta<1$，$\alpha+\beta=1$。α 表示劳动在总产量中的贡献份额，$\beta=1-\alpha$，表示资本在总产量中的贡献份额。

通过研究，柯布与道格拉斯计算出在 1899—1922 年间美国的工业生产中，A 为 1.01，α 为 0.75，可以看出：柯布－道格拉斯生产函数是线性齐次生产函数；在总产量中，劳动的贡献份额约占 75%，而资本的贡献份额约占 25%；若要增加产量，应该按 3∶1 的比例增加劳动投入和资本投入。此外，根据柯布－道格拉斯生产函数中的参数 α、β 之和，还可以判断规模报酬的情况。若 $\alpha+\beta>1$，则为规模报酬递增；若 $\alpha+\beta=1$，则规模报酬不变；若 $\alpha+\beta<1$，则为规模报酬递减。

四、生产的规模报酬

规模是指按照一定的生产要素结合比例来表示的企业的大小。企业规模的变化是指企业所有生产要素投入量的变化，这种变化不仅是同时的，而且是同比例的。例如，如果土地、劳动、水和其他投入都增加相同的比例，小麦产量会发生何种变化呢？如果劳动、计算机、橡胶、钢和厂房的空间都增加 1 倍，汽车产量会有何种变化呢？这些问题都涉及规模报酬。企业的规模报酬描述的是当所有生产要素同时同比例增加或减少时，总产出变化的情况。规模报酬分析涉及的是企业的生产规模变化与所引起的产量变化之间的关系。企业只有在长期内才可能变动全部生产要素，进而变动生产规模，因此，企业的规模报酬分析属于长期生产理论问题。

（一）规模经济（内在经济）与规模不经济（内在不经济）

规模经济是指在技术水平不变的情况下，当两种生产要素按同样的比例增加，即生产规模扩大时，最初这种生产规模扩大会使产量的增加大于生产规模的扩大，也称为内在经济。但当规模的扩大超过一定限度时，则会使产量的增加小于生产规模的扩大，甚至使产量绝对减少，出现规模不经济，也称为内在不经济。

在理解规模经济这一概念时，要注意以下几点：

(1)这一规律发生作用的前提是技术水平不变。

(2)这一规律所指的是生产中使用的两种生产要素都在同比例地增加。技术系数可以是可变的，也可以是不变的。但这一规律是研究技术系数不变时两种生产要素的增加所引起的生产规模扩大，给产量所带来的影响。例如，农业中土地与人力的同时增加，或把若干小农场合并为大农场；工业中设备与人力的同时增加，或把若干小企业合并为大企业，都属于这种情况。

(3)两种生产要素增加所引起的产量或收益的情况可以分为三个阶段，即规模收益递增阶段、规模收益不变阶段和规模收益递减阶段。

阅读材料

中国台湾企业家王永庆经营台塑的成功

——一个典型的规模经济案例

台塑是王永庆成功经营的第一个大企业，这个企业生产聚氯乙烯（PVC）塑胶粉。开始时，该企业规模仅为月产量 100 吨，尽管产量低，但是仍然供大于求，台湾省内的需求仅为每月 20 吨。产量低，平均成本无法实现最低，价格降不下来，台湾仅有的 20 吨市场需求也被日本产品占领。扩大产量，产品销路又成问题。但王永庆知道，企业困难的关键在于产量上不去，平均成本降不下来。如果只考虑需求，减少产量，平均成本更高，更缺乏市场竞争力。因此，扩大产量使平均成本降到最低是转败为胜的关键。于是，他决定把产量扩大到平均成本最低的月产1200吨。这时平均成本达到最低，而且，由于当时台湾是世界烧碱的主要生产基地之一，生产烧碱中被弃之不用的氯气可用于生产PVC。这样，在实现了最低成本时，其货币成本还低于世界其他国家，有了这种优势就可以打入世界市场。结果王永庆成功了。

王永庆的成功说明，在确定企业规模时一定要达到平均成本最低的产置，即实现规模经济。其实我国汽车等行业价格较高就在于企业规模小，没有实现平均成本最低的产量。如若世界汽车公司的最低规模在400万辆以上，说明在这个规模时，平均成本才能最低。但我国最大的上海汽车厂——桑塔纳厂的产量也不过20万辆。这就难以实现规模经济，别说走向世界了，能保住国内市场也不易。

（资料来源：刘华，经济学基础，2009年）

引起规模经济（内在经济）的原因主要有以下几方面：

（1）可以使用更加先进的机器设备。机器设备这类生产要素具有不可分割性。当生产规模小时，无法购置先进的大型设备，即使购买了也无法充分发挥其效用。只有在大规模生产中，大型的先进设备才能充分发挥其作用，使产量更大幅度地增加。

（2）可以实行专业化生产。在大规模的生产中，由于专业与分工可以分的更细，这样就会提高工人的技术水平，提高生产效率。

（3）可以提高管理效率。各种规模的生产都需要配备相应的管理人员，在生产规模小时，这些管理人员无法得到充分利用。当生产规模扩大时，在不增加管理人员的情况下增加生产，就可以提高管理效率。

（4）可以对副产品进行综合利用。在小规模生产中，许多副产品被作为废物处理，而在大规模生产中，就可以对这些副产品进行再加工，做到“变废为宝”。

（5）在生产要素的购买与产品的销售方面也会更加有利。大规模生产所需各种生产要素多，生产的产品也多，这样，企业可能在生产要素与产品销售市场上居于垄断地位，它就可以通过压低生产要素收购价格或提高产品销售价格而从中获利。

（6）技术创新能力的提高。大企业往往拥有雄厚的人力与财力，也能承担更大的风险，所以，技术创新能力更强。技术创新是提高企业生产率的关键。

引起规模不经济（内在不经济）的原因主要有以下方面：

（1）管理效率的降低。企业生产规模过大会使其管理机构庞大而不灵活，管理上也会出现各种漏洞，从而使产量和收益减少。

（2）生产要素价格与销售费用增加。生产要素的供给并不是无限的，生产规模过大必然会大幅度地增加对生产要素的需求，从而使生产要素的价格上升。同时，生产规模过大，产品大量增加，需要增设更多的销售机构与销售人员，从而增加了销售费用。因此，生产规模并不是越大越好。

阅读材料

金融危机考验着中国汽车的规模经济

做生意的谁不想上规模？规模经济产生效益这一道理都懂。开小餐馆的小老板都想多开几家分店搞成连锁，摆服装摊的小贩做梦也想把店开到北京的各个大商场，把生意搞大。然而规模经济对于汽车工业而言，又有着它特定的含义。汽车业是典型的规模经济产业，按照国际水平，一个汽车厂家的年产量20万辆只是保本点，30万辆才具有国际竞争力，250万辆才不会有被吞并的危险。汽车产业作为规模经济的代表，必然是以规模决定实力。早些年奔驰与克莱斯勒合并，大众与宝马争购维克斯集团旗下的劳斯莱斯，均表明了对规模经济的追求以及对市场份额的激烈争夺。规模经济已经成为当代国际汽车行业发展的主方向。

2006年中国汽车销量为740万辆，2007年为840万辆，2008年为938.05万辆，比2007年增长6.7%，美国市场正常年景汽车销量能达到1700万辆的规模，中国2008年原计划要达到1000万辆的销售水平，由于金融危机使这一计划流产。

全球汽车市场的总体规模在6000万辆左右，美国和欧盟是一个级别，中国和日本是一个级别。这告诉我们在看到希望的同时，千万不要盲目乐观。2007年，通用汽车一家公司在全球售出近937万辆轿车和卡车，这相当于我们国家一年的汽车销售量。

金融危机中2008年度一汽集团销量达到153万辆，增长6%；东风汽车2008年销售106万辆，比上一年度增加11.4%；上海大众汽车销量50.1万辆，同比增长9.2%；上海汽车销量近170万辆；吉利销量25万辆；奇瑞汽车2008年实现销售量35.6万辆，华晨2008年汽车销售量30万辆，平均增长7%左右。增长率都从两位数降到一位数。可见，我国汽车厂商的规模经济经受着考验，但说明了一个问题，我国汽车行业在很长时期内没有达到适度规模(MES)。既然规模经济能够带来成本的下降和利润空间的上升，国内的厂商为何不扩大生产能力呢？市场容量对规模经济有重要的影响。

虽然中国轿车已经步入家庭，但轿车的消费水平相对于广大消费者的购买能力而言还是偏高，使得我国市场容量有限。另一方面，同类企业数量过多使得单个企业拥有的市场容量更为有限。随着轿车价格逐渐降低和相关费税的改革，中国经济的好转和增长，国民收入水平的提高，轿车市场会不断地扩大，生产轿车企业的适度规模(MES)也在不断扩大。但是，面对金融危机在扩大规模时一定要考虑适度。

2008年对于美国三大汽车巨头无疑是个灾难之年。受金融危机和经济衰退的影响，美国汽车市场急剧萎缩，美国汽车市场全年总销量为1320万辆，同比2007年减少290多万辆，降幅达18%。美国三大汽车公司本土销量锐减，同比降幅均超过了20%；福特下降21.8%，通用下降23%，克莱斯勒下降近30%，也是各自近半个世纪以来表现最差的一年，也许这预示着美国汽车业的规模经济正在结束，正跨入规模不经济时代，美国的汽车行业的适度规模在缩小、在瘦身，否则无法生存，美国本土的通用公司正面临破产的边缘。

（资料来源：中国经济周刊，2009年2月，有删减）

(二)外在经济与外在不经济

对一个企业产量与收益的影响，除了它本身的生产规模外，还与它所处行业的生产规模有关。一个行业是由生产同种产品的企业组成的，它的大小影响着其中每一家企业的产量与收益。

整个行业生产规模扩大，给个别企业所带来的产量与收益的增加称为外在经济(external economies)。引起外在经济的原因是：个别企业可以从整个行业的扩大中得到更为方便的交通辅助设施、更多的信息与更好的人才，从而使产量与收益增加。但是，一个行业的生产规模过大也会使个别企业的产量与收益减少，这种情况称为外在不经济(external diseconomies)。

引起外在不经济的原因是：一个行业规模过大会使行业内各企业之间竞争更加激烈，各企业为了争夺生产要素与产品销售市场，必须付出更高的代价。此外，整个行业的扩大，也会使环境污染问题更加严重，交通紧张，个别企业要为此付出更高的代价。

第四节　等成本线

生产者的目标是利润最大化，为实现这个目标，生产者要么在产量既定时使成本最小，要么在成本既定时使产量最大。也就是说，生产者不能任意选择产量最高的要素投入组合，他必须考虑成本，进而考虑要素价格。

等成本线(Isocost curve)又称企业预算线，它是一条表明在生产者成本与生产要素价格既定的条件下，生产者所能购买到的两种生产要素最大数量的各种组合的轨迹。等成本线表明了厂商进行生产的限制条件，即他所购买的生产要素的所有支付不能大于或小于他所拥有的货币成本。大于货币成本是他无法实现的，小于货币成本又使他无法实现产量最大化。

假设既定的货币成本为 C，劳动与资本的价格分别为 P_L、P_K，购买量分别为 L、K。则等成本线方程可表示为：

$$C = P_L \times L + P_K \times K \tag{5.15}$$

$$K = C/P_K - P_L/P_K \times L \tag{5.16}$$

只要生产要素的价格不会因其购买量的变动而有所变动，很明显，等成本线是一个直线方程，其斜率为 $-P_L/P_K$，如图 5-8 所示。

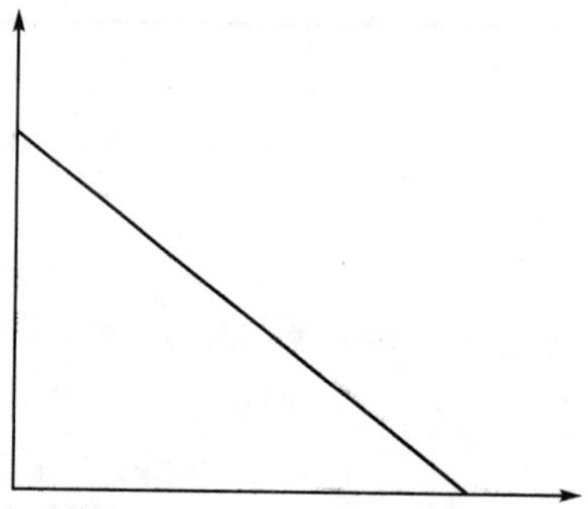

图 5-8　等成本线

在图 5-8 中，B 点表示既定的全部成本都购买劳动时的数量，$OB=C/P_L$；A 点表示既定的全部成本都购买资本时的数量，$OA=C/P_K$。连接 A 点和 B 点则为等成本线 AB。在该线上的任意一点，都是在货币成本与生产要素价格既定条件下能够购买到的劳动与资本的最大数量的组合；在线内的任何一点，如 E 点，表示所购买的劳动与资本的组合是可以实现的，但并不是最大数量的组合，即既定的货币成本没有用完；而在线外的任何一点，如 F 点，则表示所购买的劳动与资本的组合都大于线上任一点的组合，是无法实现的，因为所需要的货币超过了既定的成本。

在成本固定和要素价格已知的条件下，便可以得到一条等成本线。所以，任何关于成本和要素价格的变动，都会使等成本线发生变化。例如，若生产要素价格不变，则成本的增加或减少，会使等成本线向右上方或左下方平行移动。类似的关于各种变动的具体情况，如同消费者行为分析中的预算线组。而等成本线与消费可能线的最大不同之处在于：由于消费者的收入是相对稳定的，所以在通常情况下，消费可能线只有一条。但在生产过程中，厂商可以不断地改变生产规模，所以在生产过程中，厂商可以有很多等成本线。厂商可以根据这些等成本线来扩大或缩减他的产量水平。离原点越远，所反映的成本水平越高。

第五节 最优生产要素组合

在长期，所有的生产要素的投入数量都是可变动的，任何一个理性的生产者为了确定生产要素的最佳组合比例，有必要首先明确最佳的标准是什么。从生产实际出发，最佳的标准可以是“成本一定产量最大”，或者“产量最大成本最小”。

上章所述消费者均衡是研究消费者如何把既定的收入分配于两种商品的购买与消费上，以达到效用最大化。本章生产要素的最优组合是研究生产者如何把既定的成本（即生产资源）分配于两种生产要素的购买与生产上，以达到产量最大，也就是达到了利润最大化，此时生产要素的配合比例就称为生产者均衡，或称厂商均衡。如果其他条件不变，生产者就不愿意再改变这两种生产要素的配合比例。生产者均衡的研究方法与消费者均衡的研究方法也基本相同，即边际分析法与等产量分析法。

理性的厂商选择生产要素的最优组合的过程可以借助等产量线与等成本线加以说明。

一、在既定成本条件下的产量最大化

假设厂商给定的总成本为 C，劳动的价格或工资率为 P_L，资本的价格或利息率为 P_K，那么在这种情况下厂商就是要选择一个能使其产量最大化的生产要素组合。把厂商的等产量线和等成本线描在同一个坐标系中，就可以确定厂商在给定成本下实现最大产量的最优要素组合，即生产者均衡点。这一思想可借助图 5-9 来说明。

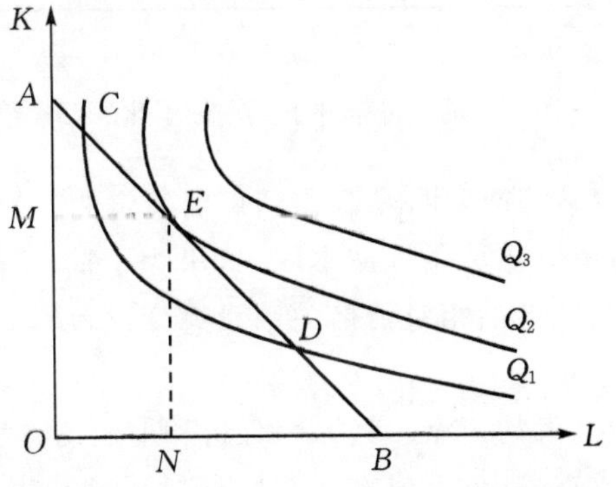

图 5-9 既定成本条件下产量最大化的要素组合

在图 5-9 中，总成本 C、劳动和资本的价格给定，那么等成本线就可确定，在图中为 AB 线。在现有的技术水平条件下，若生产一定数量的产品要素组合的轨迹也是给定的，或者说厂商面对的等产量线的形状给定，在图中只画出了 Q_1、Q_2、Q_3 这三条等产量线，按其产量大小顺

序为 $Q_1<Q_2<Q_3$。AB 为等成本线，并与 Q_2 相切于 E 点，在 E 点处就实现了生产要素的最优组合。

为什么只有在 E 点处才能实现生产要素的最优组合呢？因为在成本和生产要素价格既定时，理性的厂商必然会在等成本线上不断调整生产要素的组合，当调整到等成本线与众多的等产量线相切之点时，如图中的 E 点，厂商就实现了在既定成本下的最大产量。E 点也为厂商生产要素的最优组合点，即 OL 劳动与 OM 资本的结合。

从图 5-9 上看，C、D、E 点都在等成本线 AB 上，成本相同，但 C、D 点在 Q_1 上，而 E 点在 Q_2，所以 E 点时的产量是既定成本时的最大产量。再则，在等产量线 Q_2 上各点产量都是相同的，但除 E 点处，其他表示两种生产要素组合的点都在等成本线 AB 之外，显然其成本都大于 E 点，所以也可以说 E 点时的成本是既定产量时的最小成本。

二、在产量既定条件下的成本最小化

厂商在给定成本条件下达到产量最大化就能实现利润最大化，那么当厂商的产量给定时如何达到利润最大化呢？当然是厂商通过降低成本，即实现成本最小的情况就可达到。这一思想可借助图 5-10 来说明。

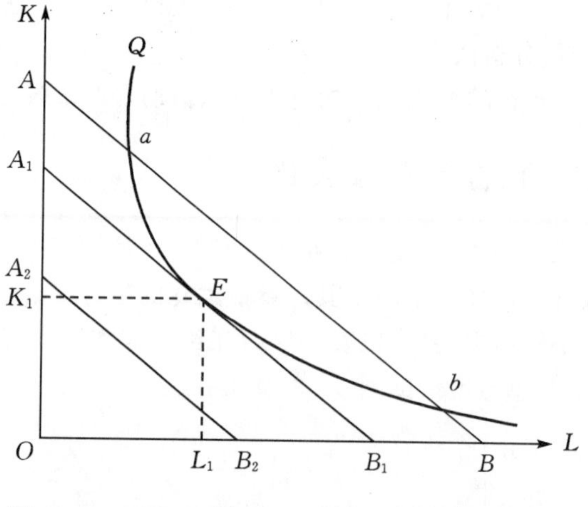

图 5-10　既定产量条件下成本最小化的要素组合

在图 5-10 中，画出了一条等产量曲线 Q 表示厂商给定的产量，同时也画出了三条等成本线。当然在每一成本下都可以画出一条等成本线，这里为了简化分析只画出三条。因为劳动和资本要素的价格是给定的，二者的相对价格关系没有变化，所以三条等成本线的斜率相等，代表三种不同的成本水平。图 5-10 中，等成本线 A_1B_1 与等产量线 Q 相切，切点为 E，那么 E 点就是在给定产量情况下生产者均衡点。其原因分析和前面的方法一样。

无论是产量既定，还是成本既定，等成本线与等产量线的切点 E，就是厂商的均衡点。而在切点 E 处，等产量线的斜率与等成本线的斜率正好相等。由于等产量线斜率的经济含义是两种生产要素的边际产量之比，即：

$$MRTS_{LK}=MP_L/MP_K$$

而等成本线斜率的经济含义是两种生产要素的价格之比，即 P_L/P_K，故厂商均衡或生产要素最优组合的条件是：

$$MRTS_{LK} = \frac{P_L}{P_K} \tag{5.17}$$

式(5.17)也给了生产要素最优组合的另外一个解释：如果劳动和资本两种生产要素可以完全替代，那么这两种要素的配合比例不仅要视它们各自的生产力，而且还要视其各自的价格而定。即厂商可以通过对两要素投入量不断调整，使每一元钱无论用来购买哪一种生产要素所获得的边际产量都相等，厂商才实现了既定成本下的最大产量。

如果 $MP_L/P_L > MP_K/P_K$，说明厂商同样花一元钱，但购买劳动所获得的边际产量大于购买资本所获得的边际产量，作为理性的厂商就会用购买资本的一元钱转向购买劳动，在保持成本不变的情况下，使总产量增加。同理，若在 $MP_L/P_L < MP_K/P_K$ 的情况下，厂商也会调整用购买劳动的一单位成本转向购买资本，使总产量增加，只要单位成本所获得的边际产量不同，厂商就会不停地调整对两种生产要素的投入，使得增加的投入要素的边际产量递减，减少的投入要素的边际产量递增，直到二者的边际产量与价格之比相等，厂商才会停止调整，这时，两种生产要素的组合才处于最优状态。

同理，此结论也可以扩展为投入多种生产要素时厂商均衡的条件，即：

$$\frac{MP_A}{P_A} = \frac{MP_B}{P_B} = \cdots = \frac{MP_N}{P_N} \tag{5.18}$$

思考题

1. 已知某厂商生产函数为：$Q=L^{3/8}K^{5/8}$，求：

(1)产量 $Q=10$ 时的最小成本和使用 L 和 K 的数量；产量 $Q=25$ 时的最小成本和使用 L 和 K 的数量；

(2)总成本为 160 时厂商均衡的 Q、L、K 的值。

2. 已知生产函数为 $Q=\min(L,2K)$。求：

(1)如果产量 $Q=20$ 单位，则 L 和 K 分别为多少？

(2)如果 L 和 K 的价格为(1,1)，则生产 10 个单位产量的最小成本是多少？

三、生产扩展线

以上研究的生产要素最优组合是生产者在生产要素的相对价格、生产函数或者技术水平不变的情况下得到的。如果总的生产规模扩大，投入生产的生产要素数量同时提高，表现为等成本线向右上方平移，新的生产者均衡点将在更高的位置上形成。厂商逐渐调整生产规模时，生产者均衡点移动的轨迹就称为生产扩展线，如图 5－11 所示。

在图 5－11 中，A_1B_1、A_2B_2、A_3B_3 是三条不同的等成本线，随着厂商成本增加，等成本线便从 A_1B_1 向右上方平行移动至 A_2B_2、A_3B_3，并分别与等产量线 Q_1、Q_2、Q_3 相切于 E_1、E_2、E_3 点，连接 E_1、E_2、E_3 点就得到厂商的生产扩展线 OC。

生产扩展线的含义是：在生产要素价格不变的情况下，厂商扩大生产规模所引起的生产要素最优组合点变动的轨迹。它可以使厂商生产规模沿着最有利的方向扩大。在生产扩展线上，厂商可以用既定成本生产最大产量，从而获得最大利润，所以厂商愿意沿此路径扩大生产。具体厂商会扩展到哪一点上，单凭扩展线是不能确定的，还得视市场需求行情而定。

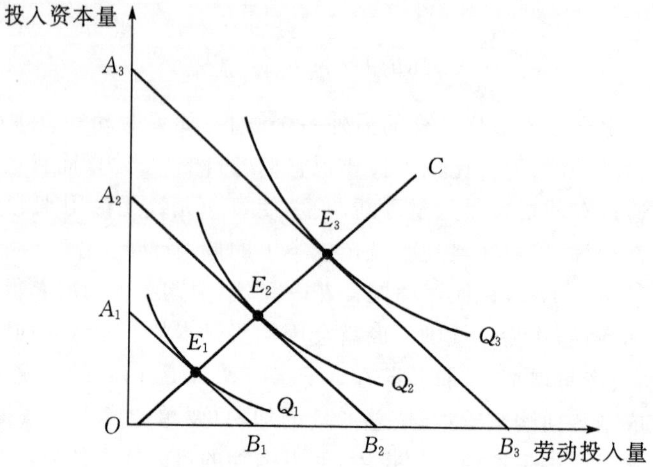

图 5-11　生产扩展线

本章关键词

生产函数　　边际产量　　等产量曲线　　规模经济

外在经济　　等成本线　　边际收益递减规律

边际技术替代率　　柯布—道格拉斯生产函数

案例分析

马尔萨斯人口论与边际报酬递减规律

经济学家马尔萨斯(1766—1834 年)的人口论的一个主要依据便是报酬递减定律。他认为,随着人口的膨胀,越来越多的劳动耕种土地,地球上有限的土地将无法提供足够的食物,最终劳动的边际产出与平均产出下降,但又有更多的人需要食物,因而会产生大的饥荒。幸运的是,人类的历史并没有按马尔萨斯的预言发展(尽管他正确地指出了"劳动边际报酬"递减)。

在 20 世纪,技术发展突飞猛进,改变了许多国家(包括发展中国家,如印度)的食物的生产方式,劳动的平均产出因而上升。这些进步包括高产抗病的良种,更高效的化肥,更先进的收割机械。在"二战"结束后,世界上总的食物生产的增幅总是或多或少地高于同期人口的增长。粮食产量增长的源泉之一是农用土地的增加。例如,从 1961—1975 年,非洲农业用地所占的百分比从 32%上升至 33.3%,拉丁美洲则从 19.6%上升至 22.4%,在远东地区,该比值则从 21.9%上升至 22.6%。但同时,北美的农业用地则从 26.1%降至 25.5%,西欧由 46.3%降至 43.7%。显然,粮食产量的增加更大程度上是由于技术的改进,而不是农业用地的增加。

在一些地区,如非洲的撒哈拉,饥荒仍是个严重的问题。劳动生产率低下是原因之一。虽然其他一些国家存在着农业剩余,但由于食物从生产率高的地区向生产率低的地区的再分配的困难和生产率低地区收入也低的缘故,饥荒仍威胁着部分人群。

(资料来源:斯蒂格利茨,经济学,2000 年)

讨论并分析:

1. 人类历史为什么没有按照马尔萨斯的预言发展?

2. 既然马尔萨斯的预言失败,你认为边际报酬递减规律还起作用吗?
3. 请你谈谈“中国人口太多,将来需要世界来养活中国”或“谁来养活中国”的观点。

课后练习

一、选择题

1. 如果连续地增加某种生产要素的投入,在总产量达到最大时,边际产量曲线(　　)。
A. 与平均产量曲线相交　　B. 与纵轴相交
C. 与横轴相交　　D. 都不相交
2. 生产要素的合理投入区是指(　　)。
A. 平均产量上升的区间
B. 边际产量上升的区间
C. 边际产量最大值到总产量最大值之间
D. 平均产量最大值到总产量最大值之间
3. 如果将等产量曲线与等成本曲线结合在一起进行分析,两种生产要素的最适组合是(　　)。
A. 等产量曲线与等成本曲线相交之点
B. 等产量曲线与等成本曲线相切之点
C. 离原点最远的等产量曲线上的任一点
D. 离原点最近的等产量曲线上的任一点
4. 经济学分析企业行为时的短期是指(　　)。
A. 一年之内　　B. 至少有一种生产要素不能调整变动的时期
C. 半年之内　　D. 全部生产要素都能随产量而调整的时期
5. 行业或个别企业的经济行动给其他企业带来了收益,这种现象被称为(　　)。
A. 规模经济　　B. 规模不经济　　C. 外部经济　　D. 外部不经济

二、简答题

1. 等产量曲线的特征是什么?
2. 什么是边际报酬递减规律?这一规律对生产生活有什么启示?
3. 怎样理解生产者的最优生产要素组合?

三、计算题

1. 某公司有以下生产函数:$Q=72L+15L^2-L^3$,L 为变动要素。求:
(1)确定边际产量和平均产量的方程。
(2)当 $X=7$ 时边际产量为多少?在 $X=7$,$X=8$ 之间的边际产量为多少?
(3)X 要素等于多少报酬(产量)开始递减?
(4)在什么生产要素水平上总产量最大?最大总产量是多少?
2. 某公司生产函数为:$Q=L^{3/4}K^{1/4}$,求:
(1)如果 $P_K=8$ 元,$P_L=12$ 元,L 和 K 的最佳组合是什么?
(2)如果生产函数改为 $Q=L^{1/2}K^{1/2}$,且 $P_K=20$ 元,$P_L=10$ 元,L 和 K 的最佳组合又是什么?

第六章
成本与利润

引言

上一章生产理论主要从实物形态的角度分析了生产要素的投入与产出之间的函数关系。但是，在市场经济条件下，厂商追求的经营目标是利润最大化，而利润等于总收益减去总成本。正如萨缪尔森所说："成本是许多厂商决策的核心。"厂商要做出切合实际的商业决策，需要知道生产产品的成本。

本章研究成本理论，正是从价值形态上考察企业的经济行为，分析对应产量变动所消耗的一定数量的生产要素的变动情况，进一步考察厂商的生产成本与产量之间的关系，从而使厂商达到利润最大化的最终目的。和上一章一样，本章仍假定生产要素的价格是给定的。

第一节　成本

成本也是经济学最基本的概念之一。从最一般的意义上说，所谓成本，就是为了达成某种目的或获得某种商品所付出的代价。厂商的成本就是厂商进行生产与经营活动所必须付出的代价。

成本又称为生产费用，是指厂商为生产一定数量的商品所消耗的生产要素的支出总额，即生产中所投入的生产要素与单位要素的价格乘积。

在经济学的分析中，人们可以从不同的角度研究生产费用，因而就产生了各种各样的成本概念。本节中将学习经济成本、会计成本、机会成本，以及显性成本和隐性成本等，另外在成本分析中常用到的总成本、平均成本、边际成本等几种成本概念，将在第二节、第三节中进行介绍。

一、经济成本、会计成本、机会成本

人们在很多的场合都会用到成本这个概念，但是在不同的学科领域成本所涉及的内容可能会各不相同，比如经济学中的经济成本和会计学中的会计成本就有很大的区别，下面对经济成本和会计成本以及与这两个概念密切相关的机会成本进行简要分析。

（一）经济成本

经济成本是厂商运作过程中的全部成本，可以毫不夸张地说，经济成本几乎涉及了厂商所有的经营内容和领域。有些经济成本项目我们可能还没能认识到，也有些经济成本项目虽知道它的存在，但却没有把其作为独立的成本项目来进行分析，比如组织成本等。故简单起见，

可以认为:经济成本＝会计成本＋机会成本。

(二)会计成本

会计成本是生产经营中发生费用的会计记录。厂商的会计成本是指厂商在生产经营过程中所发生的并反映在会计账簿上的各项支出,是厂商在生产过程中按市场价格直接支付的一切费用。同时,因为这些支出是过去的支出,所以也称为历史成本。例如,支付给雇员的工资、购买原料支付的货款、支付银行的借款利息、计提的固定资产折旧费等。

(三)机会成本

机会成本是指将一定的资源用于某项特定用途时,所放弃的该项资源用于其他用途时所能获得的最高收益。机会成本的存在需要三个前提条件:①资源是稀缺的;②资源具有多种生产用途;③资源的投向不受限制。在理解机会成本这一概念时要注意:机会成本不同于实际成本,它不是做出某项选择时实际支付的费用或损失,而是一种观念上的成本或损失。在经济分析中,可以采用机会成本来判断一种生产资源的使用是否经济合理,如果它的实际收益大于或等于机会成本时,资源的配置才达到最优状态。从机会成本的角度来考察生产活动时,厂商将生产那些要素收益最大的项目,以避免带来生产的浪费,使稀缺的经济资源达到最优的配置。

机会成本对于经济主体决策有特别重要的意义,可通过分析下面的例子来说明。例如一块地假设有三种用途:可以建商场,其年利润预计 500 万元;也可以建球场,年利润预计 800 万元;还可以建工厂,年收入预计 300 万元。那么选择建球场的机会成本是 500 万元,选择建工厂的机会成本是 800 万元,选择建商场的机会成本是 800 万元。机会成本这个概念其实是一项决策工具。一项成功的决策当然是机会成本最小,获得的收益远远大于机会成本的。

阅读材料

上大学是对的决定吗?

一个大学生上大学四年的直接成本是上大学的学费、书费,按照现行价格标准,这两项费用大约是 5 万。如果不上大学,高中毕业找份工作,按照现行劳动力价格标准假如四年收入 10 万,那么一个大学生上大学四年的机会成本就是 10 万。因此,大学生上大学的经济学成本就是 15 万。(成本中均不考虑生活费,因为此项费用无论是否上大学均会发生)

上大学成本如此之高,为什么家长还是选择让孩子上大学呢?我们分别计算一下上大学与不上大学某人一生的成本与收益:不上大学 18 岁工作,工作到 60 岁,共 42 年。假定平均每年收入是 2.5 万(暂不考虑物价与工资的上涨),则一共 105 万;上大学 22 岁工作,工作到 60 岁,共 38 年。假定平均每年收入是 5 万(暂不考虑物价与工资的上涨),则一共 190 万。减去上大学的经济学成本 15 万,剩下 175 万。与不上大学收入比较上大学多得到的收入是 70 万。这还没考虑学历所带来的工资上升速率更快、名誉地位更高等其他效应。

因此,为什么家长舍得在子女教育上投入,就在情理之中了。

由此可见,机会成本不同于会计成本,它不是作出某项选择时实际支付的费用或损失,而是一种观念上的成本或损失,是用来衡量作出某种选择所必须放弃的次优选择的价值。机会成本为经济社会进行资源配置提供了一个技术手段。通过机会成本分析,可对定量资源的不同经营方向的投资效果进行比较择优,以实现资源利用的最大化。运用机会成本这个工具,人们进行选择和决策会变得更加明智。机会成本往往无法用货币数额精确地计算,它只是告诉我们无论选择什么都要付出代价,选择实际上权衡目标与代价,并作出判断,确定这种选择是否值得,尽量减少厂商投资决策的风险性。

二、显性成本、隐性成本、沉没成本

厂商的生产成本还可以分为显性成本和隐性成本两个部分。

(一)显性成本

显性成本,就是一般会计学上的成本概念,是指厂商在生产要素市场上购买或租用所需要的生产要素的实际支出,这些支出是在会计账目上作为成本项目记入账上的各项费用支出。它包括厂商支付所雇佣的管理人员和工人的工资、所借贷资金的利息、租借土地、厂房的租金以及用于购买原材料或机器设备、工具和支付交通能源费用等支出的总额,即厂商对投入要素的全部货币支付。从机会成本角度讲,这笔支出的总价格必须等于相同的生产要素用做其他用途时所能得到的最大收入,否则厂商就不能购买或租用这些生产要素并保持对它们的使用权。

(二)隐性成本

隐性成本是对厂商自己拥有的,且被用于该厂商生产过程的那些生产要素所应支付的费用。这些费用并没有在厂商的会计账目上反映出来,所以称为隐性成本。例如厂商将自有的房屋建筑作为厂房,在会计账目上并无租金支出,不属于显性成本。但西方经济学认为既然租用他人的房屋需要支付租金,那么当使用厂商自有房屋时,也应支付这笔租金,所不同的是这时厂商是向自己支付租金。从机会成本的角度看,隐性成本必须按照厂商自有生产要素在其他最佳用途中所能得到的收入来支付,否则,厂商就会把自有生产要素转移到其他用途上,以获得更多的报酬。又如,一个夫妻店,店主夫妇每天工作 8 小时,但往往并未在形式上领取货币工资,则应该领取的这笔工资属于隐性成本;属他们所有的值 10000 元的店铺设备也往往未在形式上领取租金,这笔租金也属于隐性成本。

厂商所有的显成本和隐成本之和构成总成本。厂商的经济利润指厂商的总收益和总成本之间的差额,简称厂商的利润。厂商所追求的最大利润,指的就是最大的经济利润。经济利润也被称为超额利润。

在经济分析中,除了考虑显性成本外,还要考虑隐性成本,也就是说,会计学中的成本只计算显性成本,而经济学中的成本是机会成本,包括显性成本和隐性成本。另外在经济分析中,也经常会听到沉没成本这个概念,那这个成本又指什么呢?

(三)沉没成本

沉没成本,是指过去已经发生的费用支出,是已经付出且不可收回的成本,现在或将来任何决策都不能再将其改变。也就是说沉没成本是一去不复返的成本,即不可收回的成本。即一笔已经付出的开支,不管事后认为是明智还是不明智的,都已经成为事实了,无论做出什么选择都不能被收回,任何未来的决策都不能取消这项成本,不论你将来采取什么方案都必须承担这项支出,这就是沉没成本。掌握沉没成本的意义就在于当你认识到某项支付属于沉没成本,就不能让它影响你理性的决策。为了理解这一概念可以举个例子:假设你花了 20 元钱买了一张电影票,看了半小时以后,发现影片糟透了。你是选择离开还是留下继续浪费 90 分钟?理性的做法是:认识到 20 元钱是沉没成本,将其忽略,将剩下的 90 分钟用来做更有意义的事情。

阅读材料

一次,印度的“圣雄”甘地乘坐火车出行,当他刚刚踏上车门时,火车正好启动,他的一只鞋子不慎掉到了车门外。就在这时,甘地麻利地脱下了另一只鞋子,朝第一只鞋子掉下的方向扔去。有人奇怪地问他为什么,甘地说:“如果一个穷人正好从铁路旁经过,他就可以拾到一双鞋,这或许对他是个收获。”

无独有偶。阿根廷著名高尔夫球运动员罗伯特·德·温森在面对失去时,表现得更加令人钦佩。一次,温森赢得了一场球赛,拿到奖金的支票后,正准备驱车回俱乐部,就在这时,一位年轻女士走到他面前,悲痛地向温森表示,她自己的孩子不幸得了重病,因为无钱医治正面临死亡。温森二话没说,在支票上签上自己的名字,将它送给了年轻女士,并祝福她的孩子早日康复。

一周后,温森的朋友告诉温森,那个向他要钱的女子是个骗子,不要说她没有病重的孩子,甚至都没结婚呢!温森听后惊奇地说:“你敢肯定根本没有一个孩子病得快要死了这回事?”朋友作了肯定的回答。温森长长出了一口气,微笑着说:“这真是我一个星期以来听到的最好的消息。”

第二节　短期成本分析

成本理论是建立在生产理论的基础之上的。我们已经知道,生产理论分为短期生产理论和长期生产理论,则相应地,成本理论也分为短期成本理论和长期成本理论。由于在短期内厂商根据其所要达到的产量,只能调整部分生产要素的数量而不能调整全部生产要素的数量,所以,短期成本有不变成本和可变成本之分。而长期内厂商根据其所要达到的产量,可以调整全部生产要素的数量,故长期内所有的要素成本都是可变的,长期成本没有不变成本和可变成本之分。

短期成本分析和长期成本分析对厂商都是非常重要的。当一个厂商建立之前,投资者要根据自己的投资能力,以及市场对产品的需求程度,进行投入产出分析,确定最佳的生产规模,以实现利润最大化。投资者这一阶段所进行的成本分析属于长期成本分析,因为这时一切生产要素都是可以调整的。当厂商的厂房、设备等固定资产购置以后,即生产规模一旦确定,厂商就只能根据现有的生产能力、产品市场及生产要素市场的价格变化,来确定每一阶段的实际产量,以实现利润最大化。这时厂商所进行的成本分析属于短期成本分析,因为厂商这时只能调整可变生产要素,而不能调整固定的生产要素。如果厂商在经过一段时间生产以后,发现自己的厂商规模不适度,而要调整规模时,厂商又面临着长期成本分析。

从本节开始,我们将先后研究短期成本分析(函数及其曲线)和长期成本分析(函数及其曲线)。

一、短期成本曲线及内涵

(一)短期总成本曲线

短期成本是指在短期内厂商从事生产所发生的成本。在该时期内,厂商无法改变其固定设备所限定的规模。或者说，厂商不能扩大或缩小其厂房设备规模的时期。不同行业的短期，时间上的长短是有差异的。例如，钢铁业的短期可能是好几年，而饮食业的短期可能是几个月。在短期内，厂商不能调整全部生产要素的投入量，只能改变部分要素投入量来增加或减少产量，所以一家厂商的短期总成本可分为总不变成本和总可变成本。

1. 短期总不变成本（*TFC*）曲线

短期总不变成本是指那些短期内无法改变的固定投入所带来的成本，这部分成本不随产量的变化而变化。一般包括厂房和资本设备的折旧费、地租、利息、财产税、广告费、保险费等项目支出。由于短期不变成本是固定值，所以它的曲线是一条平行于横轴的水平线。这说明它不随产量变化而变化。

由于在短期内不管厂商的产量为多少，这部分不变要素的投入量都是不变的，即使在厂商停产的情况下，也必须支付这些费用。所以，总不变成本是一个常数，它不随产量的变化而变化。即使产量为零时，总不变成本也仍然存在。如图 6－1(a)所示，图中的横轴 Q 表示产量，纵轴 C 表示成本，总不变成本（TFC）曲线是一条水平线。它表示在短期内，无论产量如何变化，TFC 是固定不变的。

2. 短期总可变成本（*TVC*）曲线

短期总可变成本是指厂商在短期内为生产一定数量的产品对可变生产要素支付的总成本，它随产量的变化而变化。例如，原材料、燃料、动力支出、雇佣工人的工资等。当产量为零时，可变成本也为零，产量越多，可变成本也越多。短期总可变成本如图 6－1(b)所示，TVC 是从原点开始的不断向右上方上升的曲线。其变动规律是：初期随着产量增加先递减上升，到一定阶段后转入递增上升。

3. 短期总成本（*STC*）曲线

短期总成本是指厂商在一定时期内生产既定产量所花费的成本的总和，也就是短期总可变成本（TVC）加上短期总不变成本（TFC），即：

$$STC(Q) = TVC(Q) + TFC \tag{6.1}$$

短期总成本是总短期不变成本和短期总可变成本之和，短期总不变成本不会等于零，因此，短期总成本必然大于零，而且因为短期总成本中包括短期总可变成本，所以，短期总成本的变动规律与短期总可变成本相同。短期总成本 STC 曲线如图 6－1(c)所示，它是从纵轴上相当于不变成本 TFC 高度的点出发的一条向右上方倾斜的曲线。STC 曲线表示：在每一个产量上的总成本由不变成本和可变成本共同构成，即短期总成本曲线是将短期可变成本曲线往上垂直平移 TFC 个单位。

短期总成本、短期总不变成本、短期总可变成本的曲线形状及相互关系可以用图 6－1 说明。图中：TFC 是一条水平线，表明 TFC 与产量无关。TVC 与 STC 曲线形状完全相同，都是先以递减的速度上升，再以递增的速度上升。不同的是 TVC 的起点是原点，而 STC 的起点是 TFC 与纵坐标的交点。这是因为短期总成本是由短期总不变成本和短期总可变成本加总而成的，而短期总不变成本是一常数，所以任一产量水平的 STC 与 TVC 之间的距离均为 TFC。

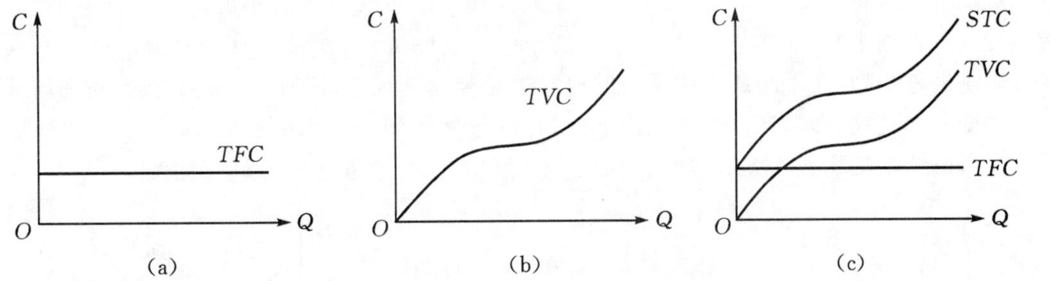

图 6-1 *TFC*、*TVC* 和 *STC* 曲线

(二)短期平均成本曲线

1.短期平均不变成本(*AFC*)曲线

短期平均不变成本是厂商在短期内平均每一单位产品所消耗的不变的固定成本。用公式可以表示为:

$$AFC = TFC/Q \tag{6.2}$$

由式(6.2)可知,*AFC* 是 *TFC* 线上相应点与原点连线的斜率。这个连线的斜率的变化规律就是 *AFC* 的变化规律。作图可得知这个连线的斜率一直下降。从图中可以看到 *AFC* 曲线随产量的增加一直呈下降趋势。这是因为短期内总不变成本保持不变。因为随 *Q* 增加,平均不变成本递减,但 *AFC* 曲线不会与横坐标相交,因为短期内总不变成本不会为零。

AFC 曲线如图 6-2(a)所示,它是一条向两轴渐近的双曲线。因为不变成本总量不变,产量增加,分摊到每一单位产品上的不变成本也就减少了。它变动的规律是起初减少的幅度很大,以后减少的幅度越来越小。

2.短期平均可变成本(*AVC*)曲线

短期平均可变成本(*AVC*)是厂商在短期内平均每生产一单位产品所消耗的可变成本。*AVC* 的计算公式可以表示为:

$$AVC = TVC/Q \tag{6.3}$$

由于 $AVC=TVC\ /\ Q$,则 *AVC* 曲线是 *TVC* 线上相应点和原点连线的斜率。在无数条连线中总能找到一条在某点既是连线又是切线的,在这个切点的左边,*TVC* 增长慢于产量增长,连线的斜率越来越小,因此 *AVC* 的值是下降的。在切点的右边,*TVC* 增长快于产量增长,连线的斜率越来越大,因此 *AVC* 的值是上升的。在切点对应的产量上,平均可变成本 *AVC* 达到最低点。

AVC 变动的规律是,起初随着产量的增加,生产要素的效率逐渐得到发挥,因此平均可变成本减少;但当产量增加到一定程度后,平均可变成本由于边际收益递减规律的作用而增加。所以 *AVC* 曲线是一条 *U* 形曲线,如图 6-2(b)所示。

3.短期平均总成本(*SAC*)曲线

短期平均成本是指厂商在一定时期内平均生产一单位产品所消耗的全部的成本。平均成本用公式表示为:

$$SAC = STC\ /\ Q = (TFC+TVC)\ /\ Q = AFC+AVC \tag{6.4}$$

短期平均成本的变动规律是由平均不变成本和平均可变成本决定的。当产量增加时，平均不变成本迅速下降，加之平均可变成本也在下降，因此短期平均成本迅速下降。随着平均不变成本越来越小，它在平均成本中所占的份额也越来越不重要，这时平均成本主要随平均可变成本的变动而变动，即随产量的增加而下降，在产量增加到一定程度之后，又随产量的增加而增加。所以短期平均成本 *SAC* 的曲线如图 6－2(c)表示，它也是一条 *U* 形曲线。

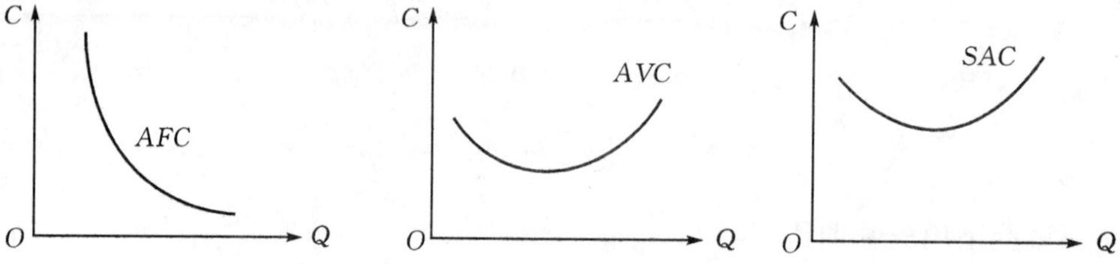

(a)　　(b)　　(c)

图 6－2　*AFC*、*AVC* 和 *SAC* 曲线

这里 *SAC* 与 *AVC* 的变动规律相同，但两者的不同点要特别注意。

(1)*SAC* 的最低点落后于 *AVC* 的最低点，即 *SAC* 最低点对应的产量大。这是因为 *SAC* 是 *AVC* 与 *AFC* 之和，即 *AVC* 已经达到最低点并开始上升时，*SAC* 仍在继续下降，原因在于 *AFC* 是不断下降的，只要 *AVC* 上升的数量小于 *AFC* 下降的数量，*SAC* 就仍在下降。在 *AVC* 到达最低点以后开始上升的数量大于 *AFC* 下降的数量 *SAC* 才能开始上升。

(2)注意由于 *AFC* 虽然是递减的，但它永远不等于零，因此 *SAC* 一定在 *AVC* 的上方，*SAC* 与 *AVC* 两者的关系在于垂直距离永远是 *AFC*。当 $Q\to\infty$ 时，*SAC* 与 *AVC* 无限接近，但永不重合，不相交。

(三)短期边际成本(*SMC*)曲线

短期边际成本是指厂商在一定时期内增加一单位产量所引起的总成本的增量，其公式为：

$$SMC=\triangle STC/\triangle Q \tag{6.5}$$

当 $\triangle Q\to 0$ 时，$SMC=\mathrm{d}STC/\mathrm{d}Q$，即边际成本是总成本对产量的变化率或者是总成本对产量的一阶导数。

在短期内，由于 $STC=TFC+TVC$，而 *TFC* 始终不变，因此 *SMC* 的变动与 *TFC* 无关，*SMC* 实际上等于增加单位产量所增加的可变成本，也可以说是变动成本对产量的一阶导数。可见 *SMC* 的几何意义是：它既是 *STC* 曲线上又是 *TVC* 曲线上相应点切线的斜率。因此 *SMC* 的变动取决于 *TVC*，其变动规律与 *STC* 曲线和 *AVC* 曲线相似，也是一条随产量增加先下降而后上升的 *U* 形曲线。

已经知道 *MC* 是 *STC*(*TVC*)曲线上相应点的切线的斜率。这个切线斜率怎样变化就是 *MC* 的变化规律。*STC*(*TVC*)曲线上有个拐点，在拐点的左侧各点切线的斜率从原点算起越来越小，拐点的右侧各点切线的斜率从原点算起越来越大，其曲线如图 6－3 所示。

现在把 *SMC* 曲线、*AFC* 曲线、*SAC* 曲线和 *AVC* 曲线画在一个坐标系里，如图 6－4 所示。边际成本曲线的变动规律是：*SMC* 曲线随着产量的增加，初期迅速下降，很快降至最低点，而后迅速上升，上升的速度快于 *AVC* 曲线、*SAC* 曲线。*SMC* 曲线的最低点在 *STC*(*TVC*)曲线由递减上升转入递增上升的拐点产量上。

SAC 曲线、*AVC* 曲线、*SMC* 曲线都是 *U* 形。*SAC* 曲线在 *AVC* 曲线的上方，它们之间的距离相当于 *AFC*，而且 *SMC* 曲线在 *AVC* 曲线、*SAC* 曲线的最低点分别与之相交，即 *M*、*E* 点，且 *E* 点落后于 *M* 点。

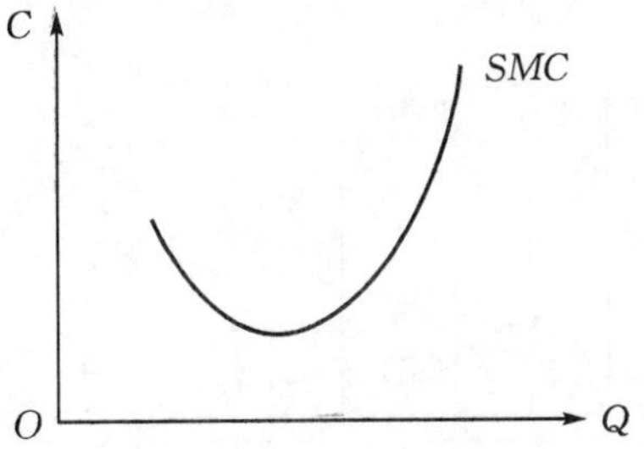

图 6-3 边际成本曲线

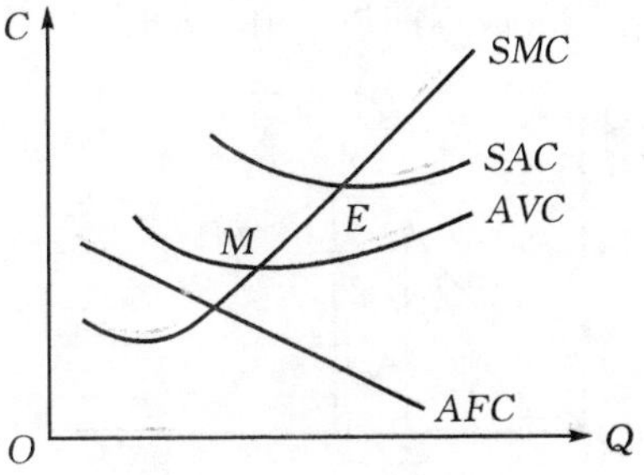

图 6-4 短期平均成本曲线和边际成本曲线

思考题

某厂商具有下列短期总成本函数：$STC=1000+240Q-4Q^2+Q^3$

1. 写出该厂商的 *SMC*(短期边际成本)、*AVC*(平均可变成本)和 *SAC*(短期平均成本)的表达式。

2. 确定 *SMC* 为最小时的产出水平。

3. 确定 *AVC* 为最小时的产出水平。

二、短期成本曲线与产量变动曲线的内在联系

分析了短期成本变动规律后，再来看看的决定短期成本变动的因素——边际报酬递减规律。

关于边际报酬递减规律在前一章已经学习过，主要是指在技术水平和其他要素投入量不变的条件下，连续的增加一种可变生产要素的投入量，当这种可变生产要素的投入量小于某一特定数值时，增加该要素的投入量所带来的边际产量是递增的；当这种可变要素投入量连续增加并超过这一特定值时，增加该要素投入所带来的边际产量是递减的。

边际报酬递减规律是短期生产的一条基本规律，是消费者行为理论中边际效用递减法则在生产理论中的应用。边际报酬递减规律成立的原因在于：在任何产品的生产过程中，可变生产要素与不变生产要素之间在数量上都存在一个最佳配合比例。开始时由于可变生产要素投入量小于最佳配合比例所需要的数量，随着可变生产要素投入量的逐渐增加，可变生产要素和不变生产要素的配合比例越来越接近最佳配合比例，所以，可变生产要素的边际产量是呈递增的趋势。当达到最佳配合比例后，再增加可变生产要素的投入，可变生产要素的边际产量就是呈递减趋势。

边际报酬递减规律是一个经验性的总结，现实生活中的绝大多数生产函数似乎都符合这个规律；这一规律的前提之一是假定技术水平不变，故它不能预示技术情况发生变化时，增加一单位可变生产要素对产出的影响；这一规律的另一前提是至少有一种生产要素的数量是维持不变的，所以这个规律不适用于所有生产要素同时变动的情况，即不适用于长期生产函数。

(一)边际报酬递减规律下的短期边际产量和短期边际成本之间的对应关系

如图 6－5 所示，在短期生产中，由于边际报酬呈递减规律，边际产量的递增阶段对应的是边际成本的递减阶段，边际产量的递减阶段对应的是边际成本的递增阶段，与边际产量的最大值相对应的是边际成本的最小值。所以，这就决定了 *SMC* 曲线呈 *U* 形特征。

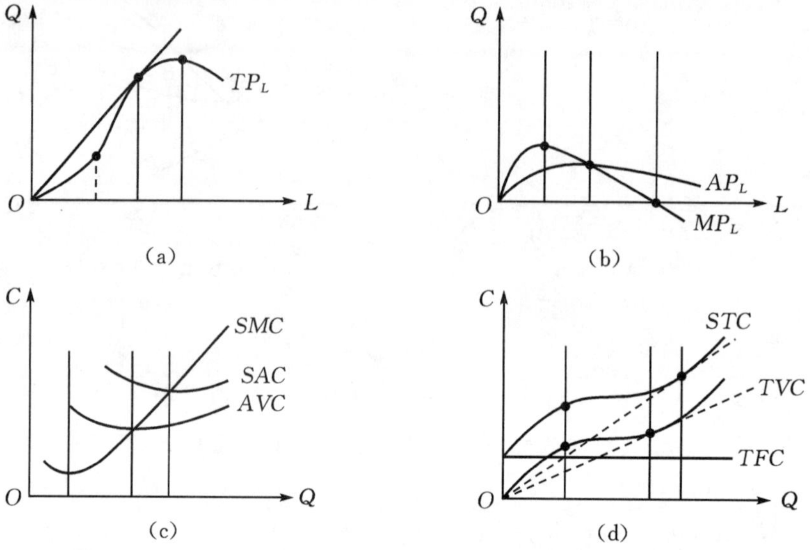

图 6－5　短期成本曲线与成本函数关系

(二)边际报酬递减规律在短期成本函数中的体现

为什么短期成本具有以上所述的变动规律？其原因在于边际报酬递减规律的作用，边际报酬递减规律是短期生产中的一个基本规律。现在假定生产要素的价格不变，来分析边际报酬递减规律在短期成本分析中的体现。

1. 关于 *SMC* 曲线的形状

短期生产开始时，由于边际报酬递增的作用，增加一单位可变投入所生产的边际产量是递增的，反过来，这一阶段增加一单位产量所需的边际成本是递减的。随着变动投入的增加，当超过一定界限后，边际报酬递减规律发生作用，增加一单位可变投入所生产的边际产量是递减的，反过来，这一阶段每增加一单位产量所需要的边际成本是递增的。因此，在边际报酬递减规律作用下，*SMC* 曲线随可变投入的增加先递减，然后递增，最终形成一条 *U* 形曲线。

2. 关于 *STC* 曲线和 *AVC* 曲线的形状

考虑到 *STC* 曲线和 *AVC* 曲线的完全相同，在此仅就 *STC* 曲线的形状进行分析。*SMC* 曲线在边际报酬递减规律作用下先降后升，而 *SMC* 又是 *STC* 曲线上相应点的斜率，因此，*STC* 曲线的斜率也是先递减后递增的，即 *STC* 曲线先以递减的速度增加，再以递增的速度增加。*SMC* 曲线的最低点则对应 *STC* 曲线上由递减向递增变化的拐点。这与图 6－5 中 *STC* 曲线的形状完全相符。

3. 关于 SAC、AVC 曲线的形状

在边际报酬递减规律作用下，从 SMC 曲线呈 U 形，随着可变投入数量的增加，SMC 先减小，后增加。根据边际量和平均量之间关系，随可变投入数量的增加，SMC 先减小，则相应的 SAC 也减小；随着可变投入数量的进一步增加，SMC 开始增加，但小于 SAC 的数值，则 SAC 继续减少；当 SMC 继续增加，且从 SMC＞SAC 时，SAC 也开始增加。因此，在边际报酬递减规律作用下，SAC 曲线也呈 U 形，但 SAC 曲线的最低点晚于 SMC 曲线的最低点出现。这是因为 SMC 曲线经过最低点开始上升时，由于 SMC＜SAC，SAC 曲线仍在下降。同样的道理也适用于 AVC 曲线。随着可变投入数量的增加，SMC 曲线、SAC 曲线、AVC 曲线最低点出现的先后顺序是 SMC、AVC、SAC。

(三)成本函数与产量函数间关系的数学证明

1. 平均产量与平均可变成本

由式(6.3)得：

$$AVC=\frac{TVC}{Q}=\frac{w\cdot L}{Q}=w\cdot\frac{1}{AP_L} \tag{6.7}$$

式(6-7)中，w 是工资(劳动的价格)。该式反映了平均产量与平均可变成本的关系如下：首先，AP_L 与 AVC 成反比。当 AP_L 递减时，AVC 递增；当 AP_L 递增时，AVC 递减；当 AP_L 达到最大值时，AVC 最小。因此 AP_L 曲线的顶点对应 AVC 曲线的最低点，如图 6-5 所示。其次，SMC 曲线与 AVC 曲线相交于 AVC 的最低点。由于产量曲线中 MP_L 曲线与 AP_L 曲线在 AP_L 曲线的顶点相交，所以 SMC 曲线在 AVC 曲线的最低点与其相交，如图 6-5 所示。

2. 边际产量与边际成本

由 SMC 的定义得：

$$SMC=\frac{\mathrm{d}TC}{\mathrm{d}Q}$$

又因为：

$$STC(Q)=TVC(Q)+TFC=w\cdot L(Q)+TFC$$

所以：

$$SMC=\frac{\mathrm{d}TC}{\mathrm{d}Q}=w\cdot\frac{\mathrm{d}L}{\mathrm{d}Q}+0=w\cdot\frac{1}{MP_L} \tag{6.8}$$

从式(6.8)可得出下面的关系：①SMC 与 MP_L 成反比关系。二者的变动方向相反。由于如 MP_L 曲线先上升，然后下降，所以 SMC 曲线先下降，然后上升且 SMC 曲线的最低点对应于 MP_L 曲线的顶点。②生产函数与成本函数存在对偶关系，可以由生产函数推导出成本函数。结合 MP_L 与 SMC 的关系可知：当 TP_L 曲线以递增的速度上升时，STC 曲线和 TVC 曲线以递减的速度上升；当 TP_L 曲线以递减的速度上升时，STC 曲线和 TVC 曲线以递增的速度上升；TP_L 曲线上的拐点对应 STC 曲线和 TVC 曲线上的拐点。

第三节　长期成本分析

一、长期成本曲线及内涵

经济学中所说的长期是指厂商能根据要达到的产量来调整其他全部生产要素的时期。因此，在长期中也就没有不变成本与可变成本之分，一切生产要素的投入都是可以调整的，一切成本都是可变的。在分析长期成本时，就只需分析其总成本、平均成本和边际成本。

(一)长期总成本曲线

厂商在长期对全部要素投入量的调整意味着对厂商的生产规模的调整。也就是说，从长期看，厂商总是可以在每一产量水平上选择最优的生产规模进行生产。长期总成本(LTC)是指厂商在长期内、在各种产量水平上通过改变生产要素的投入量所能达到的最低总成本。它反映的是理智的生产者在追求利润最大化的驱动下通过改变生产要素的投入在不同产量点上成本的最低发生额。长期成本是一种计划成本，存在于厂商家的头脑之中。

关于长期总成本曲线的推导，可以采用以下两种方法：

1. 由短期总成本曲线的包络线推出

长期总成本是无数条短期总成本曲线的包络线。在短期内，对于既定的产量(如不同数量的订单)，由于生产规模不能调整，厂商只能按较高的总成本来生产既定的产量。但在长期内，厂商可以变动全部的生产要素投入量来调整生产，从而将总成本降至最低。因此，长期总成本是无数条短期总成本曲线的包络线。

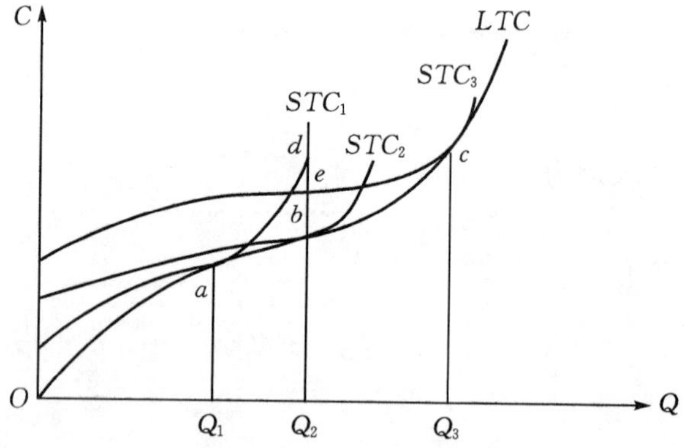

图 6－6　最优生产规模的选择与长期成本曲线

如图 6－6 所示，假设长期中只有三种可供选择的生产规模，分别由图中的 3 条 STC 曲线表示。这 3 条 STC 曲线都不是从原点出发，每条 STC 曲线在纵坐标上的截距也不同。从图 6－6 中可以看出，生产规模由小到大依次为 STC_1、STC_2、STC_3。现在假定生产 Q_2 的产量。厂商面临三种选择：第一种是在 STC_1 曲线所代表的较小生产规模下进行生产，相应的总成本在 d 点；第二种是在 STC_2 曲线代表的中等生产规模下生产，相应的总成本在 b 点；第三种是在 STC_3 所代表的较大生产规模下，相应的总成本在 e 点。长期中所有的要素都可以调整，因此厂商可以通过对要素的调整选择最优生产规模，以最低的总成本生产每一产量水平。在 d、b、e 这 3 点中 b 点代表的成本水平最低，所以长期中厂商在 STC_2 曲线所代表的生产规模生产 Q_2 产量，所以 b 点在 LTC 曲线上。这里 b 点是 LTC 曲线与 STC 曲线的切点，代表着生产 Q_2 产量的最优规模和最低成本。通过对每一产量水平进行相同的分析，可以找出长期中厂商在每一产量水平上的最优生产规模和最低长期总成本，也就是可以找出无数个类似的 b(如 a、c)点，连接这些点即可得到长期总成本曲线。

2. 由厂商的扩展线推出

因为扩展线本身就表示：对于既定的产量，使成本最小的两种生产要素最佳组合投入点的轨迹。而"两种生产要素最佳组合投入"就是一个长期的概念。于是，将产量点以及对应于产量点所得到的成本点（可以通过 $\omega \cdot OB$ 或 $r \cdot OA$ 算出）在坐标图上描出，即可得到长期总成本 LTC 曲线。

说明长期总成本曲线如何从生产扩展线中推导出来的，对理解长期成本概念很有帮助，如图 6－7 所示。

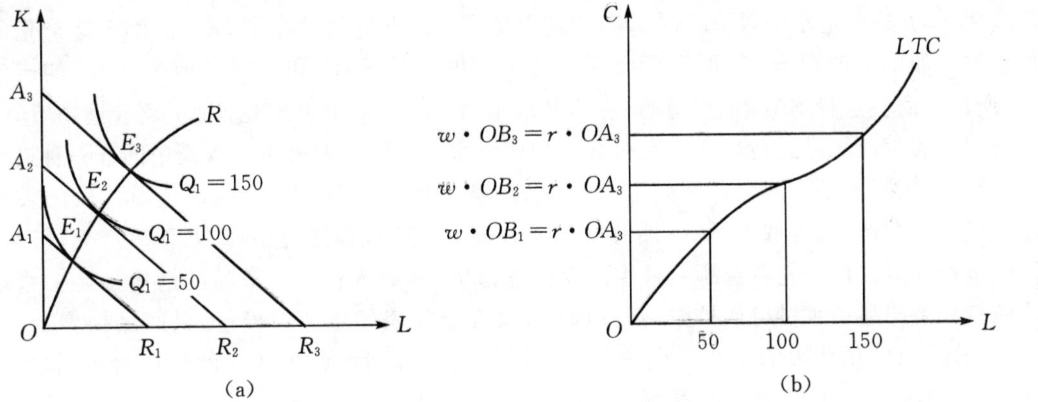

图 6－7　生产扩展线与长期总成本曲线

从前面的分析中可知，生产扩展线上的每一点都是最优生产要素组合，代表长期生产中某一产量的最低总成本投入组合，而且长期总成本又是指长期中各种产量水平上的最低总成本，因此可以由生产扩展线推导长期总成本曲线。

以图中 E_1 点为例进行分析。E_1 点生产的产量水平为 50 单位，所应用的要素组合为 E_1 点所代表的劳动与资本的组合，这一组合在总成本线 A_1B_1 上，所以其成本即为 A_1B_1 所表示的成本水平，假设劳动价格为 ω，则 E_1 点的成本为 $\omega \cdot OB_1$。将 E_1 点的产量和成本表示在图 6－7(b)的中，即可得到长期总成本曲线上的一点。同样的道理，找出生产扩展线上每一个产量水平的最低总成本，并将其标在图 6－7(b)的中，连接这些点即可得到 LTC 曲线。

由此可见，LTC 曲线表示厂商在长期内进行生产的最优生产规模和最低总成本。要注意的是：①LTC 相切于与某一产量对应的最小的 STC 曲线，在切点之外，STC 都高于 LTC；② LTC 从原点开始，因不含不变成本；③LTC 曲线先递减上升，到一定点后以递增增长率上升。

（二）长期平均成本曲线

长期平均成本（LAC）表示厂商在长期内按产量平均计算的最低总成本。

1. 长期平均成本曲线推导

(1)根据长期总成本曲线的推导。把长期总成本曲线上每一点的长期总成本值除以相应的产量，便得到每一产量点上的长期平均成本值。再把每一产量和相应的长期平均成本值描绘在平面坐标图中，即可得长期平均成本曲线。

(2)由无数条短期平均成本曲线的包络线划出。

长期平均成本是指厂商在长期内按产量平均计算的最低成本,*LAC* 曲线是 *SAC* 曲线的包络线。公式为:

$$LAC = LTC \ / \ Q \tag{6.9}$$

从式(6.9)可以看出 *LAC* 是 *LTC* 曲线相应点与原点连线的斜率。因此,可以从 *LTC* 曲线推导出 *LAC* 曲线。此外,根据长期和短期的关系,也可由 *SAC* 曲线推导出 *LAC* 曲线。本书主要介绍后一种方法。

假设可供厂商选择的生产规模只有三种:SAC_1、SAC_2、SAC_3,如图 6-8 所示,规模大小依次为 SAC_3、SAC_2、SAC_1。现在来分析长期中厂商如何根据产量选择最优生产规模。假定厂商生产 Q_1 的产量水平,厂商选择 SAC_1 进行生产。因此此时的成本 OC_1 是生产 Q_1 产量的最低成本。如果生产 Q_2 产量,可供厂商选择的生产规模是 SAC_1 和 SAC_2,因为 SAC_2 的成本较低,所以厂商会选择 SAC_2 曲线进行生产,其成本为 OC_2。如果生产 Q_3,则厂商会选择 SAC_3 曲线所代表的生产规模进行生产。有时某一种产出水平可以用两种生产规模中的任一种进行生产,而产生相同的平均成本。例如生产 Q_1' 的产量水平,既可选用 SAC_1 曲线所代表的较小生产规模进行生产,也可选用 SAC_2 曲线所代表的中等生产规模进行生产,两种生产规模产生相同的生产成本。厂商究竟选哪一种生产规模进行生产,要看长期中产品的销售量是扩张还是收缩。如果产品销售量可能扩张,则应选用 SAC_2 所代表的生产规模;如果产品销售量收缩,则应选用 SAC_1 所代表的生产规模。由此可以得出只有三种可供选择的生产规模时的 *LAC* 曲线,即图中 *SAC* 曲线的实线部分。

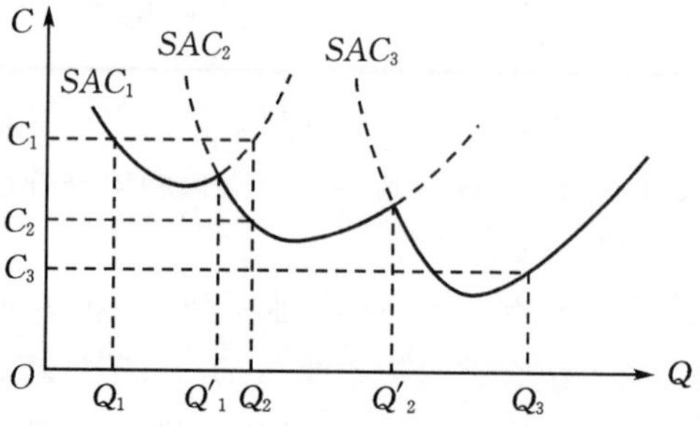

图 6-8 最优生产规模

在理论分析中,常假定存在无数个可供厂商选择的生产规模,从而有无数条 *SAC* 曲线,于是便得到如图 6-9 所示的长期平均成本曲线,*LAC* 曲线是无数条 *SAC* 曲线的包络线。在每一个产量水平上,都有一个 *LAC* 与 *SAC* 的切点,切点对应的平均成本就是生产相应产量水平的最低平均成本,*SAC* 曲线所代表的生产规模则是生产该产量的最优生产规模。

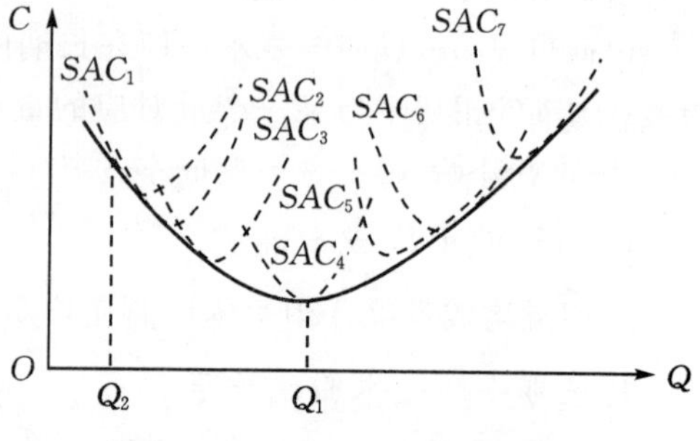

图 6-9 长期平均成本曲线

(3)要注意的事项:*LAC* 曲线并不与所有的 *STC* 曲线相切于最低点,只有 *LAC* 曲线最低点

才与一条 STC 曲线最低点相切;LAC 最低点左侧的点,相切于 SAC 最低点左侧;LAC 最低点右侧的点,相切于 SAC 最低点右侧。

看图 6－9 产量 Q_1 的左侧,LAC 随产量的递增而递减说明处于规模经济阶段;Q_1 的右侧,LAC 随产量的递增而递增说明处于规模不经济阶段;在 LAC 最低点 Q_1 处于规模经济不变阶段。

一般情况下,可以把短期平均成本曲线最低点所对应的产量水平 Q_1 定义为厂商的生产能力。在规模经济的情况下,从长期看,厂商按略低于生产能力的水平生产是最佳的,如 Q_2 处(即在与长期平均成本曲线相切处,并不是这时的短期平均成本最低点),因为存在规模经济,如果市场对产品需求量大,厂商就再扩大一个规模,在 SAC_2 与 LAC 相切处生产也比在 SAC_1 最低点处的生产成本低。反之,在规模不经济性的情况下,从长期看,如果市场对产品需求有增加,厂商在略高于生产能力处生产才是最佳的,而不要轻易扩大规模(即在 SAC_5 与 LAC 相切处生产,因为这时的成本也比扩大规模至 SAC_6 的最低成本要低得多),因为这时扩大规模,成本就提高很多。

2. LAC 曲线 U 形特征的原因

长期平均成本 U 形特征是由上一章中介绍过的长期生产中的规模经济(内在经济)与规模不经济(内在不经济)所决定的。往往在厂商生产规模由小到大扩张过程中,先出现规模经济,产量增加倍数大于成本增加倍数,因而 LAC 下降;然后再出现规模不经济,产量增加倍数小于成本增加倍数,因而 LAC 上升。由于规模经济与规模不经济的作用,因而 LAC 曲线呈 U 形。

此外,外在经济与不经济也会影响 LAC 曲线的位置(上、下)。

(三)长期边际成本曲线

长期边际成本(LMC)是指长期中增加一单位产量所增加的最低总成本,公式为:

$$LMC=\frac{\Delta LTC}{\Delta Q}$$

当 $\Delta Q\to 0$ 时:

$$LMC=\frac{\Delta LTC}{\Delta Q}=\lim_{\Delta Q\to 0}\frac{\Delta LTC}{\Delta Q}=\frac{\mathrm{d}LTC}{\mathrm{d}\Delta Q} \tag{6.10}$$

1. 长期边际成本曲线的推导

方法一:由长期总成本曲线求导、描点得出。从式(6.10)中可以看出 LMC 是 LTC 曲线上相应点的斜率,因此,可以从 LTC 曲线推导出 LMC 曲线。

方法二:由短期边际成本曲线求出。在长期总成本曲线与短期总成本曲线相切之点,它们各自的切线的斜率肯定是相等的,表明相对于每一产量水平(如 Q_1,Q_2,Q_3),长期边际成本等于最佳规模的短期边际成本。也就是说,当 $Q=Q_1$ 时短期边际成本 SMC_1 正是长期边际成本曲线上的一点(见图 6－10 中 P 点)。

当 $Q=Q_2$ 和 $Q=Q_3$ 时则相应的点是 B 和 F。当有无数大小不等的 SMC 时,就会有无数这样的点。这些点的连线就是长期边际成本线。从图 6－10 可以看到 LMC 正是 SMC_1、SMC_2、SMC_3 曲线上的 P、B 和 F 点的连线,但长期边际成本曲线并不是短期边际成本曲线的包络线。

2. **长期边际成本曲线的形状**

长期边际成本曲线呈 U 形，它交于长期平均成本曲线最低点。

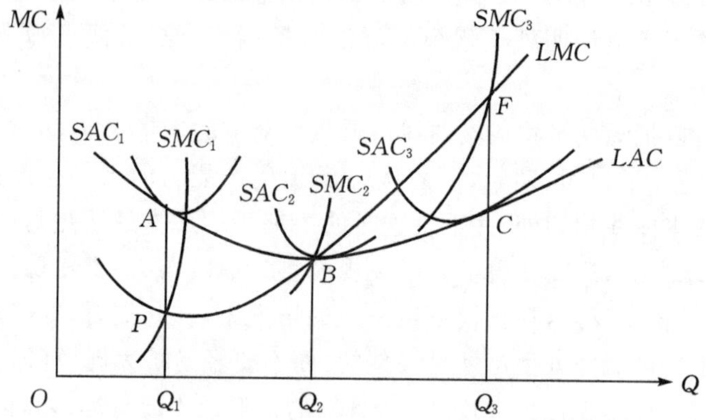

图 6－10　长期边际成本曲线与短期边际成本曲线

第四节　收益与利润

收益和利润是生产者十分重视和关注的两大指标，本节要了解收益和利润的含义、性质，以及不同价格条件下，厂商如何作出利润最大化的决策。

一、收益

微观经济学里所说的收益与经济学家阐述的收益不尽相同，为简单起见，这里收益就指销售额。

总收益指厂商按一定价格出售一定产品时所获得的全部收入。以 P 表示既定的市场价格，以 Q 表示销售总量，总收益的定义公式为：

$$TR(Q) = P \cdot Q \tag{6.11}$$

平均收益指厂商在平均每一单位产品销售上所获得的收入。平均收益的定义公式为：

$$AR(Q) = \frac{TR(Q)}{Q} \tag{6.12}$$

边际收益指厂商增加一单位产品销售所获得的总收入的增量。边际收益的定义公式为：

$$MR = \frac{\Delta TR}{\Delta Q} \tag{6-13}$$

或者以微分形式表示为：

$$MR = \lim_{\Delta Q \to 0} \frac{\Delta TR}{\Delta Q} = \frac{\mathrm{d}TR}{\mathrm{d}Q} \tag{6.14}$$

即每一销售量水平上的边际收益值就是相应的总收益曲线的斜率。

二、利润

利润就是收益减去成本，由于减去的成本不同，所以就形成不同的利润。

1. 经济利润

经济利润也叫超额利润，它是厂商所追求的利润。经济利润可以为正、负或零。在微观经济学中，经济利润对资源配置和重新配置具有重要意义。如果某一行业存在正的经济利润，这意味着该行业内厂商的总收益超过了机会成本，生产资源的所有者将要把资源从其他行业转入这个行业中。因为他们在该行业中可能获得的收益，超过该资源的其他用途。反之，如果一个行业的经济利润为负，生产资源将要从该行业退出。经济利润是资源配置和重新配置的信号。正的经济利润是资源进入某一行业的信号；负的经济利润是资源从某一行业撤出的信号；只有经济利润为零时（厂商获得的是正常利润），厂商才没有进入某一行业或从中退出的动机。

2. 会计利润

会计利润是指厂商的总收益减去所有的显性成本或者会计成本以后的余额。

经济利润＝收益－经济成本＝总收益－（显性成本＋正常利润）或（会计成本＋机会成本）

会计利润＝总收益－会计成本（显性成本）

3. 正常利润

正常利润也称平均的利润。微观经济学把正常利润看作成本的一部分。机会成本是指资源用于任意一种生产经营所得到的起码报酬。

正常利润＝机会成本

4. 贡献利润

贡献利润，也称为边际利润、增量利润或准租金，这个概念是在厂商有富余生产能力的情况下决定是否生产或是否接受某笔订单的决策工具。只要 $P-AVC>0$，货主出的价格就可以接受，厂商就能获得增量利润。在 $P-AVC=0$ 的情况下也可以生产，因为这样虽没有增量利润但可以维持厂商的市场份额或提供就业，维持工人开资，这对社会是有意义的。

$$贡献利润＝收益－变动成本＝P\cdot Q-AVC\cdot Q=Q\cdot(P-AVC) \qquad (6.15)$$

贡献利润是厂商短期决策的依据。厂商可根据有无贡献利润及贡献利润的大小来进行生产决策。

第一种情况：存在贡献利润。说明厂商的销售收入不仅可以补偿全部变动成本，而且还有一个余额，这个余额的大小就决定了厂商的盈亏。如果这个余额大于不变成本，厂商就有经济利润；如果小于不变成本，表明厂商仍然亏损。由于全部不变成本在短期中不管生产与否都必然要发生，所以只要有贡献利润，厂商就应该生产。

第二种情况：贡献利润为零。在这种情况下厂商生产与停产一样，其亏损均为全部的不变成本。但在短期内，厂商选择生产还是比停产更有好处：继续为消费者提供产品和服务；保持职工就业；尽可能维持市场份额，一旦经营条件改善，厂商又可以大量生产社会所需要的产品，从而盈利。

第三种情况：贡献利润为负数。表明厂商的平均变动成本高于产品的售价。厂商只要开工，其亏损额就会进一步扩大。在这种情况下，厂商的决策一般是：停止生产和销售，将最小化短期亏损限制在全部不变成本上。有没有贡献利润是决定厂商开工与否的关键。有贡献利润就开工，因为尽管仍然亏损，但是，多少可以补偿一些不变成本，如果停工就是全额负担不变成本。没有贡献利润就停产，因为继续开工，不仅要负担不变成本，还要负担开工造成的额外损失。

在 $P-AVC=0$，称其为停止营业点或关闭点。

阅读材料

门庭冷落的保龄球场为什么不停业?

在现实中,我们经常会看到一些保龄球场门庭冷落,但仍然在营业。

这时打保龄球的价格相当低,甚至低于成本,他们为什么这样做呢?对厂商短期成本的分析有助于解释这一现象,同时也可以说明短期成本分析对厂商短期经营决策的意义。

在短期中,保龄球场经营的成本包括固定成本与可变成本。保龄球场的场地、设备、管理人员是短期中无法改变的固定投入,用于场地租金、设备折旧和管理人员工资的支出是固定成本。固定成本已经支出无法收回,也称为沉没成本。保龄球场营业所支出的各种费用是可变成本,如电费、服务员的工资等。如果不营业,这种成本就不存在,营业量增加,这种成本增加。

由于固定成本已经支出,无法收回,所以,保龄球场在决定短期是否营业时,考虑的是可变成本。

假设每场保龄球的平均成本为 20 元,其中固定成本为 15 元,可变成本为 5 元。当每场保龄球价格为 20 元以上时,收益大于平均成本,经营当然有利。当价格为 20 元时,收益等于成本,这时称为收支相抵点,仍然可以经营。当价格低于 20 元时,收益低于成本。乍一看,保龄球场应该停止营业。但当我们知道短期中的成本有不可收回的固定成本和可变成本时,决策就不同了。

假设现在每场保龄球价格为 10 元,是否应该经营呢?可变成本为 5 元,当价格为 10 元时,在弥补可变成本 5 元之后,仍可剩下 5 元,这 5 元可用于弥补固定成本。固定成本 15 元是无论经营与否都要支出的,能弥补 5 元,当然比一点也弥补不了好。因此,这时仍然要坚持营业。这时厂商考虑的不是利润最大化,而是损失最小化——能弥补多少固定成本算多少。

当价格下降到与可变成本相等的 5 元时,保龄球场经营不经营是一样的。经营正好弥补可变成本,不经营这笔可变成本不用支出。因此,价格等于平均可变成本之点称为停止营业点,意思是在这一点时,经营与不经营是一样的。在这一点之上,只要价格高于平均可变成本就要经营,在这一点之下,价格低于平均可变成本,无论如何不能经营。

门庭冷落的保龄球场仍在营业,说明这时价格仍高于平均可变成本。

这就是这种保龄球场不停业的原因。有许多行业是固定成本高而可变成本低,例如,旅游、饭店、游乐场所等。所以,在现实中这些行业的价格可以降得相当低。但这种低价格实际上仍然高于平均可变成本,因此,经营仍然比不经营有利——至少可以弥补部分固定成本,实现损失最小化。

最后总结一下收益、利润和成本之间的关系:

经济利润=收益-经济成本(经济成本=会计成本+机会成本)

会计利润=收益-会计成本(会计成本是生产经营中发生费用的会计记录)

贡献利润=收益-变动成本(变动成本=总成本-不变成本)

正常利润=机会成本=经济成本-会计成本

正常利润是厂商家才能起码的报酬,在微观经济学中计入成本。微观经济学中说的收支相抵正是厂商经济利润为零,但获得了正常利润。

本章关键词

机会成本　　沉没成本　　隐性成本　　可变成本

边际报酬递减规律　　经济利润　　正常利润

案例分析

宝洁公司是美国大型的消费品企业，为保持在竞争中不断发展，其在降低成本、提高销售产量等方面付出了巨大努力。

长期以来宝洁公司把一部分产品出售给美国最大的零售商——沃尔玛公司，利用沃尔玛公司在世界范围内的5100多家超市出售宝洁的产品。尽管这种销售方式要面临沃尔玛不断的压低价格，宝洁公司每年仍然通过沃尔玛要销售价值80亿美元的消费品。通过合作，宝洁可以进入沃尔玛的电脑系统追踪其所有产品，以促进存货管理和成本降低，沃尔玛也可以帮助宝洁快速推广其产品；同时，宝洁也把自己的客户数据与沃尔玛进行分享，以期得到更有效的销售规划。

为了保持良好的合作关系，宝洁尽量满足沃尔玛对销售产品方面的要求。例如，为解决沃尔玛超市产品容易失窃的问题，宝洁派出300名员工专门负责监督公司分部向沃尔玛的供货，这些员工的工资是由宝洁支付的，而他们的工作性质更多地是在为沃尔玛服务，并且对其产品外包装进行调整，以更好地防止盗窃问题。

2005年宝洁公司以540亿美元大举收购了吉列公司，使销售收入增加到100亿美元。此次收购，宝洁预期将每年节省140亿到160亿美元，销量将增长5%到7%，而利润也将有25%的增长。

在新产品研发方面，宝洁公司的玉兰油新生系列产品让消费者以较低的价格就可以得到抗衰老的效果；Whitestrip美白牙贴使得大部分消费者以25美元的低价就可以轻松美白牙齿，不必再去牙科医院做昂贵的牙齿美白手术；Actonel骨质疏松药物让妇女在商店里就可以轻易进行骨质密度的测试。这些新产品一经推出，马上就受到了广大消费者的欢迎，一时间人们争相购买，产品销售量猛增。

讨论并分析：

1. 从成本角度考虑，尽管不断有来自沃尔玛公司的压力，为什么宝洁公司坚持利用沃尔玛公司销售其产品？

2. 从规模经济的角度考虑，为什么宝洁公司要收购吉利公司？

3. 从产量角度考虑，为什么宝洁大力进行新产品研发？

4. 深入思考一下为什么所有企业家特别关心产量、价格和成本之间的关系问题。

课后练习

一、选择题

1. 某厂商每年从厂商的总收入中取出一部分作为自己所提供的生产要素的报酬，这部分资金被视为(　　)。

A. 显性成本　　　　B. 隐性成本

C. 经济利润　　　　D. 生产成本

2. 经济学分析中所说的短期是指(　　)。

A. 一年之内

B. 至少有一种生产要素不能调整的时期

C. 全部生产要素都可随产量调整的时期

D. 只能调整一年生产要素的时期

3. 如果生产10单位产品的总成本是100美元,第11单位产品的边际成本是21美元,那么(　　)。

A. 第11单位产品的 *TVC* 是21美元

B. 第10单位产品的 *SMC* 大于21美元

C. 第11单位产品的 *SAC* 是11美元

D. 第12单位产品的 *SAC* 是21美元

4. 从原点出发的射线与 *STC* 曲线相切,在切点处有(　　)。

A. *SAC* 值最小　　B. *SAC*=*SMC*

C. *SMC* 曲线处于上升段　　D. 以上都对

5. 下面说法不正确的是(　　)。

A. 相对于每一产量水平,长期边际成本 *LMC* 等于最佳规模工厂的短期边际成本 *SMC*

B. 长期总成本曲线 *LTC* 是各条短期总成本曲线 *STC* 的包络线

C. 短期边际成本曲线 *SMC* 依次穿过平均变动成本曲线 *AVC* 和短期平均总成本曲线 *SAC* 的最低点

D. 长期边际成本曲线 *LMC* 是短期边际成本曲线 *SMC* 的包络线

6. 长期平均成本曲线成为 *U* 形的原因与(　　)。

A. 规模收益有关　　B. 外部经济与不经济有关

C. 要素的边际生产率有关　　D. 不变成本与可变成本所占的比重有关

7. 边际收益的正负取决于(　　)。

A. 总收益的正负　　B. 平均收益的正负

C. 需求价格弹性是大于1还是小于1　　D. 以上说法都错

8. 获得最大利润的条件是(　　)。

A. 边际收益大于边际成本的差额最大

B. 边际收益与边际成本之差为0

C. 边际收益大于边际成本之差最小

D. 价格和平均成本之差最大

9. 贡献利润是(　　)。

A. 包括一部分不变成本　　B. 包括全部不变成本

C. 不包括不变成本　　D. 以上说法都对

二、简答题

1. 为什么 *SMC* 曲线与 *AVC* 曲线、*SAC* 曲线的最低点相交?

2. *LAC* 曲线是 *SAC* 曲线的包络线?为什么 *LAC* 曲线不经过每一条 *SAC* 曲线的最低点,而是有且只有一点经过?

3. *SAC* 曲线与 *LAC* 曲线都呈 *U* 形,成因有何不同。

4. 会计成本与经济学上所说的成本有何不同？利润方面又有何不同？

三、计算题

1. 试完成下表。

产量(Q)	TFC	TVC	STC	SMC	AFC	AVC	SAC
1	100	50		150			
2				30			
3						40	
4			270				
5							70

2. 假设边际成本函数是 $SMC=3Q^2-8Q+100$，在生产 5 单位产品时总成本为 595，求总成本函数 STC、平均总成本函数 SAC、总可变成本函数 TVC。

3. 生产函数为 $Q=L^{\frac{3}{8}}K^{\frac{5}{8}}$，假如 $P_L=3$ 元，$P_K=5$ 元，求产量 $Q=20$ 时，最低总成本及 L、K 之值。

4. 假设某产品生产的边际成本函数是 $SMC=6Q^2-8Q+10$，若当 $Q=3$ 时，总成本 $STC=98$。求：

(1) 总成本函数 STC、平均总成本函数 SAC、总可变成本函数 TVC、平均可变成本函数 AVC；

(2) 当边际成本曲线穿过平均可变成本曲线最低点时产量为多少？

5. 宜昌枝江安福寺盛产西瓜，虽然有瓜贩直接到瓜田收瓜，但是仍有不少瓜农亲自把瓜拖到宜昌城区卖。按现在行情，枝江本地西瓜在宜昌城区零售均价 0.8 元/斤，瓜贩直接到瓜田收 0.5 元/斤，1000 斤瓜拖到宜昌城区运费 80 元，一个人打理，需要三天卖完。摔破、烂掉的损耗大约 60 斤。天气热，晚上就铺张席子和瓜一起睡在街上，不花住宿费。生活费早餐 3 元，中午和晚上各 6 元，每天交城管卫生费之类的 10 元。

瓜农自己到城区卖瓜是否划算？如何评价这些瓜农的行为？

第七章 市场结构理论

引言

在西方经济学中，厂商均衡理论即市场结构理论具有重要的地位。市场结构理论将市场分为四种类型：完全竞争、垄断竞争、寡头垄断与完全垄断。每种不同的市场类型都有不同的特征，价格与产量的决定也各自不同，本章我们就分别来学习各种市场类型的收益状况和均衡模型。

第一节 市场结构的类型

一、什么是市场

市场指从事物品买卖的交易场所或接洽点。本书中我们将市场划分为产品市场和生产要素市场。产品市场是指消费者购买产品、生产者提供产品的市场；生产要素市场则是指生产者购买生产要素、公众提供生产要素的市场。

市场可以是有形的买卖物品的交易场所，也可以是无形的利用现代化通讯工具进行物品交易的接洽点。从本质上讲，市场是物品买卖双方相互作用并得以决定其交易价格和交易数量的一种组织形式或制度安排。

任何一种交易物品都有其市场。例如，资源有石油市场、土地市场；生活必需品市场有大米市场、农贸市场；日用品市场有自行车市场、小商品市场；等等。

二、市场结构的类型

在经济分析中，根据不同的市场结构的特征，我们将市场划分为完全竞争市场和不完全竞争市场两大类。不完全竞争市场又包括垄断竞争市场、寡头市场和垄断市场三种。

那么不同类型的市场结构划分标准是什么呢？一般来说，决定市场类型的因素主要有以下几点：

(1)市场上厂商的数目。市场中的产品是由一家还是多家厂商提供，以及市场中是否存在大量的买者，这是影响市场竞争特性的最基本因素。一般来说，厂商的数目越多，市场的竞争程度就越高；而厂商的数目越少，市场的竞争程度就越低，相应地垄断程度就越高。

(2)厂商所生产的产品的差别程度。市场中产品的差别程度即商品的同质程度是判断市场结构的第二个因素，同质程度越高，产品的差别就越小，市场的竞争程度就越高。

(3)单个厂商对市场价格的控制程度。这是判断市场结构的第三个因素,单个厂商对市场价格的控制程度越低,市场的竞争程度就越高;反之,竞争程度就越低,相应地垄断程度就越高。

(4)厂商进入或退出一个行业的难易程度。这是判断市场结构的第四个因素,厂商进入或退出一个行业越容易,市场的竞争程度就越高;反之,竞争程度就越低,相应地垄断程度就越高。

市场结构的划分及其相应的特征我们可以用表 7－1 来概括。

表 7－1　市场类型的划分和特征

市场类型		厂商数目	产品差别程度	对价格的控制程度	进入市场的难易程度	接近哪种产品市场
完全竞争市场		众多	无差别	没有	很容易	农产品市场
不完全竞争市场	垄断竞争市场	很多	有差别	有一些	比较容易	零售业
	寡头市场	几个	有或无差别	相当程度	比较困难	汽车、石油等行业
	垄断市场	唯一	唯一的产品	很大程度	很困难,几乎不可能	水、电、铁路等公用事业

厂商的利润取决于收益和成本。其中,厂商成本主要取决于厂商的生产技术方面的因素,而厂商的收益则取决于市场对其产品的需求状况。在不同类型的市场条件下,厂商所面临的对其产品的需求状况是不相同的,所以,在分析厂商的利润最大化的决策时,必须要区分不同的市场类型。

第二节　完全竞争市场

一、完全竞争市场的条件

完全竞争市场必须具备以下四个条件:

1. 市场上有大量的生产者和消费者

由于市场上有无数的生产者和消费者,所以,相对于整个市场的总供给量和总需求量而言,每一个生产者的供给量和每一个消费者的需求量都微不足道,都不会对市场的价格水平产生任何影响。因此,在这样的市场中,每一个生产者或每一个消费者都对市场价格没有任何的控制力,都只能被动地接受既定的市场价格,都是价格的被动接受者。

2. 产品完全同质

产品同质是指不同厂商提供的产品是完全无差别的,消费者购买任何一个厂商的产品都没有区别。这种同质不仅指产品的质量、品牌、规格、性商标等完全相同,还包括销售条件、售后服务等方面也完全相同。在这种情况下，任何一个厂商单独提价，他的产品就将完全卖不出去；当然，单个厂商也没有必要单独降价。因为在一般情况下，单个厂商总是可以按照既定的市场价格实现属于自己的那一份相对来说很小的销售份额。所以，厂商既不会单独提价，也不会单独降价，进一步强化了完全竞争市场上每一个消费者和生产者都是价格的被动接受者的说法。

3. 所有的资源具有完全的流动性

这意味着所有资源可以在各厂商之间和各行业之间完全自由地流动，不存在任何障碍，因此，厂商进入或退出一个行业是完全自由和毫无困难的。这样，任何一种资源都可以及时地投向能获得最大利润的生产，并及时地从亏损的生产中退出。在这样的过程中，缺乏效率的企业将被市场淘汰，取而代之的是具有效率的企业。

4. 信息是完全的

信息是完全的即市场上的每一个消费者和厂商都掌握与自己的经济决策有关的一切信息。这样，每一个消费者和每一个厂商都可以根据自己所掌握的完全的信息，做出自己的最优的经济决策，从而获得最大的经济利益，而且，由于每一个买者和卖者都知道既定的市场价格，都按照这一既定的市场价格进行交易，这也就排除了由于信息不通畅而可能导致的一个市场同时按照不同的价格进行交易的情况。

符合以上四个假定条件的市场被称为完全竞争市场。综合这些条件，经济学家指出，完全竞争市场是一个非个性化的市场，不存在交易者的个性。所有的消费者都是相同的，都是无足轻重的，相互之间意识不到竞争；所有的生产者也都是相同的，也都是无足轻重的，相互之间也意识不到竞争。因此，我们说，完全竞争市场中不存在现实经济生活中的那种真正意义上的竞争。

因此，在现实经济生活中，真正符合以上四个条件的市场是不存在的。通常只是将一些农产品市场，如大米市场、小麦市场等，看成是比较接近完全竞争市场的。既然在现实经济生活中并不存在完全竞争市场，为什么还要建立和研究完全竞争市场模型呢？经济学家认为，从对完全竞争市场模型的分析中，可以得到关于市场机制及其配置资源的一些基本原理，而且，该模型也可以为分析和评价其他类型市场的经济效率提供一个参照和对比。

二、完全竞争厂商的需求曲线和收益曲线

（一）完全竞争厂商的需求曲线

市场上消费者对某一个厂商的产品的需求状况，可以用该厂商所面临的需求曲线来表示，该曲线也被简称为厂商的需求曲线。

在完全竞争市场条件下，厂商的需求曲线是什么形状的呢？在完全竞争市场上，由于厂商是既定市场价格的接受者，所以，完全竞争厂商的需求曲线是一条由既定市场价格水平出发的水平线，如图 7－1 所示。在图 7－1(a)中，市场的需求曲线 D 和供给曲线 S 相交的均衡点 E 所决定的市场的均衡价格为 P_0，相应地，在图 7－1(b)中，由给定的价格水平 P_0 出发的水平线 d 就是厂商的需求曲线。水平的需求曲线意味着：厂商只能被动地接受给定的市场价格，且厂商既不会也没有必要去改变这一价格水平。

需要注意的是，在完全竞争市场中，单个消费者和单个厂商无力影响市场价格，他们中的

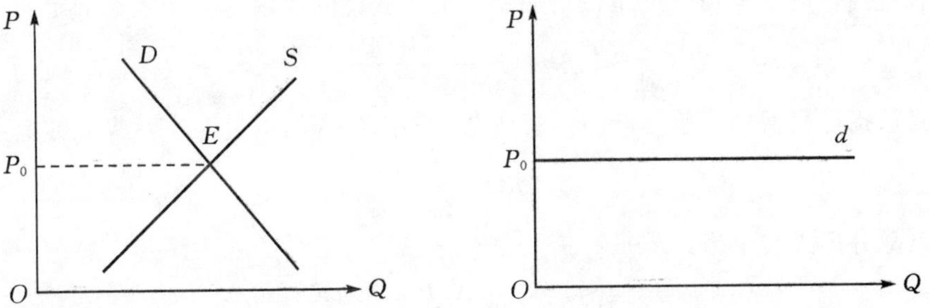

(a)完全竞争市场的均衡价格　　(b)完全竞争厂商的需求曲

图 7-1　完全竞争厂商的需求曲线

每一个人都是被动地接受既定的市场价格，但这些并不意味着完全竞争市场的价格是固定不变的。在其他一些因素的影响下，如经济中消费者收入水平的普遍提高，经济中先进技术的推广，或者政府有关政策的作用等，使得整个市场的需求和供给发生变化时，需求曲线或供给曲线的位置就会发生移动，从而形成市场的新的市场均衡价格。在这种情况下，我们就会得到由新的均衡价格水平出发的一条水平线，如图 7-2 所示。在图 7-2 中，开始时的需求曲线为 D_0，供给曲线为 S_0，市场的均衡价格为 P_0，相应的厂商的需求曲线是由价格水平 P_0 出发的一条水平线 d_0。以后，当需求曲线的位置由 D_0 移至 D_1，市场均衡价格上升为 P_1，于是相应的厂商的需求曲线是由新的价格水平 P_1 出发的另一条水平线 d_1。不难看出，厂商的需求曲线可以出自各个不同的给定的市场的均衡价格水平，但它们总是呈水平线的形状。

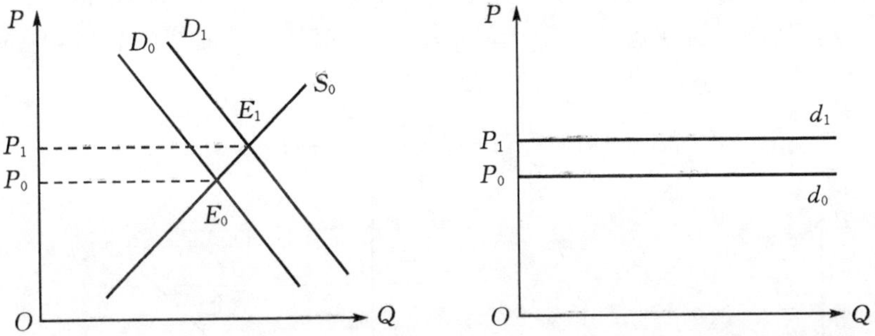

(a)完全竞争市场均衡价格的变动　　(b)完全竞争厂商的需求曲线

图 7-2　完全竞争市场价格的变动和厂商的需求曲线

(二)完全竞争厂商的收益曲线

1. 何为厂商的收益

厂商的收益就是厂商的销售收入。厂商的收益可以分为总收益、平均收益和边际收益，它们的英文简写分别为 TR、AR 和 MR。

总收益指厂商按一定价格出售一定产品时所获得的全部收入。以 P 表示既定的市场价格，以 Q 表示销售总量，总收益的定义公式为：

$$TR(Q) = P \cdot Q \tag{7.1}$$

平均收益指厂商在平均每一单位产品销售上所获得的收入。平均收益的定义公式为：

$$AR(Q) = \frac{TR(Q)}{Q} \tag{7.2}$$

边际收益指厂商增加一单位产品销售所获得的总收入的增量。边际收益的定义公式为：

$$MR = \frac{\Delta TR}{\Delta Q} \tag{7.3}$$

或者以微分形式表示为：

$$MR = \lim_{\Delta Q \to 0} \frac{\Delta TR}{\Delta Q} = \frac{\mathrm{d}TR}{\mathrm{d}Q} \tag{7.4}$$

即每一销售量水平上的边际收益值就是相应的总收益曲线的斜率。

2. 完全竞争厂商的收益曲线

厂商的收益取决于市场上对其产品的需求状况，或者说，厂商的收益取决于厂商的需求曲线的特征。而不同市场类型中，厂商的需求曲线有不同的特征。

在完全竞争市场中，厂商的需求曲线表现为一条从既定价格出发的水平线，因此有：

$$MR = \frac{\Delta TR}{\Delta Q} = \frac{P \cdot \Delta Q}{\Delta Q} = P \tag{7.5}$$

$$AR = \frac{TR}{Q} = \frac{P \cdot Q}{Q} = P \tag{7.6}$$

厂商的平均收益等于边际收益，且等于既定的市场价格，即 $AR = MR = P$。所以，在完全竞争条件下，厂商的平均收益 AR 曲线、边际收益 MR 曲线和需求曲线 D 三条线重合，都是用一条从既定价格出发的水平线来表示的。如图 7－3(a)所示。

此外，完全竞争厂商的总收益 TR 曲线是一条由原点出发的斜率不变的上升的直线，如图 7－3(b)所示。其理由在于，在每一个销售量水平，MR 值是 TR 曲线的斜率，且 MR 值等于固定不变的价格水平。关于这一点，也可以用公式说明如下：

$$MR = \frac{\mathrm{d}TR}{\mathrm{d}Q} = \frac{\mathrm{d}(P \cdot Q)}{\mathrm{d}Q} = P \tag{7.7}$$

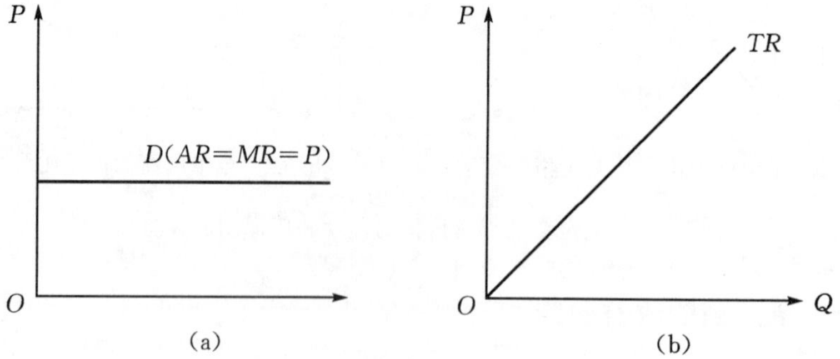

图 7－3　某完全竞争厂商的收益曲线

三、厂商实现利润最大化的均衡条件

厂商进行生产的目的是为了追求最大化的利润，那么，厂商实现利润最大化的原则是什么呢？或者说，什么是厂商实现利润最大化的均衡条件呢？

厂商的利润函数为 $\pi = TR - STC$，求厂商的最大化利润，即：

$$\pi_{max} = TR(Q) - STC(Q) \tag{7.8}$$

此式成立的条件为：
$$\frac{d\pi}{dQ} = 0$$

即：

$$\frac{d\pi}{dQ} = \frac{dTR}{dQ} - \frac{dSTC}{dQ} = 0 \qquad \frac{dTR}{dQ} = \frac{dSTC}{dQ}$$

又因为：

$$\frac{dTR}{dQ} = MR \qquad \frac{dSTC}{dQ} = SMC$$

所以：

$$MR = SMC \tag{7.9}$$

由此可见，要使利润最大化，应使边际收益等于边际成本。也即是说，对于任何市场结构中的厂商来说，实现利润最大化的产量由边际收益曲线与边际成本曲线的交点所决定。

图 7 - 4 说明了完全竞争市场中厂商利润最大化的产量决策。图中由某完全竞争厂商的一条短期生产的边际成本 SMC 曲线和一条由既定价格水平 P_0 出发的水平的需求曲线 D，这两条线相交于 E 点，在 E 点，MR＝SMC。我们说，E 点就是厂商实现最大利润的生产均衡点，相应的产量 Q_0 就是厂商实现最大利润时的均衡产量。

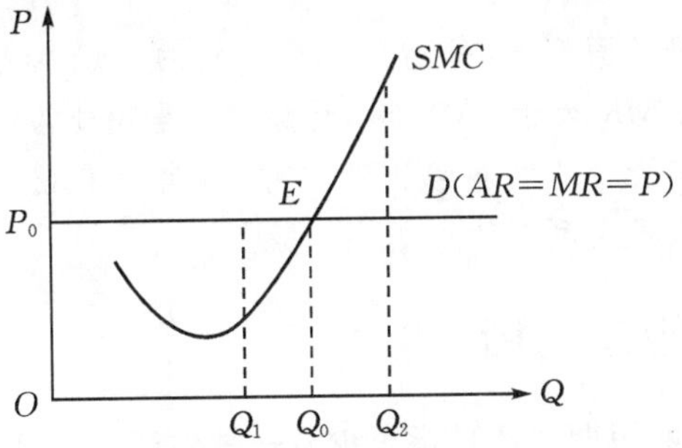

图 7 - 4　利润最大化

这是因为，当产量小于均衡产量 Q_0，如为 Q_1 时，厂商的边际收益大于边际成本，即有 MR＞SMC。这表明厂商增加一单位产量所带来总收益的增量大于所付出的总成本的增量，这就是说，厂商增加产量是有利的，可以使利润得到增加。随着产量的增加，MR＞SMC 的状况会逐渐变成 MR＝SMC 的状况。在这一过程中，厂商得到了扩大产量所带来的全部好处，获得了他所能得到的最大利润。

当产量大于均衡产量 Q_0，例如为 Q_2 时，厂商的边际收益小于边际成本，即有 MR＜SMC。这表明厂商增加一单位产量所带来的总收益的增量小于所付出的总成本的增量，也就是说，厂商增加产量是不利的，会使利润减少。所以，只要 MR＜SMC，厂商就会减少产量。随着产量的减少，MR＜SMC 的状况会逐渐变成 MR＝SMC 的状况。在这一过程中，厂商所获得的利润逐步达到最高的水平。

由此可见，不管是增加产量，还是减少产量，厂商都是在寻找能够带来最大利润的均衡产量，而这个均衡产量就是使得 MR＝ SMC 的产量。所以，边际收益 MR 等于边际成本 MC 是厂商实现利润最大化的均衡条件，且这一条件不仅仅适用于完全竞争厂商，同样适用于不完全竞争厂商。

思考题

一个企业的需求函数为 $P=100-2Q$，成本函数 $STC=30+120Q-5Q^2+\frac{1}{12}Q^3$，试确定利润最大化的价格和产量。

阅读材料

理想的观众人数是多少？

2016 年秋季，上海某演出公司策划一场歌星演唱会，演唱会拟定在上海万人体育馆内举行。演唱会一旦举行，成本开支几乎是完全可以预算的：歌星及乐队的出场费、招待费（包括餐饮、住宿、交通等开支）、场地租借费、安保费、工作人员加班费等。

演出公司估计，尽管到时市里有韩国电影周等活动，但凭所请几位歌星的影响力，出票数有望至少达到 6000 张。当然，场内位置不同，票价也不同，但按平均票价计算，出票数达到 4800张便正好与演唱会的成本持平。因此，演唱会盈利是很有把握的。

刚到演出公司实习的经济系大学生周星看了演出策划书后有些困惑：每增加一个观众的票价收入是公司的边际收益，这时的边际成本是多少呢？按照 $MR=SMC$ 的原则，理想的观众人数是多少呢？

因为演唱会的成本几乎是固定的，每增加一名观众的总成本变化几乎为 0。也就是边际成本为 0，从经济学上讲，当 MR 大于 SMC 时，增加产销量此处为（观众）会带来利润总额的增加，因此，每增加一名观众都会使总利润增加。但观众的增加极限是场馆内的座位数，所以，馆内座位数就是演出公司带来最大利润的理想观众数。

四、完全竞争厂商的短期均衡

从上一章中可知，厂商的短期生产是指至少有一种生产要素是不可调整的（固定的），而长期生产是指所有生产要素都是可变的。

在完全竞争厂商的短期生产中，市场的价格是既定的，而且，生产中的不变要素的投入量是无法变动的，即生产规模也是给定的。因此，在短期，厂商是在给定的生产规模下，通过对产量的调整来实现 $MR=SMC$ 的利润最大化的均衡条件，而这种产量的调整是通过完全竞争厂商调整可变要素和产销量来实现的。根据市场既定的不同价格水平，厂商短期均衡的盈亏状况可分为五种情况，如图 7 - 5 所示。

（1）当 $AR>SAC$ 时。此时，厂商根据 $MR=SMC$ 的原则确定产量，能最大限度地获得超额利润。如图 7 - 5(a)所示，均衡点为 MR 与 SMC 的交点 E 点，相应的均衡产量为 Q_0。在 Q_0 的产量上，平均收益 EQ_0 大于平均成本 FQ_0，厂商获得利润。如图 7 - 5(a)所示，厂商的单位产品的利润为 EF，产量为 OQ_0，两者的乘积 $EF\cdot OQ_0$ 等于总利润量，它相当于图中的阴影部分 $EFHP_0$ 的面积。

（2）当 $AR=SAC$ 时。此时，厂商根据 $MR=SMC$ 的原则确定产量，能实现盈亏平衡。如图 7 - 5(b)所示，厂商的需求曲线 D 相切于 SAC 曲线的最低点，这一点是 SAC 曲线和 SMC 曲线的交点。这一点恰好也是 $MR=SMC$ 的利润最大化的均衡点 E。在均衡产量 Q_0 上，平均收益等于平均成本，都为 EQ_0。此时，厂商的超额利润为零，但厂商的正常利润仍然存在，这一点也被称为厂商的收支相抵点。

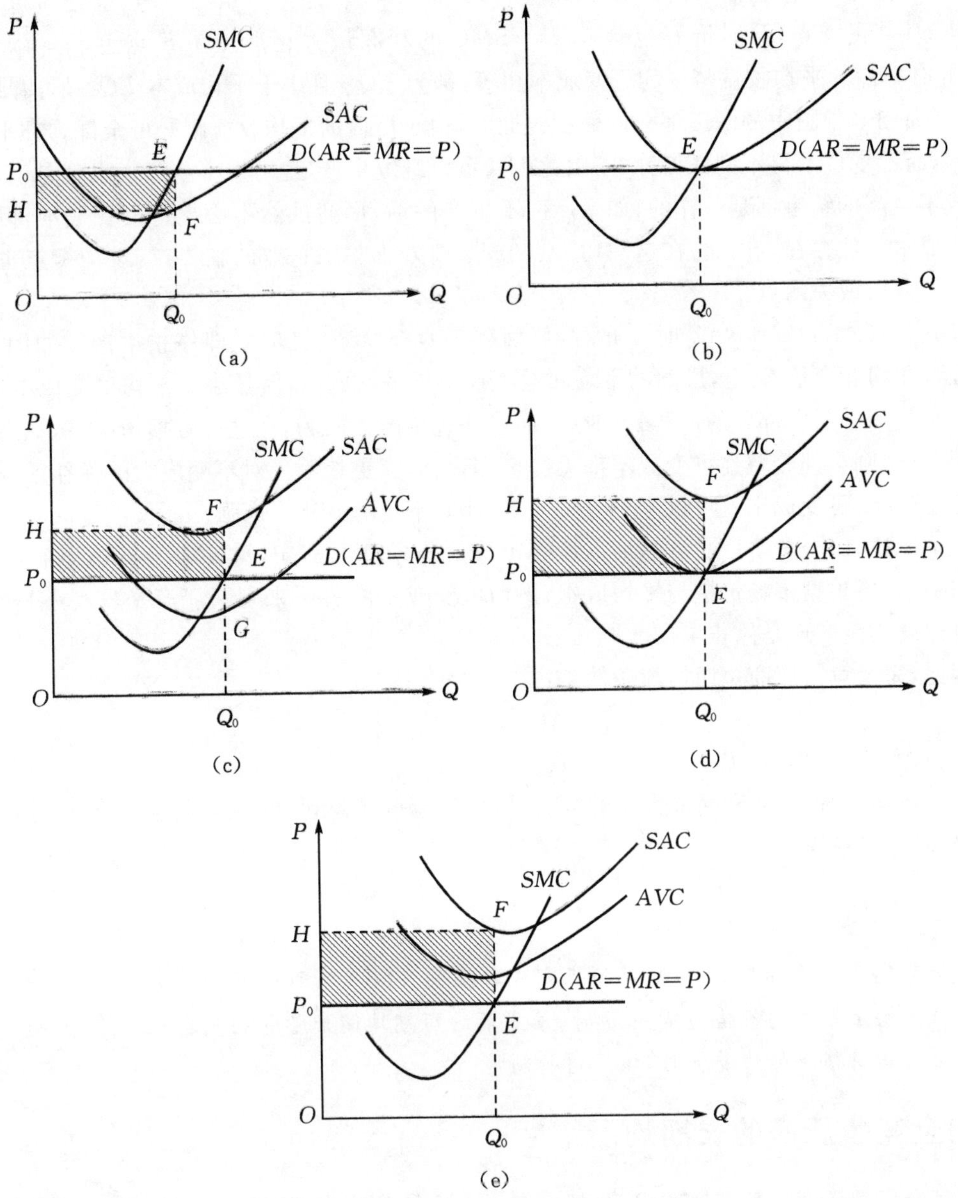

图 7-5　完全竞争厂商短期均衡的五种情况

(3)当 $AVC<AR<SAC$ 时。此时,厂商处于亏损状态,根据 $MR=SMC$ 的原则确定产量可使亏损最小,短期内厂商继续生产。如图 7-5(c)所示,均衡点为 E 点,均衡产量为 Q_0,厂商的平均收益 EQ_0 小于平均成本 FQ_0,厂商是亏损的,其亏损量相当于图中的阴影部分的面积。但由于在 Q_0 的产量上,厂商的平均收益 EQ_0 大于平均可变成本 GQ_0,所以,厂商虽然亏损,但仍继续生产。这是因为,只有这样,厂商才能在用全部收益弥补全部可变成本以后还有剩余,以弥补在短期内总是存在的不变成本的一部分。所以,在这种亏损情况下,生产要比不生产强。

(4)当 $AVC=AR<SAC$ 时。此时,厂商处于亏损状态,且处于停止营业的临界点上。如

图 7-5(d)所示，厂商的需求曲线 D 相切于 AVC 曲线的最低点 E 点，这一点也是 AVC 曲线和 SMC 曲线的交点，同时恰好也是 $MR=SMC$ 的利润最大化点。在 E 点上，均衡产量为 EQ_0，此时厂商的平均收益与平均可变成本相等，都为 EQ_0，且小于平均成本 FQ_0，厂商是亏损的，其亏损相当于图中的阴影部分的面积。此时，由于厂商的平均收益刚好可全部弥补平均可变成本，而不变成本得不到任何弥补，因此厂商可以继续生产，也可以不生产。也就是说，厂商生产或不生产的结果都是一样的，如果厂商不生产的话，厂商虽然不必支付可变成本，但是全部不变成本仍然存在。因此，在这一均衡点上，厂商处于关闭企业的临界点，该均衡点也被称作停止营业点或关闭点。

(5)当 $AR<AVC<SAC$ 时。此时，厂商处于亏损状态，且应立即停止生产。如图 7-5(e)所示，在均衡产量 Q_0 上，厂商的平均收益不仅小于平均成本，而且小于平均可变成本，厂商的亏损量是图中阴影部分的面积，此时，厂商将停止生产。因为，在这种亏损情况下，如果厂商还继续生产，则全部收益连可变成本都无法全部弥补，就更谈不上对不变成本的弥补了。只要厂商停止生产，可变成本就可以降为零。显然，此时不生产要比生产强。

综上所述，完全竞争厂商在短期内所有市场价格条件下都应根据 $MR=SMC$ 确定产量。在此前提下，再根据市场价格与平均成本、平均可变成本的关系来判断厂商是盈利还是亏损，进而确定继续生产还是停止生产。

因此，完全竞争厂商短期均衡条件是：

$$MR = SMC \tag{7.10}$$

式中，$MR = AR = P$。

在短期均衡时，厂商利润最大化的含义是：厂商有可能盈利，也有可能亏损；盈利时利润最大，亏损时亏损最小。

思考题

已知某完全竞争行业中，某厂商的短期成本函数 $STC=0.1Q^3-2Q^2+15Q+10$。试求：

1. 当市场上产品的价格为 $P=55$ 时，该厂商的短期均衡产量和利润。
2. 当市场价格下降为多少时，该厂商必须停产？

五、完全竞争厂商的长期均衡

在完全竞争厂商的长期生产中，全部生产要素都是可变的，厂商是通过对全部生产要素的调整，来实现利润最大化的均衡原则 $MR=LMC$。在完全竞争市场价格给定的条件下，厂商在长期生产中对全部生产要素的调整可以表现为两个方面，一方面表现为对最优的生产规模的选择，另一方面表现为进入或退出一个行业的决策。

首先，由于在短期内生产规模是给定的，所以，厂商只能在既定的生产规模下进行生产，所获得的利润有限。而在长期内，根据长期利润最大化的均衡条件 $MR=LMC$，厂商可选择最优的生产规模进行生产，可获得比在短期内所能获得的更大的利润。

其次，由于长期生产中全部生产要素都可变，所以完全竞争厂商可通过调整生产要素来决定进入或退出一个行业。当市场价格较高时，单个厂商可获得超额利润，就会吸引其他厂商进入该市场。其他厂商的进入改变了整个市场的供给状况，市场价格将会下降，单个厂商的超额利润下降直至为零。当市场价格较低时，单个厂商可能亏损，就会引起市场中部分厂商退出，这种退出导致整个市场的供给减少，市场价格上升，单个厂商的亏损状态逐渐消失。正是这种生产要素的调整，使得完全竞争厂商长期均衡时的利润为零。

具体地说，如图 7－6 所示，*LMC* 曲线和 *LAC* 曲线分别为单个厂商的长期边际成本曲线和长期平均成本曲线，D_1、D_2、D_3分别代表单个厂商在 P_1、P_2、P_3三种不同的市场价格水平下的需求曲线。

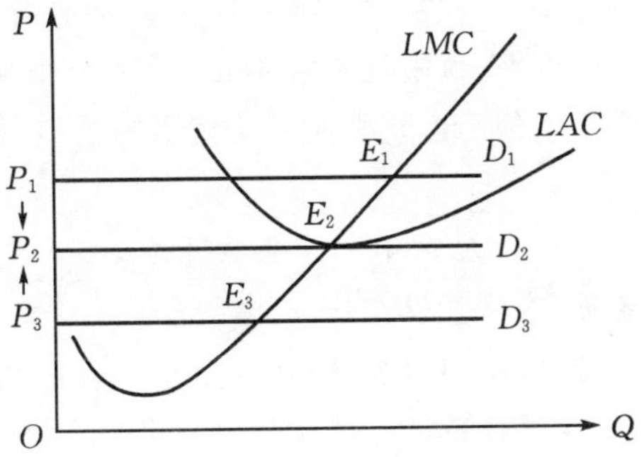

图 7－6　厂商进入或退出行业

在市场价格为较高的 P_1时，单个厂商能够获得超额利润，便会吸引一部分新厂商进入到该市场，从而导致市场供给的增加并使市场价格逐步下降，相应地，单个厂商的利润就会逐步减少。只有当市场价格水平下降到使单个厂商的利润减少为零时，新厂商的进入才会停止。相反，在市场价格为较低的 P_3时，单个厂商存在亏损，便会导致一部分原有厂商退出该市场，从而导致市场供给的减少并使市场价格逐步上升，相应地，单个厂商的亏损就会逐步减少。只有当市场价格水平上升到使单个厂商的亏损消失时，原有厂商的退出才会停止。

总之，不管是新厂商的进入，还是原有厂商的退出，最后，这种调整一定会使市场价格达到长期平均成本的最低点的水平，即图中的价格水平 P_2。在这一价格水平，每个厂商既无超额利润，也不存在亏损，但都实现了正常利润。于是，既无新厂商进入，也无原有厂商退出，市场上的每个厂商都实现了长期均衡。

综合上述分析，我们得出完全竞争厂商的长期均衡条件为：

$$MR = LMC = LAC \tag{7.11}$$

式中，$MR = AR = P$。此时，单个厂商的利润为零。

思考题

已知某单个完全竞争厂商的长期总成本函数为 $LTC=Q^3-12Q^2+40Q$。试求：

1. 当市场商品价格为 $P=100$ 时，厂商实现 $MR=LMC$ 时的产量、平均成本和利润。
2. 该行业长期均衡时的价格和单个厂商的产量。
3. 当市场的需求函数为 $Q=660-15P$ 时，求行业长期均衡时的厂商数量。

阅读材料

为了实现“市长保证菜蓝子”的诺言，许多大城市都由政府投资修建了大型养鸡场，结果这些大型养鸡场反而竞争不过农民养鸡专业户或老太太,往往赔钱者多。为什么大反而不如小呢?

从经济学的角度看,这首先在于鸡蛋市场的市场结构。鸡蛋市场有四个显著的特点。第一,市场上买者和卖者都很多。没有一个买者和卖者可以影响市场价格。即使是一个大型养鸡场,在市场上占的份额也微不足道,难以通过产量来控制市场价格。用经济学术语说,每家企业都是价格接受者,只能接受整个市场供求决定的价格。第二,鸡蛋是无差别产品,企业也不能以产品差别形成垄断力量。大型养鸡场的蛋与老太太的鸡蛋没有什么不同,消费者也不会为大型养鸡场的蛋多付钱。第三,自由进入与退出,任何一个农民都可以自由养鸡或不养鸡。第四,买者与卖者都了解相关信息。这些特点决定了鸡蛋市场是一个完全竞争市场,即没有任何垄断因素的市场。

在鸡蛋这样的完全竞争市场上,短期中如果供大于求,整个市场价格低,养鸡可能亏本。如果供小于求,整个市场价格高,养鸡可以赚钱。

但在长期中,养鸡企业(包括农民和大型养鸡场)则要对供求作出反应:决定产量多少和进入还是退出。假设由于人们受胆固醇不利于健康这种宣传的影响而减少鸡蛋的消费,鸡蛋价格下降,这时养鸡企业就要作出减少产量或退出养鸡业的决策。假设由于发生鸡瘟,供给减少,价格上升,原有养鸡企业就会扩大规模,其他人也会进入该行业。在长期中通过供求的这种调节,鸡蛋市场实现了均衡,市场需求得到满足,生产者也感到满意。这时,各养鸡企业实现成本(包括机会成本在内的经济成本)与收益相等,没有经济利润。

在完全竞争市场上,企业完全受市场支配。由于竞争激烈,成本被压得相当低。生产者要对市场供求变动作出及时的反应。换言之,在企业一点也无法控制的市场上,成本压不下来或调节能力弱,都难以生存下去。大型养鸡场的不利正在于压低成本和适应市场的调节能力远远不如农民养鸡者。

大型养鸡场的成本要高于农民。在短期中,养鸡的成本包括固定成本(鸡舍、蛋鸡、管理人员等)和可变成本(鸡饲料、劳动等人力成本),大型养鸡场的固定成本远高于农民,甚至农民的可变成本也低(用剩饭菜等代替部分外购饲料,自己的劳动也可忽略不计)。这样,当价格低时,大型养鸡场难以维持或要靠政府财政补贴,而农民养鸡户却可以顽强地生存下来。长期中,大型养鸡场每个蛋的平均成本也高于农民,因为现代化大量养鸡带来的好处并不足以弥补巨额投资和庞大管理队伍的支出。农民则以低成本和低价格占领了鸡蛋市场。

大型养鸡场的市场适应能力也不如农民。当供大于求价格低时,农民可以迅速退出市场,不会有多大损失,大型养鸡场停产则很困难。现代化养鸡设备闲置下来比不用鸡窝的损失大得多,解雇管理人员比老太太不养鸡更难。在供小于求价格高时,大型养鸡场的产量要受设备能力的限制,但有什么能限制农民多养鸡呢?

在鸡蛋市场上需要的是“造小船成本低”和“船小好调头”。庞然大物的大型养鸡场反而失去了规模经济的好处。而且,即使就是将来农民养鸡也现代化了,也仍然是农民养鸡业的进步,难以有大型企业的地位。这是行业生产技术特点决定的。你听说过美国 500 强企业中有养鸡公司吗?或者说,你听到过什么有名的养鸡场吗?这类企业本来就应该是“小的是美好的”。

(资料来源:梁小民,微观经济学纵横谈,2000 年)

第三节 不完全竞争市场

在西方经济学中，不完全竞争市场是相对于完全竞争市场而言的，除完全竞争市场以外的所有的或多或少带有一定垄断因素的市场都被称为不完全竞争市场。不完全竞争市场分为三个类型，它们是垄断市场、寡头市场和垄断竞争市场。其中，垄断市场的垄断程度最高，寡头市场居中，垄断竞争市场最低。本节的主要内容是分别说明这三类不完全竞争市场的价格和产量的决定，并就包括完全竞争市场在内的不同市场组织的经济效果进行比较。

一、垄断市场

垄断市场是指整个行业中只有唯一的一个厂商的市场组织形式。

(一)垄断市场的条件

一般认为，垄断市场必须满足以下条件：

(1)市场上只有唯一的一个厂商生产和销售商品；

(2)厂商生产和销售的商品没有任何相近的替代品；

(3)其他任何厂商进入该行业都极为困难或不可能。

在这样的市场中，排除了任何的竞争因素，独家垄断厂商控制了整个行业的生产和市场的销售，所以，垄断厂商可以控制和操纵市场价格。

阅读材料

2013 年 7 月 29 日，国家工商总局反垄断案件公布平台正式开通运行，并公布了 12 起垄断案例，其中 9 起案件系有关行业协会组织本行业经营者达成垄断协议，而涉案领域则包括保险、旅游等与民生息息相关的行业。

46 家酒店、15 家景点、2 家旅游客运汽车公司和 20 家旅行社——云南西双版纳州旅游协会和西双版纳州旅行社协会组织有关单位签订所谓《合作协议》或《自律公约》，规定各签约单位组织接待的团队必须通过“州旅游信息管理系统”操作，并限定酒店、景点、旅游用车等，此外还对签约单位的入住房价、景点票价等作了约定，违反者将被罚款。对此，国家工商总局反垄断与反不正当竞争执法局经调查认定，相关协会的行为违反了《中华人民共和国反垄断法》。

上述案例便是其中之一，其他案例还包括“江西省泰和县液化石油气经营者从事垄断协议案”“浙江省江山市混凝土经营者从事垄断协议案”等。案件涉及建筑材料、二手车交易、保险、旅游、供气等行业。

“这次集中公布已查结的垄断案件，标志着工商总局建立起反垄断案件公布机制。”国家工商总局反垄断与反不正当竞争执法局局长表示，今后凡工商总局或总局授权查办的垄断案件，都将通过反垄断案件公布平台及时公布。

她还介绍说，“从查办案件数量看，工商部门反垄断立案呈现逐年增长态势——2009 年立案 1 件、2010 年立案 2 件、2011 年立案 7 件、2012 年至今立案 14 件，查处的案件以民生领域为重点。在平台公布的 12 起结案垄断案件中，有 9 起案件是有关行业协会组织本行业经营者达成的垄断协议，这在一定程度上反映了当前行业协会涉及垄断协议问题比较突出”。而在

“西双版纳州旅游协会、西双版纳州旅行社协会组织本行业经营者从事垄断协议案”中，行业协会同样在其中起到了推动的作用。

国家工商总局反垄断法律指导处相关负责人表示：“该垄断行为一方面限制了正常竞争，对签订《合作协议》的公司、景点形成天然保护，而其他未纳入协议的公司则失去竞争的机会；另一方面，这种垄断行为也侵犯了消费者的自主选择权，消费者可能被迫承担商家转嫁的价格以及低标准服务等。”

反垄断法规定：“行业协会不得组织本行业的经营者从事本章禁止的垄断行为。”据悉，工商行政执法部门已责令相关行业协会停止违法行为，并处罚款。

（资料来源：人民日报，2013年，有删减）

（二）垄断厂商的需求曲线和收益曲线

1.垄断厂商的需求曲线

由于垄断市场中只有一个厂商，所以垄断市场的需求曲线就是垄断厂商所面临的需求曲线，它是一条向右下方倾斜的曲线。它表示垄断厂商的销售量与市场价格成反方向的变动，即垄断厂商可以通过改变销售量来控制市场价格。

2.垄断厂商的收益曲线

厂商所面临的需求状况直接影响厂商的收益，这便意味着厂商的需求曲线的特征将决定厂商的收益曲线的特征。

由于垄断厂商的需求曲线是向右下方倾斜的，因此可假定线性的反需求函数为：$P=a-bQ$（a、b为常数，且a、$b>0$）。

由上式可得总收益函数、平均收益函数和边际收益函数分别为：

$$TR(Q)=P\cdot Q=aQ-bQ^2 \tag{7.12}$$

$$AR(Q)=a-bQ \tag{7.13}$$

$$MR(Q)=\mathrm{d}TR(Q)=a-2bQ \tag{7.14}$$

相应的平均收益AR曲线、边际收益MR曲线和总收益TR曲线的一般特征如下：

（1）平均收益AR总是等于商品的价格P，所以，图中AR曲线和需求曲线D仍然重叠，都是同一条向右下方倾斜的曲线。

（2）图中MR曲线位于AR曲线的左下方，且MR曲线也向右下方倾斜。这是因为根据上文函数关系可知，AR曲线（D曲线）和MR曲线的纵截距相等，且MR曲线的横截距是AR曲线横截距的一半。

（3）由于每一销售量上的边际收益MR值就是相应的总收益TR曲线的斜率，所以当$MR>0$时，TR曲线的斜率为正；当$MR<0$时，TR曲线的斜率为负；当$MR=0$时，TR曲线达最大值点，如图7-7所示。

（三）垄断厂商的短期均衡

如前所述，边际收益MR等于边际成本SMC的利润最大化均衡条件，不仅适用于完全竞争厂商，同样适用于不完全竞争厂商。因此，垄断厂商为了获得最大的利润，也必须遵循$MR=SMC$的原则。

在短期内，垄断厂商无法改变固定要素投入量，只能在既定的生产规模下通过对产量和价格的调整，来实现$MR=SMC$的利润最大化原则。因此，在短期均衡点上，可获得最大的利

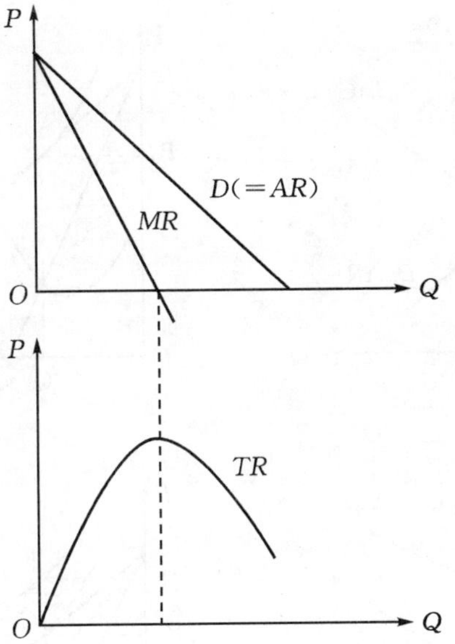

图 7-7　垄断厂商的需求曲线和收益曲线

润，同样也可能面临亏损(尽管亏损额是最小的)，盈亏情况如图 7-8 所示。

在图 7-8 中，SMC 曲线和 SAC 曲线代表垄断厂商的既定生产规模，D 曲线和 MR 曲线代表垄断厂商的需求和收益状况。垄断厂商根据 MR=SMC 的利润最大化均衡条件，将产量和价格分别调整到 Q_0 和 P_0 的水平。在 Q_0 的产量上，垄断厂商的平均收益 AR 为 GQ_0，平均成本 SAC 为 FQ_0。

(1)当 AR>SAC 时。垄断厂商获得超额利润，总利润量即图中的阴影部分 $GFHP_0$ 的面积，如图 7-8(a)所示。

(2)当 AR=SAC 时。垄断厂商的超额利润为零，但正常利润仍然存在，如图 7-8(b)所示。

(3)当 AVC<AR<SAC 时。垄断厂商亏损，总亏损量即图中的阴影部分 FGP_0H 的面积，如图 7-8(c)所示。但由于在 Q_0 的产量上，厂商的平均收益 GQ_0 大于该产量上的平均可变成本，所以，厂商虽然亏损，但仍继续生产。

(4)当 AVC=AR<SAC 时。垄断厂商亏损，且由于在 Q_0 的产量上，厂商的平均收益 GQ_0 等于该产量上的平均可变成本，如图 7-8(d)所示。所以，厂商处于停产的临界点。

(5)当 AR<AVC<SAC 时。垄断厂商亏损，且在 Q_0 的产量上，厂商的平均收益 GQ_0 小于该产量上的平均可变成本，如图 7-8(e)所示。所以，厂商彻底停产。

由此可以得到垄断厂商短期均衡条件为：

$$MR = SMC \tag{7.15}$$

垄断厂商在短期均衡点上可以获得最大利润，可以利润为零，也可以遭受最小亏损。

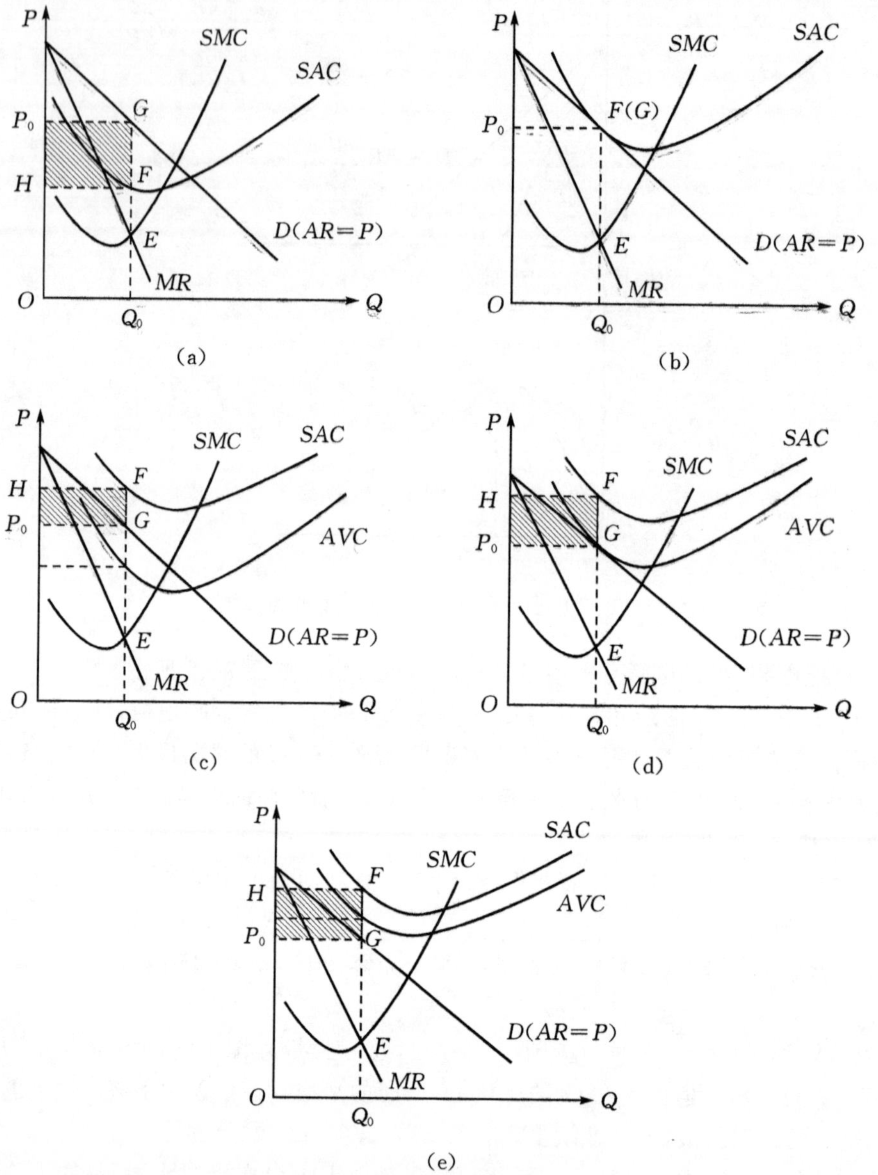

图 7-8　垄断厂商的短期均衡

思考题

已知某垄断厂商的短期总成本函数为 $STC=0.1Q^3-6Q^2+140Q+3000$，反需求函数为 $P=150-3.25Q$。求：

该垄断厂商的短期均衡产量与均衡价格。

(四)垄断厂商的长期均衡

垄断厂商在长期内可以调整全部生产要素的投入量即生产规模，从而实现最大的利润。垄断行业排除了其他厂商进入的可能性，因此，与完全竞争厂商不同，如果垄断厂商在短期内获得利润，那么，它的利润在长期内不会因为新厂商的加入而消失，垄断厂商在长期内是可以保持利润的。

在图 7-9 中，D 曲线和 MR 曲线分别表示垄断厂商所面临的市场的需求曲线和边际收益曲线，LAC 曲线和 LMC 曲线分别为垄断厂商的长期平均成本曲线和长期边际成本曲线。在长期中，垄断厂商按照 $MR = LMC$ 的长期均衡原则，垄断厂商的长期均衡点为 E，长期均衡产量和均衡价格分别为 Q_0 和 P_0；厂商获得的利润量即图中较大的阴影部分面积 $GFHP_0$。

由此可见，垄断厂商之所以能在长期内获得更大的利润，其原因在于长期内企业的生产规模是可调整的和市场对新加入厂商是完全关闭的。

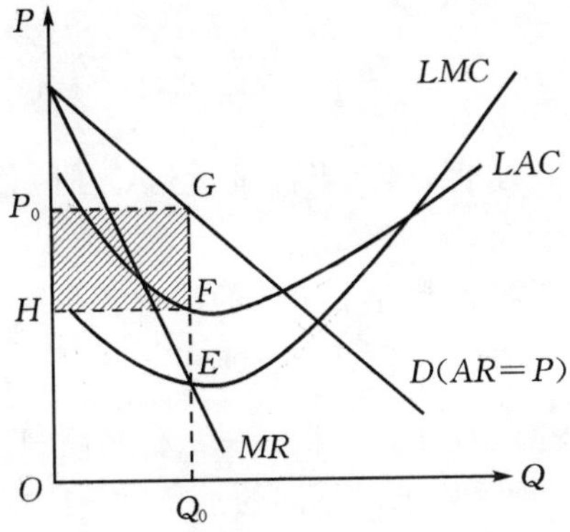

图 7-9 垄断厂商的长期均衡

垄断厂商的长期均衡条件为：

$$MR = LMC \tag{7.16}$$

且垄断厂商在长期均衡点上有 $AR > LAC$，一般可获得超额利润。

（五）价格歧视

在有些情况下，垄断厂商会对同一种产品收取不同的价格，这种做法往往会增加垄断厂商的利润。以不同价格销售同一种产品，被称为价格歧视。

垄断厂商实行价格歧视，必须具备以下的基本条件：

①市场的消费者具有不同的偏好，且这些不同的偏好可以被区分开。这样，厂商才有可能对不同的消费者或消费群体收取不同的价格。

②不同的消费者群体或不同的销售市场是相互隔离的。这样就排除了中间商由低价处买进商品，转手又在高价处出售商品而从中获利的情况。

价格歧视可以分为一级、二级和三级价格歧视，具体如下：

1. 一级价格歧视

如果厂商对每一单位产品都按消费者所愿意支付的最高价格出售，这就是一级价格歧视。一级价格歧视也被称做完全价格歧视，如图 7-10 所示。当厂商销售第一单位产品 Q_1 时，消费者愿意支付的最高价格为 P_1，于是厂商就按价格 P_1 出售第一单位产品。当厂商销售第二单位产品 Q_2 时，按照消费者愿意支付的最高价格 P_2 出售。依此类推，厂商销售第 Q_m 单位产品时，按照价格 P_m 来销售。

这时，垄断厂商得到的总收益相当于图中阴影部分 $OABQ_m$ 的面积。而如果厂商不实行

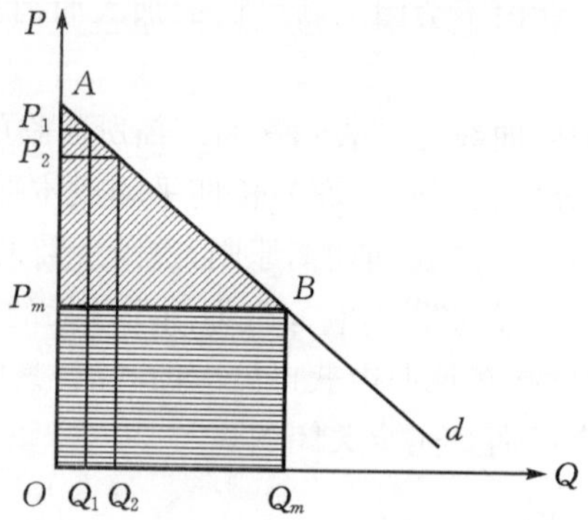

图 7－10　垄断厂商的一级价格歧视

价格歧视，都按同一个价格 P_m 来出售，那么当销量达到 Q_m 时，总收益仅为矩形 OP_mBQ_m 的面积。$\triangle P_mAB$ 的面积为消费者剩余。

由此可见，一级价格歧视下，厂商剥夺了全部的消费者剩余。

2. 二级价格歧视

二级价格歧视不如一级价格歧视那么严重。一级价格歧视要求垄断者对每一单位的产品都制定一个价格，而二级价格歧视只要求对不同的消费数量段规定不同的价格。

如图 7－11 所示，垄断者在第一个消费段上规定的价格为 P_1；当消费者数量增加到第二个消费段时，价格下降为 P_2；当消费数量再增加到第三个消费段时，价格便下降为更低的 P_3。如果不实行价格歧视，都按同一个价格 P_3 来出售，那么当销量达到 Q_3 时，总收益仅为矩形 OP_3DQ_3 的面积。$\triangle AP_3D$ 的面积为消费者剩余。如果实行二级价格歧视，则垄断厂商的总收益相当于图中阴影部分的面积，此时消费者剩余仅剩三个空白小三角形的面积之和。

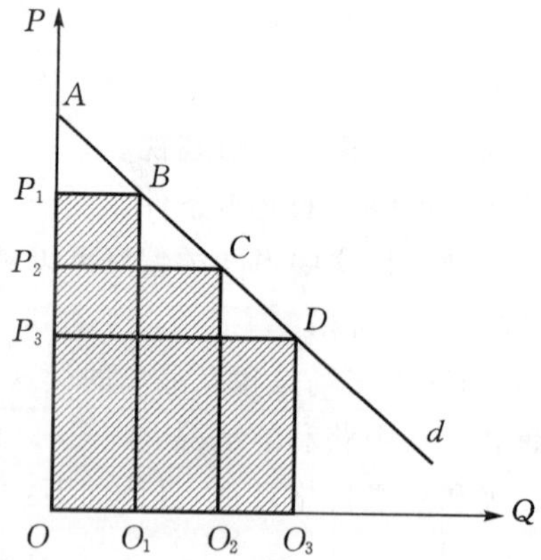

图 7－11　垄断厂商的二级价格歧视

由此可见，实行二级价格歧视的垄断厂商占有了部分消费者剩余。

3. 三级价格歧视

垄断厂商对同一种产品在不同的市场上（或对不同的消费群）收取不同的价格，这就是三级价格歧视。例如，对同种产品，在发达国家的价格与不发达国家的价格不一样；城市市场和乡村市场的价格不一样;"黄金时段"和非"黄金时段"的价格不一样;等等。三级价格歧视要求厂商在需求的价格弹性小的市场上制定较高的产品价格,在需求的价格弹性大的市场上制定较低的产品价格。也即,对价格变化反应不敏感的消费者制定较高的价格,而对价格变化反应敏感的消费者制定较低的价格。

阅读材料

星巴克价格歧视是正当商业行为

近日,有媒体报道称,星巴克在中国的定价远高于在国外的定价,其在中国市场的行为已违背了WTO公平贸易原则,对中国消费者构成了价格歧视。但实际上,价格歧视作为一种正常的经济现象,并非侵犯消费者公平权,也不是欺骗行为,而是企业合理的商业定价机制。

报道指责星巴克的行为违背WTO公平贸易原则,但实际上,该原则的基本含义是指WTO各成员和出口经营者都不得采取倾销或补贴等不公正贸易手段破坏国际贸易市场竞争秩序。星巴克在中国的高定价是企业针对不同地区不同消费者所采用的正常商业策略,如奢侈品企业在欧美以外地区普遍采取高定价,因此星巴克的行为并不涉及违背WTO公平贸易原则。

在经济学上,星巴克的行为称为差异化定价,或差别定价,是一种正常的商业行为。但因差异化所对应的英文"discrimination"一词在中文中又可作"歧视"理解,译为价格歧视后,结果使这一行为平添了误导性的贬义色彩,容易让人望文生义,认为价格歧视就是不道德。所谓价格歧视,其实是企业根据市场的供求状况,针对消费者需求不同而实施的弹性定价策略。价格歧视与价格欺诈这二者有本质上的不同。价格欺诈是经营者利用虚假或使人误解的价格条件,诱骗消费者与其进行交易的违法行为。而价格歧视作为一种差异化的定价行为,并未违背公平交易原则。只要企业定价行为公开透明,且价格一经确定,消费者也愿意接受,这样的行为就不存在欺诈,买卖双方属于公平交易。

根据价格差别的程度,又可分为三个等级,其中"多买多送""团体票"等根据购买量来区分定价的行为属于二级,而根据地区和消费者实行差别定价属于三级价格歧视。三级价格歧视是最常见的差别定价,比如半价学生票、网上优惠券等,而星巴克的定价行为也属于该范畴。

价格策略不是单独行为,定价除成本因素外,还要结合产品定位、消费者需求等,在不同地区采取不同策略,不能简单因为高于原产地价格就认定星巴克是歧视中国消费者。事实上,星巴克的价格差异原因之一便是为配合其在中国市场上有别于本土的中高端品牌定位,迎合中国消费者的心理满足感。

1998年5月1日起实施的《中华人民共国价格法》对价格视行为作出了禁止性规定:经营者提供相同商品或服务,不得对具有同等交易条的其他经营者实行价格歧视。因此在法律上,判定价格歧视违法的前提首先限定在了买主是其他经营者,其次是经营者是否具有同等交易条件,而针对消费者实行不同的价格并不属于违法行为。

(资料来源:网易新闻,2013年10月,有删减)

二、垄断竞争市场

垄断竞争市场是指市场中有许多厂商生产和销售有差别的同种产品的一种市场组织形式。在这一市场理论中,我们通常把市场上大量的生产非常接近的同种产品的厂商的总和称作生产集团。

(一)垄断竞争市场的条件

一般来说,垄断竞争市场的条件主要有以下两点:

(1)市场上生产集团中大量的厂商所生产的同种产品均有差别(实际的或虚构的),但又是非常接近的替代品。

(2)厂商的生产规模都较小,进入和退出一个生产集团比较容易。

垄断竞争的市场组织在轻工业、零售业和服务业中是很普遍的,是现实生活中最为常见和应用最为广泛的一种市场形态。

(二)垄断竞争厂商的需求曲线和收益曲线

由于垄断竞争厂商可以在一定程度上控制自己产品的价格,即通过改变自己所生产的有差别的产品的销售量来影响商品的价格,所以,如同垄断厂商一样,垄断竞争厂商所面临的需求曲线也是向右下方倾斜的。所不同的是,由于各垄断竞争厂商的产品相互之间都是很接近的替代品,市场中的竞争因素又使得垄断竞争厂商的需求曲线具有较大的弹性。

因此,垄断竞争厂商向右下方倾斜的需求曲线是比较平坦的,相对地比较接近完全竞争厂商的水平形状需求曲线。

垄断竞争厂商的需求曲线及其相应的平均收益曲线、边际收益曲线如图 7 - 12 所示。需求曲线 D 向右下方倾斜且比较平坦。参照垄断厂商的收益曲线推导过程可知,该线也表示平均收益 AR 曲线。同时,边际收益 MR 曲线也向右下方倾斜,位于 D 曲线的下方,且纵截距与 D 曲线相同,斜率则是 D 曲线的两倍。

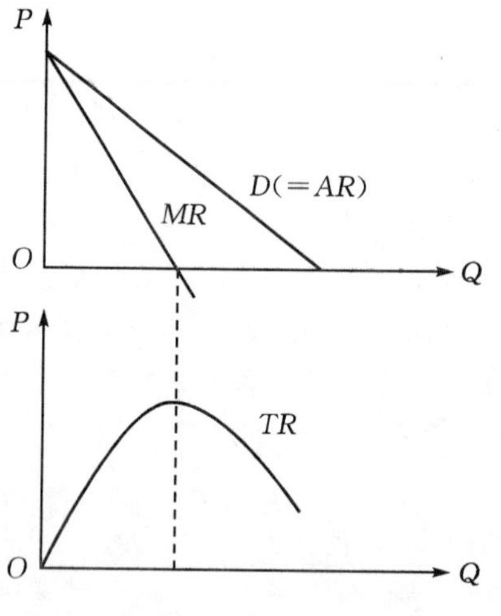

图 7 - 12　垄断竞争厂商的需求曲线和收益曲线

(三)垄断竞争厂商的短期均衡

垄断竞争厂商在实现短期均衡时,可能获得利润,可能收支平衡,也可能亏损。倘若亏损,也要面临是否继续生产的决策。具体可参考垄断厂商短期均衡的五种情况(见图 7 - 8)。

总之,垄断竞争厂商短期均衡条件是:

$$MR = SMC \tag{7.17}$$

短期均衡时,垄断竞争厂商可能获得最大利润,可能利润为零,也可能蒙受最小亏损。

(四)垄断竞争厂商的长期均衡

在长期,垄断竞争厂商根据利润最大化的原则 $MR=LMC$ 作出生产决策。由于垄断竞争厂商在长期内不仅可以调整全部生产要素的投入量,而且可以比较自由地进入或退出生产集团,因此垄断竞争厂商长期均衡时利润必定为零。也就是说,在垄断竞争厂商的长期均衡产量上,D 需求曲线必定与 LAC 曲线相切。

总之,垄断竞争厂商的长期均衡条件为:

$$MR = LMC \tag{7.18}$$

$$AR = LAC \tag{7.19}$$

在长期均衡产量上,垄断竞争厂商的利润为零。

(五)非价格竞争

在垄断竞争市场上,厂商之间既存在价格竞争,也存在非价格竞争。就价格竞争而言,它虽然能使一部分厂商得到好处,但从长期看,价格竞争会导致产品价格持续下降,最终使厂商的利润消失。因此,非价格竞争便成为垄断竞争厂商普遍采取的另一种竞争方式。

具体来说,非价格竞争就是指在垄断竞争市场上,厂商通过改进产品品质、精心设计商标和包装、改善售后服务以及广告宣传等手段,来扩大自己产品的市场销售份额。垄断竞争厂商非价格竞争的目的仍然是为了获得最大的利润。进行非价格竞争是需要花费成本的,但仍要符合边际收益等于边际成本的利润最大化原则。

阅读材料

海底捞的商业传奇

四川海底捞餐饮股份有限公司是一家以经营川味火锅为主,融汇各地火锅特色于一体的大型跨省直营餐饮民营企业。自 1994 年海底捞在四川简阳建立第一间门店以来,以独特的经营理念和服务迅速崛起,在全球开出上百家直营连锁店铺,创造出"夏天排队吃火锅"的奇观。现在,公司已发展到在北京、上海、西安、郑州、天津、南京、沈阳、杭州、青岛等全国 13 个城市拥有六十多家直营店,四个大型现代化物流配送基地和一个原料生产基地,早在 2010 年营业额已近 15 亿元,拥有员工 1 万多人。

公司曾先后在四川、陕西、河南等省荣获"先进企业""消费者满意单位""名优火锅"等十几项称号和荣誉,创新的特色服务赢得了"五星级"火锅店的美名。从 2007—2010 年,企业连续三年获得"中国餐饮百强企业"荣誉称号,获得了"2010 年全球消费者信赖的中国餐饮行业十佳优秀自主品牌""2010 年最受欢迎餐厅"等诸多奖项。

海底捞并没有如同王老吉一样拥有从清朝遗留下来的秘方,它之所以能杀出重围,风靡全国,立稳脚跟,几乎全凭它超出常规经营的"变态服务"和"把员工当亲人看"的管理模式。可以说,其成功的关键点不是产品而是服务。

公司在张勇董事长确立的服务差异化战略指导下,始终秉承"服务至上、顾客至上"的理念,以创新为核心,改变传统的标准化、单一化的服务,提倡个性化的特色服务,将用心服务作为基本经营理念,致力于为顾客提供"贴心、温心、舒心"的服务;在管理上,倡导双手改变命运的价值观,为员工创建公平公正的工作环境,实施人性化和亲情化的管理模式,提升员工价值。

等候的时候,服务员会给你端上免费的水果、饮料、零食;如果你们是一大帮朋友在等待,服务员还会主动送上扑克牌、跳棋之类的桌面游戏供大家打发时间;如果你还嫌等候过程比较无聊,你甚至还可以选择来个免费的美甲、擦皮鞋服务。在客人进餐的过程中,海底捞也想出了很多特色服务。服务员会细心地为长发的女士递上皮筋和发夹,以免头发垂落到食物里;戴眼镜的客人则会得到擦镜布,以免热气模糊镜片;服务员看到你把手机放在台面上,会不声不响地拿来小塑料袋装好,以防油腻;每隔 15 分钟,就会有服务员主动更换你面前的热毛巾;如果你带了小孩子,服务员还会帮你喂孩子吃饭,陪他们在儿童天地做游戏;抽烟的人,他们会给你一个烟嘴,并告知烟焦油有害健康;为了消除口味,海底捞在卫生间中准备了牙膏、牙刷,甚至护肤品;过生日的客人,还会意外得到一些小礼物;如果你点的菜太多,服务员会善意地提醒你已经够吃;随行的人数较少,他们还会建议你点半份……变态服务带来的效果就是,海底捞的顾客回头率超过了 50%,单店年销售额为火锅连锁巨头“小肥羊”的 5 倍,每天晚上的翻台率可以达到 5 次左右。

(资料来源:杜兰英、陈晓东,海底捞扩张迷局,有删减)

三、寡头市场

(一)寡头市场的特征

寡头市场是指少数几家厂商控制整个市场的产品的生产和销售的一种市场组织。

寡头市场是比较接近垄断市场的一种市场组织,其成因和垄断市场很相似,只是在程度上有所差别而已。形成寡头市场的主要原因有:某些产品的生产必须在相当大的生产规模上运行才能达到最好的经济效益;行业中几家企业对生产所需的基本生产资源的供给的控制;政府的扶植和支持;等等。

(二)寡头厂商的定价和收益

寡头厂商的定价和产量决定是一个很复杂的问题。因为在寡头市场上,每个厂商的产量都在全行业的总产量中占一个较大的份额,从而每个厂商的产量和价格变动都会对其他竞争对手以至整个行业的产量和价格产生举足轻重的影响。正因为如此,每个寡头厂商在采取某项行动之前,必须首先要推测或掌握自己这一行动对其他厂商的影响以及其他厂商可能作出的反应,然后,才能在考虑到这些反应方式的前提下采取最有利的行动。所以,每个寡头厂商的利润都要受到行业中所有厂商的决策的相互作用的影响。

寡头厂商们的行为之间这种相互影响的复杂关系,使得寡头理论复杂化。一般说来,不知道竞争对手相互之间的反应方式,就无法建立寡头厂商的模型。或者说,有多少关于竞争对手相互之间的反应方式的假定,就有多少寡头厂商的模型,就可以得到多少不同的结果。因此,在西方经济学中,还没有一个寡头市场模型,可以对寡头市场的价格和产量作出一般的理论总结。

本章关键词

完全信息　垄断市场　二级价格歧视　垄断竞争　非价格竞争　寡头市场

案例分析

三大通信运营商的转型策略

2016 年 3 月，我国三大运营商先后发布了 2015 年财报。从数据上看，受当前电信市场大环境及“用户饱和、OTT 冲击、提速降费、营改增”等众多因素的影响，三大运营商都表现平平，总体增长放缓甚至下滑已经成为常态。而值得关注的是，尽管三大运营商的财报平淡无奇，但在财报背后却隐藏着三家运营商不同的转型策略。

一、中国移动：传统业务领先，新业务最具希望

中国移动仍是运营商中当之无愧的霸主，而这样的地位有望在短期内延续。虽然营收数据不乐观，但 2015 年中移动收入实现了结构性的翻转：数据业务收入达 3034.25 亿元，首次超过语音业务收入(2618.96 亿元)，占通信服务收入的比重上升至 52%，而语音业务收入则同比下降了 16.5%。

而这主要得益于中国移动在 4G 上的一骑绝尘。2015 年，中国移动在 4G 发展上全面发力，已建成全球规模最大、网络质量优秀的 4G 网络。4G 基站总量约 110 万个，覆盖人口超过 12 亿。用户发展也创造了中国移动历史上的新纪录，年内净增 4G 用户超过 2 亿，4G 用户总数超过 3 亿，中国移动已成为全球 4G 客户规模最大的运营商。4G 用户 DOU 达到整体移动客户 DOU 的 2.2 倍，反映出 4G 对流量强大的带动作用。

而在固网宽带方面，中国移动 2015 年可谓开疆拓土，全面发力。依靠低价策略，中移动宽带用户数实现了快速增长，目前较联通的用户数差距，已拉近到不足 1700 万户。

此外，在数字化服务领域，中国移动集团成立了咪咕公司、互联网公司、物联网公司、车联网公司等专业机构打造自主核心能力；设立创新产业基金，通过资本运作方式拓宽合作，向生态平台型运营商转变。

总结来说，中国移动在传统通信服务领域仍具有不可撼动的优势，而这种优势将在未来短期内持续发酵。而在三大运营商中，中国移动在管理和文化上又是最开放的，最接近互联网的。因此，在发展新兴业务方面，中国移动的希望也最大。

二、中国电信：4G 进入快车道，新业务积极布局

而在中国电信方面，尽管受到“流量不清零”政策影响，全年手机上网流量收入仍达到人民币 478 亿元，同比增长 40%，增幅行业领先，手机上网总流量同比翻番，其中 4G 流量占比大幅提升，达到 51%，4G 用户每月户均流量达到 751MB，同比增长 25%。虽然中国电信的 4G 数据难以与中国移动相提并论，但过去一年中，中国电信通过落地 4G+、六模全网通等行之有效的政策，显然在 4G 发展上已经行入快车道。

中国电信将 2015 年业绩的功劳记在新兴业务上。2015 年，中国电信新兴业务收入同比增长约 20%，收入贡献持续增强。中国电信 2015 年重点互联网应用持续规模发展。2015 年翼支付活跃用户已超过 4000 万户，交易额超过人民币 7700 亿元，同比翻番，同时积极探索互联网金融领域；易信产品差异化能力进一步增强，嵌入支付、红包、生活服务等应用，2015 年底注册用户突破 2 亿户；爱 wifi 进一步整合自有 wifi 资源，拓展热点资源及商家合作，2015 年月活跃用户达到 1000 万户。

三、中国联通：期待反弹，董事长是最大变量

在中国联通方面，由于错过了 4G 发展的先机，财报表现不佳，但从基础网络能力、用户业务结构这两个大的维度看，联通开始出现了正向增长。

通过2015年这种超常规的资本开支和电信联通深度合作运作，联通在移动网络上的差距被缩短，预计随着LTE三期工程的完工，4G基站保有量将会接近90万个；在固网方面，通过大规模实施光纤宽带网络建设和全光网络改造，联通固网宽带端口达到1.65亿个，FTTX端口占比达到93%。

在用户规模来看，虽然用户数在减少(丢掉了1426万用户)，但挤掉的都是水分。以2月份的数据来看，联通4G用户新增538.1万，累计达5480.2万；移动出账用户数净增33.5万，累计达2.57826亿。

从业务角度来看，中国联通正在从话音短信等传统业务迅速转变为移动流量，在2015年移动手机数据流量达到6958.3亿MB。有一个数字更让人惊喜，那就是2015年4G每月每户平均消费(ARPU)在80元以上，月均流量消耗1.2G。

当然，物联网、互联网数据中心(IDC)与云计算、大数据、信息通信科技(ICT)、智慧城市等创新业务热点领域，联通也在全面优化整体布局，统一规划平台建设，理顺运营体系，打造持续增长的新动力。2015年，IDC及云计算业务实现收入70.7亿元，同比增长37.5%；ICT业务收入达到人民币43.3亿元，同比增长24.9%。

面对行业微利的现状，三家运营商都谋求转型，而在转型的方向和步骤上又存在不同。其中，中国移动仍然最有底气，且有条不紊；而中国电信则力图发挥优势资源，以巧取胜；中国联通则有赖于新领导的智慧，需要卧薪尝胆。

(资料来源：IT之家，2016年3月，有删减)

讨论并分析：

1. 以上材料反映的是哪种市场类型？该市场有何特征？
2. 请结合以上材料和本章所学知识，比较四种市场类型的异同。

课后练习

一、选择题

1. 根据完全竞争市场的条件，下列(　　)行业最接近完全竞争行业。

A. 自行车行业　　B. 服装行业　　C. 玉米行业　　D. 石油行业

2. 在$MR=SMC$的均衡产量上，企业(　　)。

A. 必然得到最大利润

B. 必然得到最小利润

C. 若获利，则利润最大；若亏损，则亏损最小

D. 不可能亏损

3. 在(　　)条件下，厂商的AR曲线、MR曲线和需求曲线d三条线是重叠的。

A. 完全竞争　　B. 垄断竞争　　C. 垄断　　D. 寡头

4. 厂商短期均衡状态中，(　　)时，生产与不生产都一样。

A. 需求曲线d位于SAC曲线上方

B. 需求曲线d与SAC曲线相切

C. 需求曲线d位于AVC曲线上方、SAC曲线下方

D. 需求曲线d与AVC曲线相切

5. 如果在厂商的短期均衡产量上，AR 小于 SAC，但大于 AVC，则厂商（　）。

A. 亏损，立即停产
B. 亏损，但继续生产
C. 亏损，生产或不生产都可以
D. 获得正常利润，继续生产

6. 下列说法正确的是（　）。

A. 如果在某一行业中存在许多厂商，则这一市场就是完全竞争的

B. 如果厂商所面临的需求曲线是向下倾斜的，则这一市场是完全竞争的

C. 如果行业中所有厂商生产相同的产品，且厂商数目大于 1，则这个市场是不完全竞争的

D. 如果行业中有多家厂商，并且它们都生产相同的产品，都有相同的价格，则这个市场是完全竞争的

7. 某企业生产的商品价格为 12 元，平均成本为 11 元，平均可变成本为 8 元。则该企业在短期内（　）。

A. 亏损且停止生产
B. 继续生产且存在利润
C. 亏损但继续生产
D. 停止生产但不亏损

8. 垄断厂商长期均衡的条件是（　）。

A. $MR=LMC$　B. $MR=L$ 且 $AR=LAC$　C. $MR=LAC$　D. 不确定

二、简答题

1. 简要比较完全竞争厂商的长期均衡与垄断厂商的长期均衡。

2. 简要分析垄断竞争市场与寡头市场的区别。

三、计算题

1. 已知完全竞争市场上单个厂商的长期成本函数为 $LTC=Q^3-20Q^2+200Q$，市场的产品价格为 $P=600$。试求：

（1）该厂商实现利润最大化时的产量、平均成本和利润各是多少？

（2）该行业是否处于长期均衡？为什么？

（3）该行业处于长期均衡时每个厂商的产量、平均成本和利润各是多少？

2. 已知某垄断厂商的短期成本函数为 $STC=0.6Q^2+3Q+2$，反需求函数为 $P=8-0.4Q$。试求：

（1）该垄断厂商实现利润最大化时的产量、价格、收益和利润。

（2）该垄断厂商实现收益最大化时的产量、价格、收益和利润。

（3）请比较（1）和（2）的结果。

第八章
生产要素价格及其决定理论

引言

前面各章讨论了产品市场上价格和数量的决定问题，但均假定了生产要素的价格不变这一条件。本章将放松这一假定条件，分析生产要素市场。

生产要素，是指为进行生产活动而投入的各种经济资源。西方经济学家把生产要素划分为土地、劳动和资本以及企业家才能四类，它们的价格则分别称为地租、工资、利息和利润。要素价格的决定问题，也就是收入分配问题，收入分配理论，就是分析地租、工资、利息和利润是如何被决定的。

西方微观经济学中的分配理论，一种是由20世纪初美国经济学家克拉克(J. B. Clark)提出的边际生产力理论；另一种是由马歇尔提出的以均衡价格论为基础的分配理论。前者主要考虑了生产要素的需求，而后者则综合考虑了生产要素的需求与供给两个方面。

第一节　生产要素的需求

一、生产要素的内涵

(一)生产要素需求的含义

生产要素，是指为进行生产活动而投入的各种经济资源。最初包括土地、劳动和资本三类，其价格分别称为地租、工资和利润(包括利息)。后来增加了第四个要素——企业家才能，从而，利润成为企业家的报酬，利息则成为资本所有者的收入；地主、工资收入者则作为土地、劳动的所有者，获得地租和工资。因此，地租、工资、利息和利润从生产者角度看，是生产要素的价格，或生产成本；而从要素所有者角度看，则是各所有者的收入。

(二)生产要素需求的特点

生产要素的需求来自厂商，厂商购买生产要素不是为了满足自己的消费需要，而是满足生产需要，即最终生产出满足消费者需要的商品和服务。因此，对生产要素的需求是由对消费品的需求派生出来的，是一种“派生需求”。如果消费者对某种产品需求增加，则厂商对生产该产品的生产要素的需求也会增加，反之亦然。同时，假定其他因素不变，生产要素的需求弹性也取决于用这种要素所生产的商品的需求弹性。如果所生产的商品需求弹性较大，则此生产要素的需求弹性也较大。

同时，要素需求也是一种“联合需求”。假定生产一种产品需要至少两种以上要素，那么，各种生产要素之间就存在互相替代或补充的关系。因此，厂商对某一生产要素的需求，不仅取决于该要素的价格，也同时取决于其他要素价格的影响。但为了简单起见，我们只分析一种要素的情况。生产要素的需求曲线与产品市场的需求曲线一样，也具有向右下方倾斜的特征。

二、使用生产要素的原则

在产品市场，厂商实现利润最大化的原则是边际收益等于边际成本，这一原则同样可以用于厂商对生产要素的使用。不过，在这里，使用要素的"边际收益"，是要素数量本身的函数；要素的边际成本也是要素数量本身的函数。我们把厂商使用要素的"边际收益"，称为"边际收益产品"(MRP)。

厂商使用生产要素的"边际收益"(即边际收益产品 MRP)与产品市场中产品的边际收益是有区别的。根据假定，要素市场是完全竞争的，因而要素的边际成本也即要素的价格，不随着数量变化而变化。而且，产品市场完全竞争，厂商面临不变的产品价格，这样，厂商生产产品的边际收益也不变。因此，要素的边际收益产品仅随着要素使用的数量变化而变化。

在前面介绍的产品市场理论中，我们讲到，厂商的收益函数等于产品产量与产品价格的乘积，用公式表示就是：

$$TR = P \cdot Q$$

其中，TR、Q 和 P 分别为厂商的总收益、产量和产品价格。在完全竞争条件下，产品价格为常数，因此，产品的边际收益 MR，也就是收益对产量的一阶导数，它等于产品价格，即 $MR = P$。

但从产品市场转向要素市场后，就必须进一步讨论。在要素市场上，收益是产量的函数，而产量又是生产要素的函数，因此，收益是要素的复合函数。假设厂商使用的生产要素为劳动 L，则收益函数可写成：

$$TR(L) = Q(L) \cdot P \tag{8.1}$$

现在，自变量是劳动 L，劳动的"边际收益"，也即要素的边际收益产品，是收益的一阶导数。可以写成：

$$MRP(L) = \frac{dQ(L)}{dL} \tag{8.2}$$

其中，$\frac{dQ(L)}{dL}$ 或 MP 是单位劳动的边际产品，而乘以价格 P 后，就是要素劳动 L 的"边际产品价值"。

因此，产品的边际收益是对产量而言，是增加单位产量的收益；要素的边际收益产品是对要素而言，是增加单位要素的收益。

现在，让我们进一步假定厂商只使用一种生产要素——劳动 L，工资为 W，那么，厂商利润最大化原则要求使用要素的边际收益产品等于要素的边际成本，即：

$$MRP(L) = W \tag{8.3}$$

式(8.3)也可写成：

$$P \cdot MP(L) = W \tag{8.4}$$

由于边际生产力递减规律，要素的边际产品 $MP(L)$ 曲线向右下方倾斜。也就是说，随着要素使用量的增加，其边际产品 $MP(L)$ 将不断下降。又由于完全竞争条件下产品价格 P 不变，因此，要素的边际收益产品曲线 MRP 也向右下方倾斜。

思考题

试述厂商的要素使用原则。比较生产要素市场的厂商利润最大化和产品市场的厂商利润最大化原则。

三、完全竞争市场对生产要素的需求

由于完全竞争条件下产品价格 P 不变，故式(8.4)确定了从要素价格 W 到要素使用量 L 的一个函数关系，也即确定了厂商对要素的一个需求函数。从而可以得到厂商要素需求曲线的形状特征。现在假定 W 上升。厂商为了重新均衡，必须调整要素使用量 L，使得 $P \cdot MP(L)$ 亦上升。根据边际生产力递减规律，必须减少要素使用量 L。反之，假定 W 下降，则必须增加要素使用量 L。从而我们得到结论：产品市场完全竞争条件下厂商的要素需求曲线与其边际收益产品曲线一样，向右下方倾斜。

我们还可以进一步证明，在产品市场、要素市场完全竞争条件下，厂商对单一要素的需求曲线将与其边际收益产品曲线完全重合。这是因为，在完全竞争的要素市场上，厂商面临的要素供给曲线是一条水平线。这样，给定一个要素价格如 W_0 时，就确定了一条水平的要素供给曲线；从而，要素使用原则 $MRP(L)=W$ 在几何图形上就会存在一个 $MRP(L)$ 曲线与 W_0 曲线的交点 A（见图 8-1）。A 点表明，当要素价格为 W_0 时，要素需求量为 L。这就是说，边际收益产品曲线 MRP 上的 A 点，也是要素需求曲线上的一点。

同样地，如果给定另外一个要素价格，就会有另外一条水平的要素供给曲线与 MRP 相交，这一交点也确定了一个最优的要素使用量，因而也是需求曲线上的一个点。于是，我们得到结论：在使用一种生产要素的情况下，而且产品市场和要素市场均满足完全竞争条件，那么，厂商对要素的需求曲线与要素的边际收益产品曲线恰好重合。

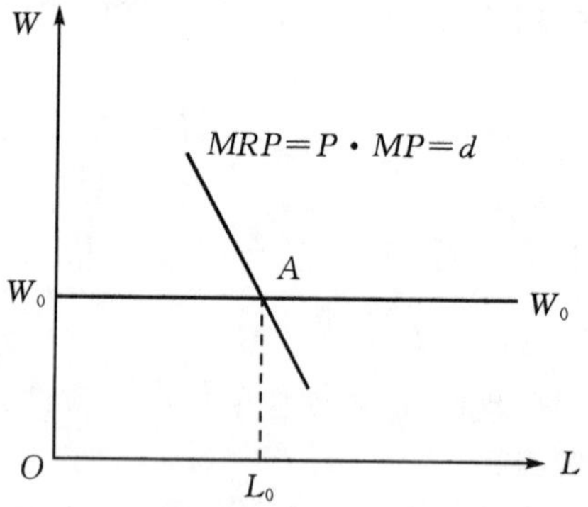

图 8-1　完全竞争厂商的要素需求曲线

阅读材料

1914 年福特汽车公司开始向其工人支付每天 5 美元的工资。由于当时的工资在每天 2～3 美元，所以福特的工资远远高于均衡水平。求职者在福特汽车工厂外排起了长队，希望获得这样的工作机会。

福特的动机是什么呢？亨利福特后来写道："我们想支付这些工资，以便公司有一个持久的基础。我们为未来而建设,低工资的企业总是无保障的。为每天8小时支付5美元是我们所做出的最好的减少成本的事之一。"

从传统经济理论的角度看,福特的解释有点怪。他提出的高工资意味着低成本,而不是高成本。也许他是用高工资提高工人的生产率。实际上有证据表明,支付如此高的工资有利于公司。根据当时的一份调查报告:"福特的高工资摆脱了惰性和生活中的阻力。工人绝对听话,而且可以很有把握地说,从1913年的最后一天以来,福特工厂的劳动成本每天都在下降,旷工减少了75%。"这表明工人的努力程度大大提高了。高工资改善了工人的纪律,使他们更忠实的关心制度,并提高了他们的个人效率。

从生产要素需求理论的角度分析,厂商利润最大化原则要求使用要素的边际收益产品等于要素的边际成本。假定 W 上升,厂商为了重新均衡,必须调整要素使用量 L,使得 $P \cdot MP(L)$ 亦上升,即要素劳动 L 的边际产品价值增加。

思考题

设一厂商使用的可变要素为劳动 L,其生产函数为:$Q=-0.01L^3+L^2+36L$,其中,Q 为每日产量,L 时每日投入的劳动小时数,所有市场(劳动市场及产品市场)都是完全竞争的,单位产品价格为0.10美元,小时工资为5美元,厂商要求利润最大化,问厂商每天要投入多少小时劳动?

同样地,假定厂商只使用一种生产要素——资本 K。那么,我们同样得到厂同使用要素的最优原则:

$$MRP(K) = P \cdot MP(K) = r \tag{8.5}$$

式中:$MRP(K)$是资本的边际收益产品;$MP(K)$是资本的边际产品;r 为资本的价格(利息率)。上式亦表明,厂商对资本的要素需求曲线不仅向右下倾斜,而且与资本的边际收益产品曲线重合。

现在我们考虑厂商同时使用劳动 L 和资本 K 两种生产要素的要素使用。假定厂商的生产函数为 $Q=f(L,K)$,劳动 L 和资本 K 的价格分别为 W 和 r,π 表示利润。那么,厂商的利润函数为:

$$\pi(L,K) = P \cdot f(L,K) - (wL + rK) \tag{8.6}$$

令一阶条件为0,得到:

$$\frac{\partial \pi}{\partial L}=P \cdot \frac{\partial f(L,K)}{\partial L}-w=0 \tag{8.7}$$

$$\frac{\partial \pi}{\partial K}=P \cdot \frac{\partial f(L,K)}{\partial K}-r=0 \tag{8.8}$$

于是,我们得到:

$$\frac{MP(L)}{w}=\frac{MP(K)}{r} \tag{8.9}$$

式(8.9)表明,厂商在选择最优要素组合时,要求在每一要素上的每一元花费得到的边际产品相等。

现在我们从厂商的要素需求曲线推导出市场需求曲线。需要特别注意的是,要素市场的需求曲线不能像商品市场的需求曲线那样进行简单加总而成,而是要经过一些调整。

还是考虑只有一种生产要素 L 的情形。假定开始时,一家厂商 F 对 L 的需求曲线为

$MRP(L_0)$，均衡点为 E_0，要素需求量为 L_0。当 W_0 下降为 W_1 时，均衡点应为 E_1，需求量增加为 L_1。但是，考虑到 W_0 下降到 W_1，将影响到其他因素的变动，就需适当调整，因为当 $W_0 \to W_1$ 时，所有厂商都会增加对 L 的需求量，从而该产品的市场供给曲线将向右下方移动。

如果该商品的市场需求无变化，则该产品的价格就要下降。这时，即使要素的边际产品 MP 不变，边际收益产品 MRP 也会减少。从而，厂商 F 的 $MRP(L_0)$ 曲线向左下方移动到 $MRP(L_1)$，交 W_1 于 E_2，从而对 L 的需求量不是 L_1，而是 L_2。因此，连接 E_0、E_2 的曲线 d_f，就是厂商 F 对 L 的需求曲线。由于这一需求曲线考虑到了多个厂商同时调整的因素，因而可称为厂商 F 的"实际"需求曲线，它的形状仍然向右下方倾斜，只是更陡峭一些。

将多个厂商的经过调整了的要素需求曲线（d_i，$i=1,2,3,\cdots$）进行水平加总，就得到市场的要素需求曲线 D，它是一条向右下方倾斜的曲线。

多个厂商调整对厂商 F 的的要素要求曲线如图 8-2 所示。

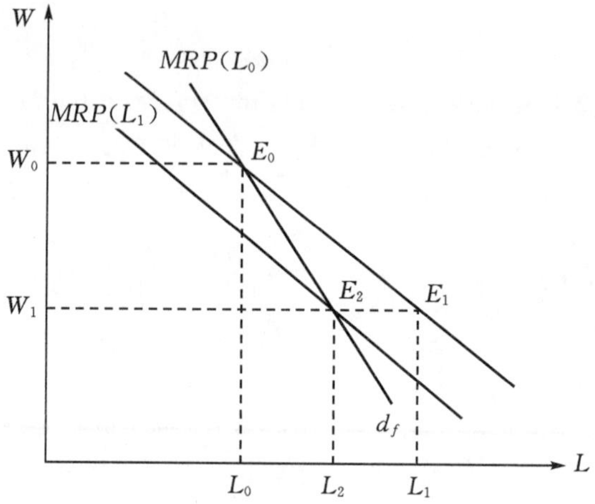

图 8-2　多个厂商调整时厂商 F 的要素需求曲线

思考题

已知劳动是唯一的可变要素，生产函数为 $Q=A+10L-5L^2$，产品市场是完全竞争的，劳动价格为 W，试说明：

1. 厂商对劳动的需求函数。
2. 厂商对劳动的需求量与工资反方向变化。
3. 厂商对劳动的需求量与产品价格同方向变化。

四、非完全竞争市场对生产要素的需求

产品市场非完全竞争情形，包括垄断、寡头和垄断竞争三种。在非完全竞争条件下，由于厂商面临的产品需求曲线不是水平的，产品价格随着商品数量变化而变化，因而，厂商对要素的需求曲线也将不同于产品市场完全竞争下的情形。

为简单起见，这里我们主要分析一种卖方垄断厂商情形。所谓卖方垄断厂商，是指厂商在产品市场上（作为产品的卖方）是垄断者，而在要素市场上（作为要素的买方）是完全竞争者。

这样，在要素市场上，厂商使用要素的边际成本仍等于要素价格，但在产品市场上，产品价格则取决于产量，而产量又取决于要素数量，从而厂商使用要素的边际收益不再等于产品价格，用表 8-1 可以说明。

表 8-1 要素的边际收益产品

要素数量 L	边际产品 MP	总产量	产品价格 P	总收益	边际收益 MR	边际收益产品 $MRP=MP\cdot MR$
3	10	33	20.0	660	20	—
4	9	42	19.5	819	17.7	159
5	8	50	19	950	16.4	131
6	7	57	18.5	1054.5	14.9	104.5
7	6	63	18	1134	13.3	79.5
8	5	68	17.5	1190	11.2	56
9	4	72	17	1224	8.5	34

（注：本表主要引自高鸿业主编《西方经济学》(上)第 296 页）

由表 8-1 可以作出要素边际收益产品曲线图，如图 8-3 所示。从形状看，卖方垄断厂商的边际收益产品曲线也向右下方倾斜。但其原因，除了边际产品(MP)递减规律的作用，还由于因产品价格下降而导致的边际收益(MR)下降(事实上，边际收益总是小于产品价格)。

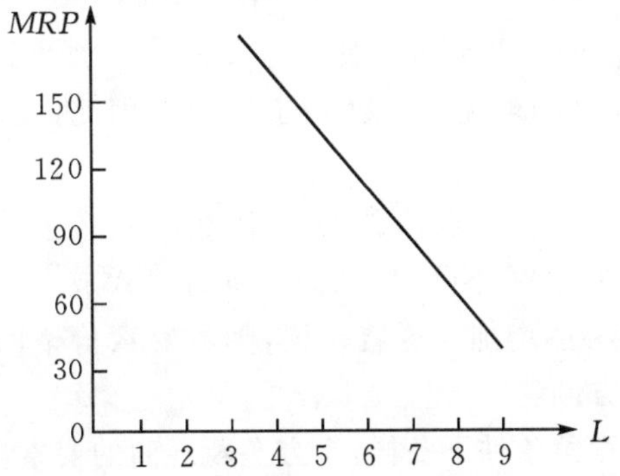

图 8-3 卖方垄断厂商的边际收益曲线

现在，我们来推导 $Q\cdot\frac{dP}{dQ}+P=MR$ 卖方垄断厂商的要素需求曲线。假定只有一种要素——劳动 L。

首先来求要素的边际收益产品 MRP。

垄断厂商的收益函数可写成：

$$R=P\cdot Q=P[Q(L)]\cdot Q(L) \tag{8.10}$$

式中，$P[Q(L)]$表示产品价格是要素数量的复合函数。

要素的边际收益产品也即要素的“边际收益”，它是收益对要素的导数。即：

$$MRP=\frac{\mathrm{d}R}{\mathrm{d}L}=\frac{\mathrm{d}P}{\mathrm{d}Q}\cdot\frac{\mathrm{d}Q}{\mathrm{d}L}\cdot Q+P\cdot\frac{\mathrm{d}Q}{\mathrm{d}L} \tag{8.11}$$

$$=\left(Q\cdot\frac{\mathrm{d}P}{\mathrm{d}Q}+P\right)\cdot\frac{\mathrm{d}Q}{\mathrm{d}L} \tag{8.12}$$

括号中的项就是产品的边际收益，也即：

$$Q\cdot\frac{\mathrm{d}P}{\mathrm{d}Q}+P=MR \tag{8.13}$$

这是因为，如果我们将厂商的收益写成产品（而不是要素）的函数：

$$R=P\cdot Q=P(Q)\cdot Q \tag{8.14}$$

那么，产品的边际收益就等于收益对产品（而不是要素）的导数，即：

$$MR=Q\cdot\frac{\mathrm{d}P}{\mathrm{d}Q}+P \tag{8.15}$$

从而得证。

由于$\frac{\mathrm{d}P}{\mathrm{d}Q}<0$，所以 $MR<P$。其原因在于，边际产品 MP 引起了整个产品价格的下降。

这样，我们就有：

$$MR=M\cdot MP \tag{8.16}$$

其次，再考虑到完全竞争的要素市场，卖方垄断厂商按照要素边际收益等于要素边际成本的原则必须满足：

$$MR(L)\cdot MP(L)=W \tag{8.17}$$

$$MRP=W \tag{8.18}$$

式(8.17)确定了从要素价格 W 到要素使用量 L 的一个函数关系：给定一个要素价格 W，则有唯一一个满足要素使用原则的最优要素数量与之对应，因此，式(8.17)确定了卖方垄断厂商对要素的需求函数。

那么，卖方垄断厂商的要素需求曲线具有什么特征呢？假定开始时要素使用满足 $MR(L)\cdot MP(L)=W$。现在让 W 下降，那么为了维持等式成立，$MR(L)\cdot MR(L)$也必须随之下降，因而要素需求量 L 必然增加。这就是说，随着要素价格的下降，要素需求量将上升，因此，要素需求曲线向右下方倾斜。

而且，与产品市场完全竞争条件下一样，卖方垄断厂商的要素需求曲线与其边际收益产品曲线完全重合。但这里要注意的是：产品市场完全竞争下厂商的要素需求曲线之所以向右下方倾斜，只是边际生产力(MP)递减一个因素所致，而卖方垄断厂商的要素需求曲线之所以右下倾斜，却是由于边际生产力(MP)递减和产品的边际收益(MR)递减两个原因所致。

卖方垄断厂商的要素需求曲线如图 8-4 所示。

下面分析存在卖方垄断厂商条件下的要素市场需求曲线。

首先考虑多个厂商的共同调整是否会改变厂商 F 的要素需求曲线。假定要素价格下降，那么要素市场上所有厂商的要素需求量和产量均将扩大。但是，卖方垄断厂商 F 自己产量的扩大不会改变它的产品需求曲线；其他厂商的产品因与厂商 F 的产品不具有相关性，也不会改变厂商 F 的产品需求曲线。这样，尽管考虑多个厂商的调整，但厂商 F 的产品需求曲线不变，从而它的边际收益产品曲线也不会改变。这也就是说，厂商的要素需求曲线不会发生变化。

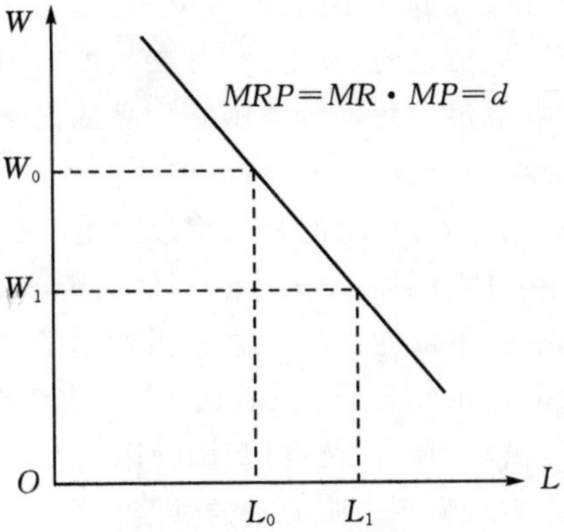

图8-4 卖方垄断厂商的要素市场需求曲线

其次，再来考察卖方垄断厂商条件下的要素市场需求曲线。假定要素市场包括 n 个不同的卖方垄断厂商，那么，市场的要素需求曲线就是 n 个卖方垄断厂商的要素需求曲线的水平加总，向右下方倾斜。

阅读材料

在2002年国家电力公司分拆重组后，厂网分开、主辅分离、输配分开和竞价上网的路径要依次展开，但事实上遇到了很大阻力。2003年厂网分开后，主辅分离直到2011年才实现初步分离，其间主辅分离的方案多次"流产"，这被业界广为诟病，分离一个公司的边缘业务用了8年，那分开公司的输配业务需多久？加快开放电力等垄断行业竞争性业务"建议"指出：完善能源安全储备制度；加强城市公共交通、防洪防涝等设施建设；实施城市地下管网改造工程；加快开放电力、电信、交通、石油、天然气、市政公用等自然垄断行业的竞争性业务。为什么垄断行业收入高于一般行业水平，但工作效率却又低于一般行业水平呢？

如果厂商面对的市场是不完全竞争的，那么，MR 就不是常数，而是低于市场价格 P 的，对于厂商来说，如果它处在不完全竞争的市场中，它的 MRP 曲线应该位于它处在完全竞争市场时得到的 MRP 曲线的下方。此时，投入要素增加时，产出量增加，产品的价格随之下降，但产品的边际收益 MR 下降得更快。

第二节 生产要素的供给与要素价格的决定

上节在分析要素需求的过程中，我们分别考虑了完全竞争市场和非完全竞争市场对生产要素的需求，本节同样也将分这两种情况来考察要素市场的供给和最终要素价格的决定。

一、完全竞争市场生产要素的供给与价格决定

我们的首要目的，是要推导出要素市场的供给曲线。为此，我们必须分析要素供给者的供给行为。

所有的生产要素，可以被划分为原始要素和非原始要素两大类。前者如不可再生的自然

资源，它们的供给从总量上说往往是固定不变的，因此，它们的供给曲线是一条垂直于价格轴的垂线。非原始要素如中间产品、劳动力、资本等，其要素所有者可能是厂商和个人。作为提供中间产品的厂商，追求的是利润最大化，因此，中间产品的供给曲线是随着生产的边际成本递增而向右上方倾斜。

劳动力的所有者是个人或消费者，追求的是效用最大化。必须注意的是，个人拥有的要素数量在一定时期内总是既定不变的，例如，个人一天提供的劳动不可能超过 24 个小时，个人拥有的收入或财富也是受到约束的，不可能满足无限的当期消费与投资，等等。因此，对于个人或消费者而言，所谓要素供给问题的实质，可以看成个人（或消费者）在一定的要素价格水平下，将其全部既定资源在“要素供给”和“保留自用”两种用途上进行分配以获得最大效用。

下面以个人提供劳动这一要素为例说明劳动的供给行为。

假定个人在某一时期（如一天）内的时间总量为 $\overline{L}$，他将其分为“劳动供给”与“闲暇”时间两部分，劳动的价格为 W，劳动供给量为 L，“闲暇”时间为 l。劳动的供给可以获得收入 $y(L)=WL$，“闲暇”减少了劳动供给从而会减少收入，但也有效用，因此，效用函数可用 $U(y,l)$ 表示。

这样，个人的选择就是在劳动价格 W 既定条件下，选择最优的 l（或 L），使得效用最大化。其预算约束条件为：

$$L+l=\overline{L}$$

即：

$$L=-l+\overline{L} \tag{8.19}$$

两边同乘以 W，上式可改写为：$y=-Wl+W\overline{L}$ (8.20)

我们现在采用无差异曲线分析个人（或消费者）的劳动供给行为。以横轴 l 表示“闲暇”时间，纵轴 y 表示要素供给所带来的收入，表明个人实际上是在“收入”与“闲暇”之间进行选择，因而可作出无差异曲线 U_1,U_2,U_3，如图 8－5 所示，其中 $U_1<U_2<U_3$。

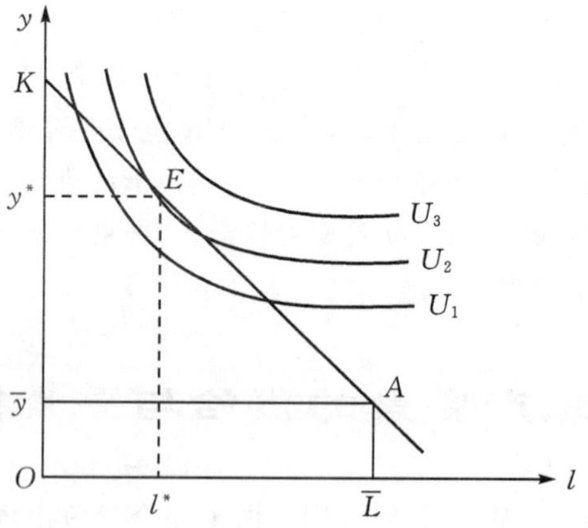

图 8－5　个人的要素供给分析

再假设个人在开始时拥有 $\overline{L}$ 单位的时间和 $\overline{y}$ 单位的固定非要素收入（如不变的财产收入，即图中的 $\overline{y}A$）。如果 l 为 0，即全部时间用于劳动的供给，将得到的要素收入则为 $\overline{L}\cdot W$，从而全部收入为 $K=\overline{L}\cdot W+\overline{y}$；同样地，如果 $l=\overline{L}$，那么，全部收入为 $\overline{y}$，即点 A。因此，连接点 K、A 的直线，就是该消费者的预算线。

显然，最优的收入 y 与 l 的组合点是 E，即无差异曲线与预算线 KA 的切点。在这一点，无差异曲线的斜率等于预算线的斜率。预算线的斜率为：

$$-\frac{K-\overline{Y}}{\overline{L}}=-\overline{L}\cdot\left(\frac{W}{\overline{L}}\right)=-W \tag{8.21}$$

从而，我们有：

$$\frac{\mathrm{d}y}{\mathrm{d}l}=-W \tag{8.22}$$

由于 $l=\overline{L}-L$，我们可将上式改写成：

$$-\frac{\mathrm{d}y(L)}{\mathrm{d}(\overline{L}-L)}=W \tag{8.23}$$

式(8.23)即是一个关于 W 与 L 的关系式，表明二者存在一一对应的关系，因而正是我们要寻找的要素供给函数。需注意的是，式中$\frac{\mathrm{d}y(L)}{\mathrm{d}(\overline{L}-L)}$(或$\frac{\mathrm{d}y}{\mathrm{d}l}$)总为负。

假定开始时，上式是满足的，即个人处于最优状态。现在假定 W 上升，那么为了继续满足上式，$\frac{dy(L)}{d(\overline{L}-L)}$(或$\frac{dy}{dl}$)的绝对值必须上升。根据边际替代率递减规律，$l$ 必须下降，也即 L 必须上升。这样，我们就得到了劳动供给曲线向右上方倾斜的结果[①]，如图 8-6 所示。

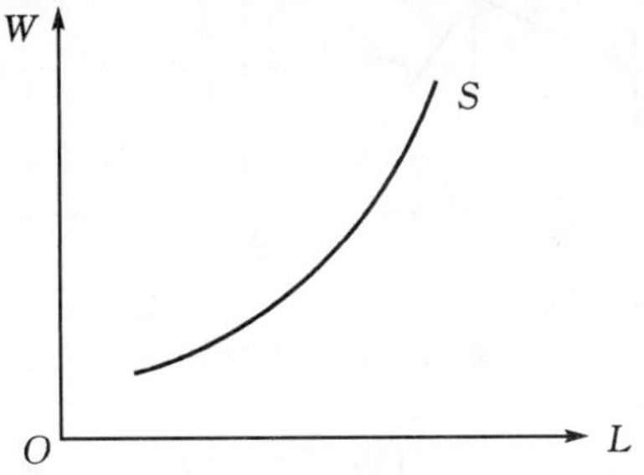

图 8-6 个人的劳动供给曲线

下面考虑生产要素的价格决定。前面的分析表明，在完全竞争的要素市场上，要素供给曲线向右上方倾斜。而第二节的分析，我们得出了要素需求曲线向右下方倾斜的结论。因此，生产要素的均衡价格及均衡数量，决定于要素市场需求曲线和供给曲线的交点，如图 8-7 所示。

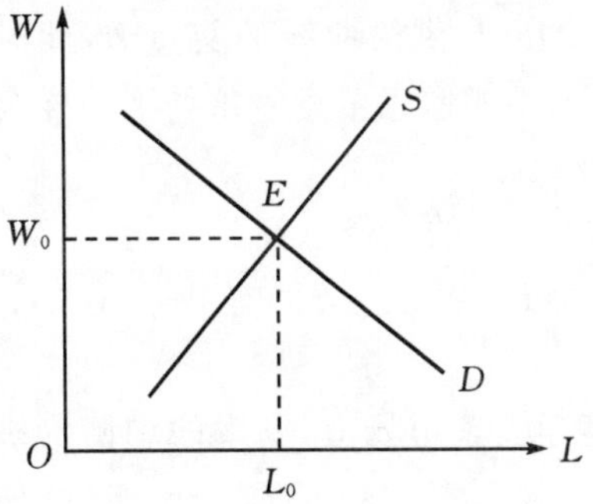

图 8-7 要素市场的价格决定

① 这里的分析没有具体考虑个人对“闲暇”的特殊需求。

二、非完全竞争市场下生产要素的供给与价格决定

我们知道，产品市场上的销售者常常具有某种垄断势力，同样地，要素市场的供应者也可以拥有某种卖方垄断势力。比如，某种拥有专利权的电子元器件生产商。但一般来说，要素市场上的垄断因素要远远小于产品市场。下面我们来分析具有卖方垄断势力的要素市场均衡。

西方经济学往往选用的一个例子是工会具有卖方垄断特征，图 8－8 显示了一个没有买方垄断的要素 L 市场，需求曲线 D_L——各厂商的边际收益产品曲线的加总。要素供给曲线 S_L 描述了竞争性劳动力市场下工人的劳动提供量。在完全竞争条件下，均衡点为 A，L^* 的工人将在 W^* 的工资下被雇用。

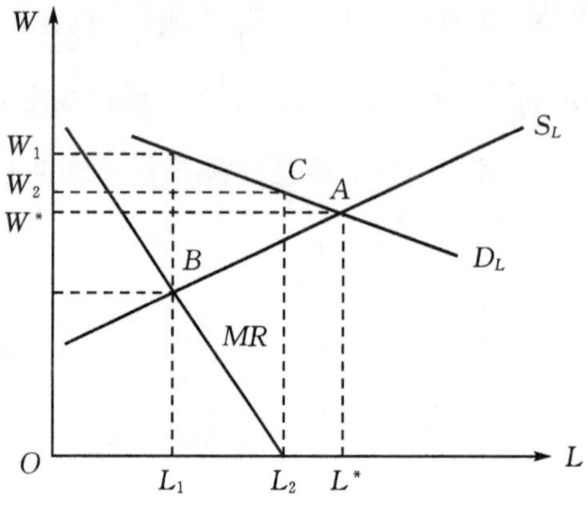

图 8－8　卖方垄断下的要素供给（工会）

现在假定工会具有卖方垄断势力，它可以任意选择工资率和劳动供给数量。在第七章第二节我们讲到过，作为产品市场上的卖方垄断者，其边际收益一定小于产品价格，或者说，边际收益曲线一定在需求曲线的左下方。同样地，工会作为要素的卖方垄断者，出卖劳动力的边际收益曲线 MR 也位于劳动需求曲线 D_L 的左下方，并假定交横轴于 L_2。

现在假定工会的目标是雇用工人数目最大化，它将选择 A 点的竞争性结果。

如果工会也像一个厂商一样追求“利润”最大化，那么它将选择边际收益等于边际成本的点，即图 8－8 中边际收益曲线 MR 与供给曲线的交点 B，此时的均衡点为（L_1，W_1）。这时，$W_1 > W^*$，而 $L_1 < L^*$。由于工人不能像完全竞争条件下一样全部被雇佣，工会往往采取限制入会的方式，只保证工会会员被雇佣。

如果工会追求的目标是所有工人的工资总额最大化，那么它将选择 L_2 点，此时出卖劳动的边际收益 MR 为 0。均衡点为（L_2，W_2）。仍然有 $W_2 > W^*$，$L_2 < L^*$。工会仍需限制会员入会人数。

以上分析表明，在不完全竞争要素市场上，要素的均衡价格往往高于竞争性价格，而要素提供量则小于竞争性数量。

第三节　工资、地租、利息和利润理论

一、工资理论

1. 以边际生产力论为基础的工资理论

工资或工资率是劳动的价格。根据美国经济学家克拉克的边际生产力论，工资决定于劳动的边际生产力，也即厂商雇佣的最后那个工人所增加的产量。因为，在静态条件下资本数量不变，劳动力的使用将呈现边际生产力递减规律，因此，最后雇佣的那个工人的边际生产力就不仅决定他自己的工资，而且决定所有工人的工资，如图 8－9 所示。

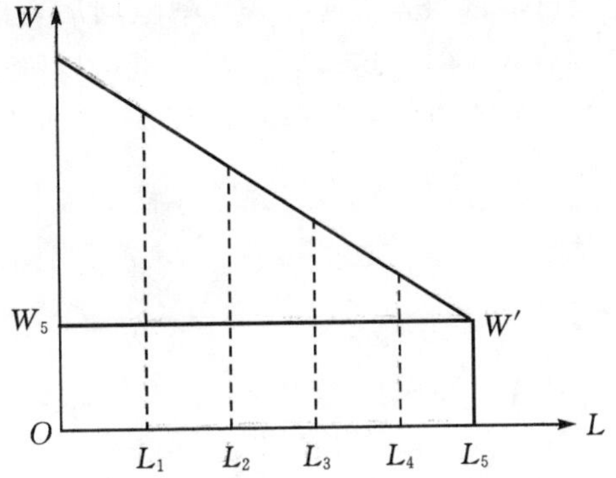

图 8－9　劳动边际生产力曲线

图 8－9 中，最后一个工人（第 5 个工人）的边际生产力为 WL_5，从而决定了工人的工资率为 W_5W'。边际生产力论实质上只考虑了厂商对劳动的需求，这一理论能够对于劳动力供给具有无穷弹性的情形进行较好的理论解释。

2. 以均衡价格论为基础的工资理论

马歇尔认为，可以以均衡价格论为基础，从需求与供给两个方面来说明工资的决定。

厂商对劳动的需求取决于劳动的边际生产力。将所有厂商对劳动的需求曲线水平加总，即得到一条向右下方倾斜的劳动市场需求曲线。

个人的劳动供给曲线则具有“向后弯曲”的特征，如图 8－10 所示。在点（W_1，L_1）之前，劳动供给曲线向右上方倾斜，但在此点之后，随着工资的增加，劳动提供量反而减少，供给曲线“弯”向左边。

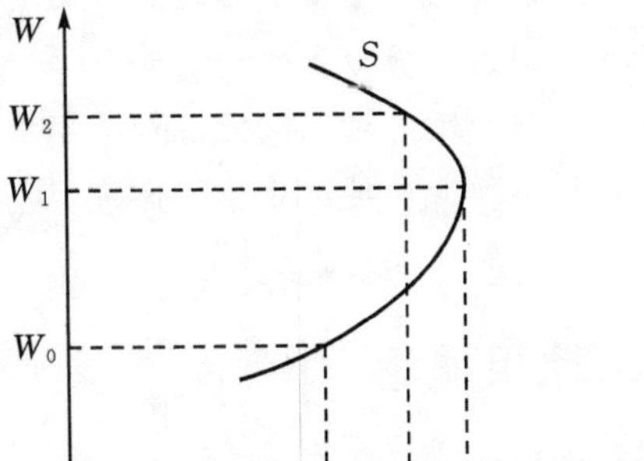

图 8－10　向后弯曲的劳动供给曲线

思考题

请用工资理论解释为什么劳动供给曲线是一条向后弯曲的曲线？

西方经济学用劳动者在“劳动”与“闲暇”之间进行选择来解释其中原因。劳动可以带来收入，但“闲暇”也是个人所需要的一种“消费品”，二者具有替代关系，也都给个人带来效用满足。工资率的提高对劳动供给具有替代效应和收入效应。所谓替代效应，是指工资愈高，也就意味着“闲暇”的机会成本高，或者说“闲暇”作为一种消费品的价格上涨，个人将选择提供更多的劳动量；所谓收入效应，是指工资愈高，个人的实际收入和购买力上升，因而能够“购买”更多的“闲暇”，从而减少劳动供给量。替代效应与收入效应对劳动供给具有相反的影响，其综合净效应取决于两种效应的相对强度。一般地，在劳动提供量不大时，替代效应大于收入效应，劳动供给将会随着工资上升而上升，劳动供给曲线向右上方倾斜；而当个人提供的劳动量已经较高时，收入效应往往占了上风，这时，随着工资的继续上升，个人反而减少劳动提供量，于是，劳动供给曲线“弯”向左边。符合劳动力供给“向后弯曲”假说的一个事实是，从历史统计看，20 世纪初至今，个人真实收入逐渐增加，而周劳动小时却逐渐减少，由 50～60 小时下降到 35～40 小时。

尽管个人的劳动供给曲线可能因收入效应和替代效应向后弯曲，但劳动的市场供给曲线一般还是随着工资上升而向右上方倾斜。这是因为高工资可以吸引新工人加入。这样，综合上一节关于要素市场需求曲线向右下方倾斜的分析，劳动供求曲线的交点将决定一个均衡的工资 W_0 和劳动数量 L_0，如图 8 - 11 所示。

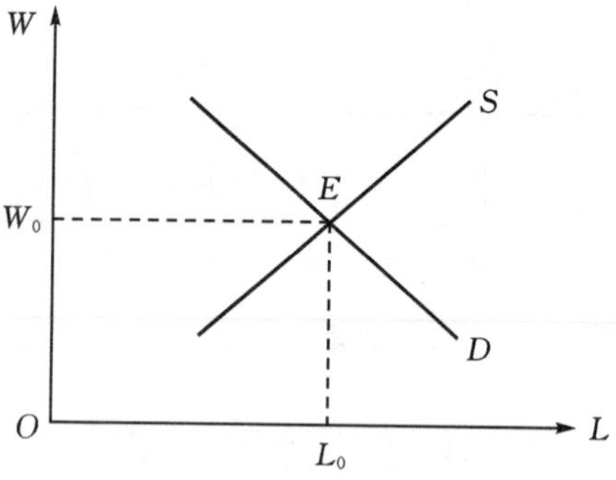

图 8 - 11　均衡工资的决定

思考题

假设某特定劳动市场的供需曲线分别为：$D_L = 6000 - 100w$，$S_L = 100W$，则：

1. 均衡工资为多少？
2. 假如政府对工人提供的每单位劳动课以 10 美元的税，则新的均衡工资变为多少？
3. 实际上对单位劳动征收的 10 美元税收由谁支付？
4. 政府征收到的总税收额为多少？

二、地租理论

地租是土地使用的服务价格，或者说是土地这一生产要素的收益或价格。地租理论要分析地租的决定问题。

1. 以边际生产力论为基础的地租理论

按照边际生产力理论，地租取决于土地的边际生产力。如果其他要素的投入不变，土地的边际生产力同样具有递减特征，最后一个单位土地的服务产出，就决定了地租的大小。如图8－12所示，AE'是土地的边际生产力曲线，全部产量为$OAE'M$，地租为$OEE'M$，AEE'则分配给其他生产要素。

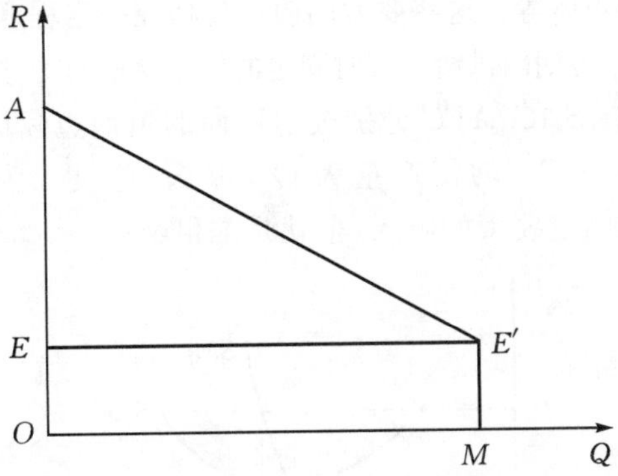

图 8－12　地租决定于边际生产力

2. 以均衡价格论为基础的地租理论

按照均衡价格理论，地租是由土地市场上的土地供给曲线和土地需求曲线的交点决定的。

土地的需求取决于土地的边际生产力，从而对土地的需求曲线，如同其他要素的需求曲线那样，具有向右下方倾斜的特征。

思考题

请解释垂直的土地供给曲线的经济学涵义，并分析“劣等地上永远不会有级差地租”这句话是否正确。

作为一种自然资源，土地既不能流动，又不能再生，因此，就一个整体经济而言，供给量是固定的，其市场供给曲线为一条垂直线，如图 8－13(a)中的 S 线。也就是说，不管地租怎样变化，土地总供给量始终为 Q_0。

我们将土地的市场需求曲线与供给曲线综合在一个坐标系中，供求曲线的交点就是均衡点，如图 8－13(b)中的 E 点。

从图 8－13(b)可以看出，由于土地供给数量固定，地租的大小完全取决于需求。如果土地需求曲线由 D 移动至D'，则土地的均衡数量不变，均为 Q_e，仅地租发生变化，由 R_e 变为R'_e。

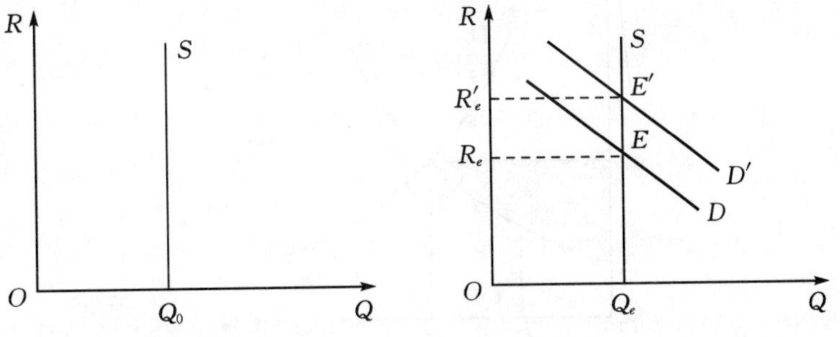

(a)　(b)

图 8－13　土地的供给与价格决定

3. 准租和经济租

土地服务之所以能获得地租，因为无论从短期或长期来看，土地资源是固定不变的，或者说，是一种完全缺乏供给价格弹性的生产要素。现实中有些生产要素尽管在长期中是可变的，但在短期中却是固定的，如厂房、机器设备等。这些要素的服务价格在一定程度上也与“租金”类似，故称为“准租”。所谓“准租”，就是对短期内供给量暂时固定的生产要素的支付，或固定要素的支付。

如图 8－14 所示，SMC、SAC、AVC 分别表示厂商的短期边际成本、平均成本和平均可变成本曲线。假定产品价格为 P_0，均衡产量为 Q_0，那么，总收入为 OP_0CQ_0，总可变成本为 $OGBQ_0$，从而 GP_0CB 就是固定要素的收入，也就是准租金。

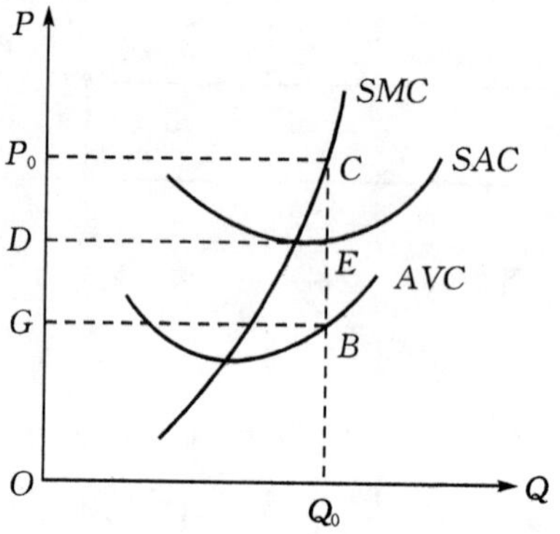

图 8－14　准租

如果从准租 GP_0CB 中减去固定总成本 $GDEB$，就得到经济利润 DP_0CE。因此，准租为固定总成本与经济利润之和。

那么，经济租又是什么呢？我们先看图 8－15，这是要素供求曲线的均衡图，均衡时的要素价格为 OR_0，数量为 Q_0。假定开始时要素价格为 $OB(OB<OR_0)$，这时的要素提供量为 Q_1。也就是说，即使要素价格小于均衡价格，仍有 OQ_1 的要素提供，因此，如果厂商最后按 OR_0 的价格支付给要素所有者，那么 OQ_1 的要素就获得了比它要求更多的收益。由于 Q_1 点可以选在 OQ_0 之间任意一点，图中阴影部分就是要素提供者获得的超过它所要求的总收益的部分，这部分收益，即为经济租。因此，经济租的含义是：生产要素供给者获得的超过他要求得到的那部分收入。经济租的几何解释也称为“生产者剩余”。

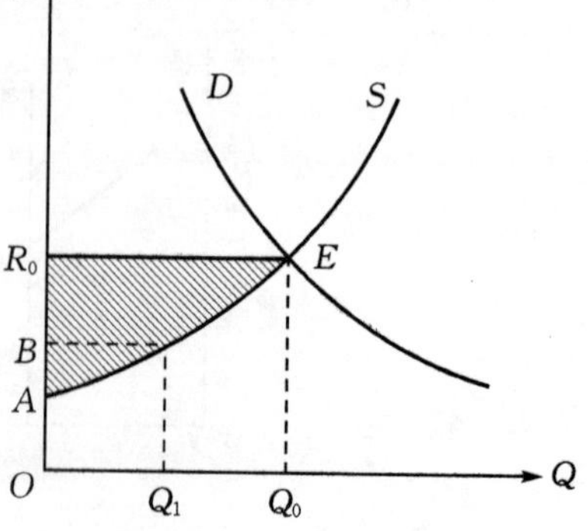

图 8－15　经济租

思考题

假设某厂商生产 A 产品，其单价为 15 元，月单价为 15 元，月产量为 200 单位，产品的平均可变成本为 8 元，平均不变成本为 5 元。试求准租金和经济利润。

三、利息和利润理论

1. 以边际生产力论为基础的利息理论

按照西方经济学家的说法，资本作为生产要素中的一种，也应该获得收益，利息就是资本服务的报酬，或者说资本服务的价格。边际生产力论认为，利息取决于资本的边际生产力。具体来说，假定劳动量不变，那么，继续追加资本的边际产出递减。最后追加一单位资本的边际产出，称为资本的边际生产力，它决定利息的高低。

以边际生产力为基础的利息理论，仅仅考虑了资本的需求，而未考虑资本的供给。

2. 以均衡价格论为基础的利息理论

谈到资本，我们可以讲实物资本，如机器设备，也可以指货币资本。但是，实物资本与货币资本之间存在明显的差异，比如，实物资本往往以“存量”形式出现，不是一次耗尽；实物资本比货币资本具有更少的流动性，从而增加了风险。然而为了简化分析，在西方经济学中，资本的利息均可以指二者。

因此，将实物资本与货币资本的利息统一起来，存在几个重要的假定：①资本市场是均衡的；②假定不同资本市场的市场风险相同，不同资本的流动性相同。这样，实物资本与货币资本的收益在市场均衡时就一定相等，因为资本所有者可以及时转换自己的资本形态。这样，我们就可以将实物资本也当成货币资本一样看待。

厂商对资本的需求决定于资本的边际生产力。由于资本的边际生产力递减，因而厂商的资本需求曲线向右下方倾斜。将所有厂商对资本的需求曲线加总，即得到资本的市场需求曲线，它向右下方倾斜。

资本的供给，就是资本的所有者在各个不同利率水平下愿意提供的数量。西方经济理论假定资本的供给主要来自于个人储蓄。

个人追求的是效用最大化。在静态分析时，个人将所有的收入全部用于消费，以便将收入在各种商品的购买中最优分配。但如果考虑到个人并不只是为了当前消费，而是还要考虑未来的消费，我们就必须进行个人的跨时期最优决策分析。

假定个人的一生包括两个时期，或者更加简化为今年和明年两个时期，而且假定个人在第一期挣得较高的收入，个人的目标函数为两期总消费最大化。如图 8－16 所示，横轴 C_0 代表今年消费量，纵轴 C_1 代表明年消费量。U_1、U_2 和 U_3 是消费者的三条无差异曲线。假定个人今年的收入可购买到 C_0 的商品量，明年的收入可购买到 C_1 的商品量，那么，初始状态为图 8－16 中点 $A(C_0, C_1)$，点 A 一定是消费预算线上的一点。

我们现在需要确定预算线 $W'W$ 的位置。处于 A 点的个人可以将自己的收入用于现在消费或储蓄。假定他面临的市场利率为 r，那么他减少今年一单位商品消费就可以增加 $(1+r)$ 个单位商品的明年消费。这也就是说，预算线的斜率必为 $-(1+r)$，它完全取决于利率变化：r 上升，预算线斜率的绝对值越大，预算线越陡，反之则越平缓；同时，预算线总是经过点 A。另一方面，预算线在横轴上的截距度量将所有收入集中在今年消费的 $W=C_0+\frac{C_1}{1+r}$ 量。

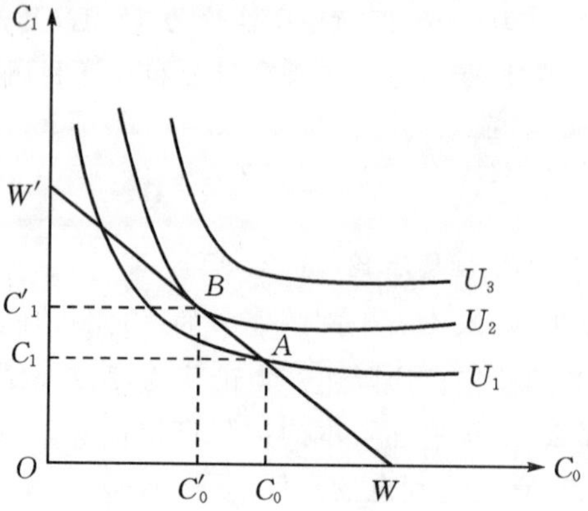

图 8-16　个人长期消费决策

个人的均衡位置在预算线与无差异曲线 U_2 的切点 B，也即长期最优消费决策是：今年消费 C'_0，明年消费 C'_1。在图 8-16 中，个人没有全部消费完今年的收入，而是储蓄了 C'_0C_0 部分，因为储蓄可以获得利息收入，增加明年的消费，或者说平衡整个一生的消费。

总结以上分析，我们得到结论：给定一个市场利率 r，个人就存在一个最优储蓄量。假定利率 r 上升，预算线的斜率就越陡，从而与横轴的截距越小，今年消费将减少，储蓄量将增加，或者从另一个意义说，是“今年消费”的机会成本增大。将不同利率水平下个人的最优储蓄量描绘出来，我们就得到一条向右上方倾斜的资本供给曲线，如图 8-17 所示。将所有个人的资本供给曲线加总，就得到资本市场供给曲线。资本市场的均衡点出现在市场需求曲线与供给曲线的交点，如图 8-18 中的点(r_0，K_0)。这就是说，利息决定于资本市场的供求均衡。

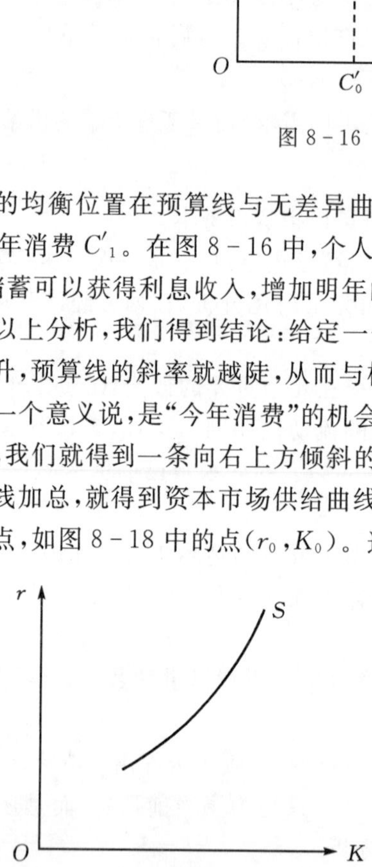

图 8-17　资本供给曲线

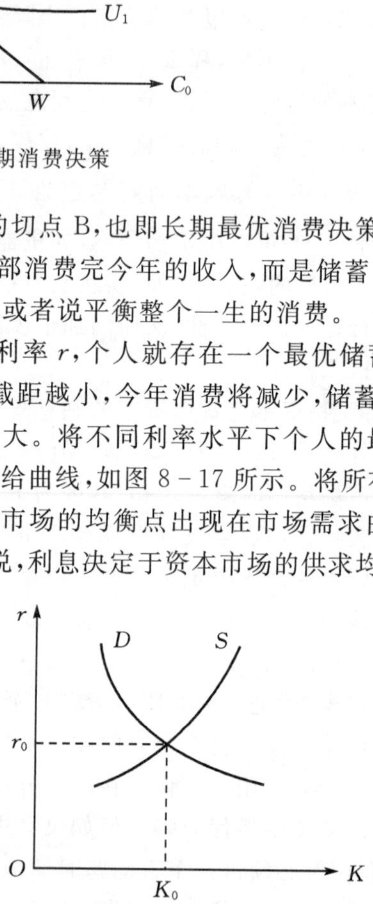

图 8-18　资本市场的均衡

3. 利润理论

西方经济学家认为，利润是在总收入扣除厂商的实际成本和隐含成本以后给予企业家的一项剩余。英国经济学家马歇尔第一个认为，企业家才能也是一种生产要素，应该得到这项剩余。由于企业家的功能是多方面的，因此关于利润的来源，有以下几种说法：

(1)利润是协调生产的报酬。企业家按照最优生产要素组合原则组织生产，才能获得最大利润。因此，组织协调工作的好坏，对利润大小有重要影响，“企业家才能”理应获得利润。

(2)承担风险的报酬。企业家的工作常常具有风险和不确定性结果，如新项目的投产、新市场的开拓等。风险活动意味着存在失败的可能，如果没有相应的补偿机制，就没有人敢冒风险。因此，利润就是一种风险报酬。

(3)利润是创新的报酬。按照熊彼特的观点，创新是企业家对生产要素的重新组合，包括新产品、新技术、新市场、新材料、新工艺或发明的开发与应用。企业家的创新活动打破了旧的经济均衡，使厂商获得了超出正常收益之上的收益，因此，这部分剩余就是企业家才能的报酬。

(4)利润是垄断收益。在不完全竞争条件下，厂商的产品具有一定垄断性，超出完全竞争条件下正常收益以上的部分，就是垄断收益或垄断利润。

以上我们分析了利润的来源。但是，利润的产生也有一个市场均衡过程。市场均衡时的利润，称为正常利润，它是厂商长期均衡时企业家所希望得到的报酬，因而可以看成是生产成本的一部分。这是因为，假定所有企业家的能力相同，要他们留在一个行业中，就必须都获得正常利润，否则，企业家将转移到其他行业去。同时，如果一个行业出现超过正常利润的利润，新厂商和企业家必然进入，直到超额利润消失为止。

本章关键词

生产要素市场　　要素均衡价格　　地租　　经济租金　　利润

案例分析

从供给侧相关因素看，主要涉及劳动力、土地、自然资源、资本、科技和制度这五项。各国经验都表明，前三项在经济体达到中等收入水平之前的过程中，比较容易表现出它的支撑力和对发展的贡献，但其后却要转向衰减。中国就是这样：低廉劳动力比较优势支持我们一路走来成为“世界工厂”；土地和自然资源开发中“无价”变“有价”、“低价”变“高价”，形成物质利益驱动的生机勃勃的超常规发展；引进外资带来技术和管理经验，引出本土原始积累过程并发展到民间资本十分雄厚的今天。

然而，进入中等收入阶段的这几年，新的问题却是民工荒、用工贵、招工难，征地、拆迁、补偿成本急剧抬高且频频引发矛盾冲突；常规投资普遍出现“边际收益递减”。为引领新常态，我们必须更多依靠后两大要素的潜力释放——科技第一生产力和制度改革带来最大红利，这就是提高全要素生产率、对冲下行因素、打造发展“升级版”的最主要的正能量来源。

问题导向下，亟须在改革中解除供给抑制、放松供给约束，包括调整人口政策优化劳动力供给，积极推进土地制度改革，深化金融改革使间接、直接融资产品多样化而服务实体经济升级换代，设计实施教育、科技改革，破解“钱学森之问”，依科学研究的规律释放科研创新的潜力，配套地实质性推进改革减轻企业综合成本，激发微观主体活力，主要依靠优胜劣汰的市场机制淘汰落后产能等。

（资料来源：第一财经日报，2016 年 2 月）

讨论并分析：

供给侧改革涉及生产要素市场的哪些因素？这一政策将对我国供给市场有何影响？

课后练习

一、选择题

1. 在下列各项中，不属于生产要素的是（　　）。

A. 农民拥有的土地　　B. 企业家的才能

C. 在柜台上销售的产品——服装　　D. 煤矿工人采煤时所付出的低廉的劳动

2. 如果厂商处于完全竞争的产品市场中，且要素A是其唯一的可变要素，则该厂商对要素A的需求曲线由以下何者给出？（　　）

A. *VMP* 曲线　　B. *MPP* 曲线　　C. *MFC* 曲线　　D. 都不是

3. 生产要素的需求曲线之所以向右下方倾斜，是因为（　　）。

A. 要素的边际收益产量递减　　B. 要素生产的产品的边际效用递减

C. 要素参加生产的规模报酬递减　　D. 以上均不是

4. 完全竞争产品市场与不完全竞争产品市场两种条件下的生产要素的需求曲线相比（　　）。

A. 前者与后者重合　　B. 前者比后者陡峭

C. 前者比后者平坦　　D. 无法确定

5. 下列和项中，拥有 $VMP(MPL \times P)$ 曲线的生产者是（　　）。

A. 完全竞争要素市场中的厂商　　B. 完全竞争产品市场中的厂商

C. 非完全竞争产品市场中的厂商　　D. 非完全竞争要素市场中的厂商

6. 假设某球星的年薪为10万美元，但他若从事其他职业，最多只能得到3万美元，则该球星所获的经济地租为（　　）。

A. 10万美元　　B. 3万美元　　C. 7万美元　　D. 0

7. 某公司发现，如果再多雇佣一个工人，该工人的边际收益产量就会超过其雇佣的成本，在这种情况，该公司（　　）。

A. 肯定会雇佣这个工人

B. 有可能雇佣这个工人，这取决于公司的边际成本与边际收益之间的关系

C. 肯定不雇佣这个工人

D. 有可能不雇佣这个工人，这取决于公司的边际成本与边际收益之间的关系

8. 假定在完全竞争的要素市场上各种生产要素的价格、产品的价格和边际收益均等于4美元，且此时厂商得到了最大利润，则各种生产要素的边际物质产品为（　　）。

A. 2　　B. 1　　C. 4　　D. 不确定

二、简答题

1. 试述消费者的要素供给原则。

2. 如何从要素供给原则推导要素供给曲线？

三、计算题

1. 假定厂商的生产函数是 $Q=12L-L^2$，$0<L<6$，其中 L 是每天的劳动投入，Q 是每天的产出。如果产出品在竞争性市场上以10美元出售，导出并画出厂商的劳动需求曲线。当工资率为每天花30美元时，厂商将雇用多少工人？

2. 某垄断厂商只用一种生产要素 Z 来生产商品 Y，已知它在一个完全竞争的产品市场上销售

其产品 Y,价格 $P_y=10$ 元。并且知道生产函数和劳动供给函数分别为:$Y=6Z+7.75Z^2-0.2Z^3$,$W=6+25Z$。试计算:利润最大化时的 Z 值和 W 值。

3. 假设一生产厂商在产品市场和要素市场上均为完全竞争者,其生产函数为 $Q=24L^{\frac{1}{2}}K^{\frac{1}{2}}$,其中 Q 表示产品的年产量,L 表示厂商所雇佣的工人人数,K 表示厂商所运用的资本数量。并且我们假设该厂商产品的市场价为每单位 25 元,工人的工资为 1200 元,每单位资本的利息为 40 元。在短期内,资本假设为 1600 单位并且作为固定要素。试求:

(1)该厂商的劳动需求曲线(函数)。

(2)该厂商的最优工人雇佣量。

第九章 市场失灵与微观经济政策

引言

如前所述，在完全竞争的市场上，“一只看不见的手”不仅使单个商品和要素市场处于供求相等的平衡状态，而且使整个市场处于均衡状态，即达到了资源的最优配置状态即帕累托最优状态。但市场机制并不能自动实现资源的最优配置，由于信息不完全、外部性、公共物品的生产以及垄断的存在，都会导致市场失灵；市场失灵是指存在一些因素使市场不能有效地配置资源，出现了资源配置的低效率，从而导致社会经济福利水平的下降。为了避免和减少市场失灵带来的资源浪费，更有效地配置资源，这个时候政府就可以用“看得见的手”有意识地调节市场，从而弥补市场失灵的不足。

本章将在第一节介绍何为帕累托最优状态，第二节介绍市场失灵原因及类型，第三节介绍政府解决市场失灵的政策，最后讨论公平与效率问题。

第一节　一般均衡与帕累托最优

在实际生活中，我们知道不同产品(要素)市场之间可能互相影响，从而进一步影响到我们的消费和生产行为，以及整体的资源配置，本节将以“一般均衡”(general equilibrium)方式，重新审视消费和生产的均衡条件，而其均衡条件经济效率如何，是否满足社会福利最大化，将有待进一步了解。

一、一般均衡理论

到目前为止，我们讨论的市场基本上都是相互独立的市场，也就是说我们假定，当一个市场的价格发生变化的时候，这种变化并不会影响到其他市场的价格，这是局部均衡分析，这种分析是研究一个单独市场的变化。但是实际上，在现实生活中，市场与市场之间总是相互联系、相互影响的。比如，中国南方的一场大洪水，将使得国内的粮食价格上升，而以粮食为原料的加工工业的产品价格，就会相应地上涨，这可能带动的是一连串的价格变化。

(一)局部均衡与实例分析

只考察某一个市场的供求均衡，而把其他市场、其他主体排除在外，这种分析方法称作局部均衡分析(partial equilibrium approach)，也称个别均衡。简而言之，局部均衡分析假定一个市场中的活动独立于其他市场。这种分析方法最先是由马歇尔提出来的。局部均衡是假定在其他条件不变时，只分析单个市场、单个商品、单个要素的供求均衡与价格决定关系的理论，前面所有的分析都属于这种局部均衡的分析。实际上,一种商品的供求不仅受自身价格的影响,也受其他有关商品价格的影响。因此,局部均衡分析只不过是一种简化的分析方法而已,但有时在很多情况下并不影响分析的结论,特别是当商品的收支占经济主体总收支的比例很小,或者商品价值占全部总价值的比例很小时,局部均衡分析不失其一般性,因而成为一种常用的经济分析方法。

在前面介绍市场供求理论时,已经初步分析过完全竞争条件下产品的市场均衡。下面,简单分析完全竞争条件下要素市场的个别均衡情况。在产品市场中,产品的需求方是消费者,消费者在预算约束下追求效用最大化。递减的边际效用曲线构成个别需求曲线,个别需求曲线的横向叠加构成市场需求曲线。产品的供给方是企业,企业在成本约束下追求产量最大化。递增的边际成本曲线构成个别供给曲线,个别供给曲线的横向叠加构成市场供给曲线。只要消费者的需求价格等于企业的供给价格,向下倾斜的需求曲线与向下倾斜的供给曲线必有一个均衡点:$Q_d=Q_s$。均衡点决定产品的市场价格,所有消费者和企业只能根据这个既定价格确定自己的决策,如图 9-1 所示。

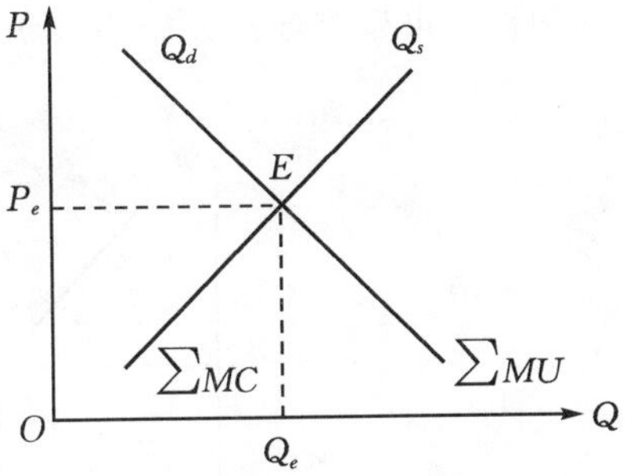

图9-1　完全竞争下产品市场的个别均衡

与产品市场相反,在完全竞争的要素市场中,要素的需求方是企业,要素的供给方是要素所有者,如图 9-2 所示。企业在要素支出约束条件下追求利润最大化。递减的边际生产收益曲线构成个别需求曲线,个别需求曲线的横向叠加形成市场需求曲线。要素的供给方在要素价格约束条件下追求收入的最大化。递增的要素价格曲线(平均支出曲线)构成个别供给曲线,个别供给曲线的横向叠加形成市场供给曲线。因此,只要企业的需求价格等于要素供给方的供给价格,向下倾斜的需求曲线与向上倾斜的供给曲线必有一个均衡点:$L_d=L_s$。均衡点决定要素市场价格,所有企业和要素所有者只能根据这个既定价格确定自己的决策。

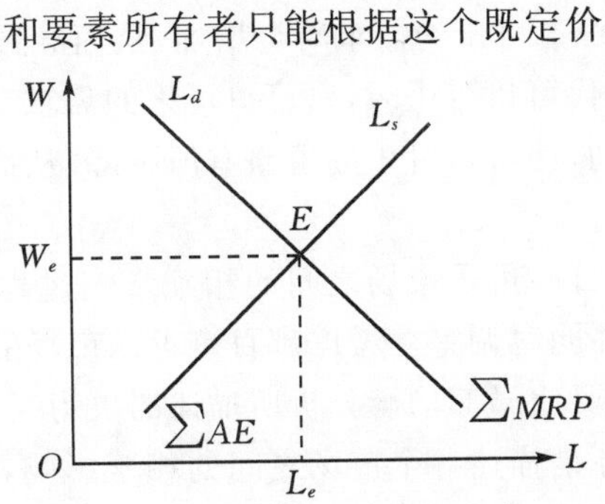

图9-2　完全竞争下要素市场的个别均衡

到目前为止，可以对以前所学的知识做个总结，它们都是局部均衡。

如 $Q_s = Q_d$ 是个别产品的均衡；$MU_X / P_X = MU_Y / P_Y$ 是个别消费者消费量中产品的均衡；$MP_X / P_X = MP_Y / P_Y$ 是个别厂商使用两种要素的均衡；$P = MC(\pi \leqslant 0, AVC \leqslant P$ 或 $0 \leqslant \pi)$；$P = SMC = LMC = SAC = LAC(\pi = 0)$ 是完全竞争市场中个别厂商的短期均衡和长期均衡等。

（二）一般均衡与实例分析

在有的情况下，个别均衡分析确实并不影响分析的结论，特别是当产品的收支占经济主体总收支的比例很小，或者产品价值占全部总价值的比例很小时，个别均衡分析不失其一般性。但是，事实上，社会经济是由众多人和多个市场组成的。这些市场是相互联系着的。当一个市场上的情况发生变化时，与之相关的其他市场会同时做出调整。因此，要全面理解市场经济的运行，必须把多个市场同时考虑进去，要分析所有市场的同时调整，并强调各个市场之间的相互影响。这样的分析被称为一般均衡分析（general equilibrium analysis）。它的创始人是瑞士经济学家瓦尔拉斯（Leon Walras）。

下面通过一个例子来详细说明一个经济中的不同市场之间的相互影响。如图 9 - 3 所示，假设一个经济中的可口可乐市场和百事可乐市场都处于均衡状态。然后，设想可口可乐的供给因为某种原因减少了。

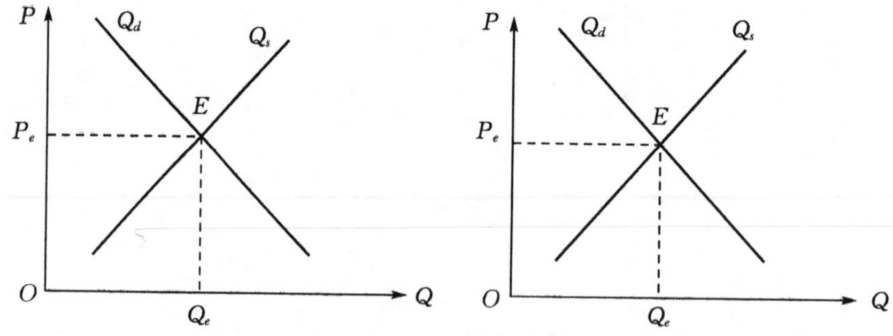

（a）可口可乐市场　　（b）可口可乐市场

图 9 - 3　初始状态

在局部均衡分析中，如图 9 - 4（a）所示，可口可乐供给线向左上平移，在假定百事可乐的价格不变的情况下，可口可乐市场的均衡状态从 E 移动到 F，而且可口可乐的价格有一定幅度的上升。然而事实上，面对可口可乐较高的价格，消费者将会用百事可乐替代可口可乐，如图 9 - 4（b）的所示，消费者对百事可乐的需求将会增加，从而导致百事可乐的价格上升。与此同时，当消费者用百事可乐替代可口可乐时，对可口可乐的需求减少了，如图 9 - 4（a）所示，对可口可乐的需求线向左下移动，使可口可乐的价格有所下降，从而减轻了可口可乐价格上升的幅度。

现实中，可口可乐市场和百事可乐市场之间的相互影响过程是十分复杂的。这里要强调的是二者之间的确相互影响并同时调整。考虑到百事可乐市场的存在及其与可口可乐市场的联系，可口可乐市场上的调整要比局部均衡分析所描述的更为复杂。

一般均衡分析的主要任务是描述各个市场之间的相互影响，以及各个市场同时达到均衡状态即一般均衡状态的条件，并证明一般均衡状态的存在性。

一个一般均衡状态是一组价格和数量，在这组价格下，各个市场同时达到了均衡，即供求

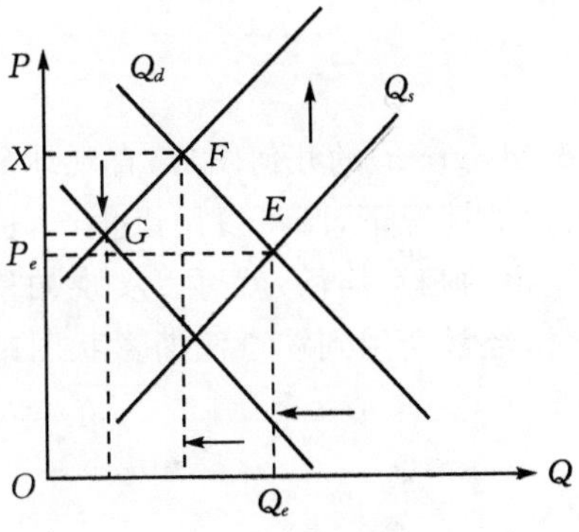

(a)可口可乐市场

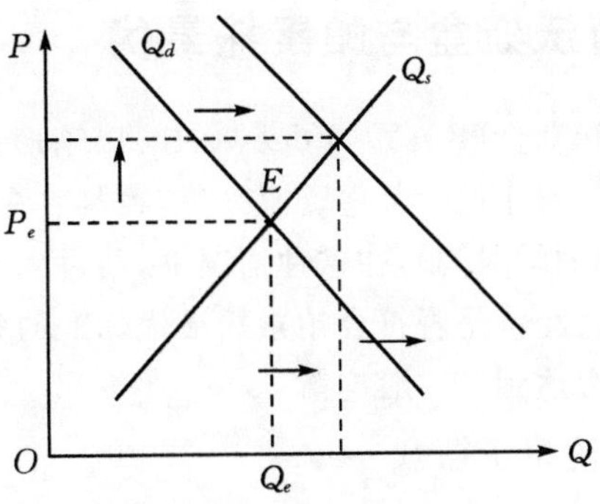

(b)可口可乐市场

图 9-4 两个市场的同时调整

平衡。由于各个市场上的需求和供给的背后是市场参与者作出各自的最优选择,因此,也可以说,一般均衡状态意味着各个市场参与者的最优选择是相容的、和谐的,或者说全部参与者的预期都得到了实现。现实中的经济由多个人、多种物品和多种生产要素组成。为了简单起见,在下面的分析中,假设一个经济中只有两个人,分别记作 A 和 B;两种产品,分别记作 X 和 Y,其数量分别记作 x 和 y;两种生产要素,分别记作 L 和 K,其数量分别记作 l 和 k。

阅读材料

在世界大豆市场上巴西是与美国竞争的,因此巴西对其国内大豆市场的管制会显著地影响到美国的大豆市场,而反过来又会对巴西市场产生反馈效应。当巴西采取旨在提高其短期国内供给和长期大豆出口的管制政策时,导致预料不到的结果。

在 20 世纪 60 年代末和 70 年代初,巴西政府限制大豆的出口,导致巴西大豆的价格下降。它希望巴西大豆价格的下降会鼓励国内大豆的销售,并刺激对大豆产品的国内需求。最终出口控制将会取消,巴西的出口也会上升。这一预期是建立在对巴西大豆市场的局部均衡分析上的。事实上,巴西出口的减少使美国的出口增加,并使美国的大豆价格上升,生产扩大。这使得巴西在取消控制之后反而更难以出口大豆了。

巴西的大豆出口管制计划实施以后,在 1977 年,巴西大豆的出口比没有政府干预情况下可能出口的要低 73%。而美国在 1973—1978 年间的大豆出口则比巴西不管制情况下要高 30%。

因而,巴西政府的大豆政策是错误的,它没有考虑到国际市场的相互依赖性,并从长期来看使巴西受损。决策者没有想到这一政策对美国大豆生产和出口的确产生了积极的影响,而对本国的大豆市场起到了长期的抑制作用。大豆市场的世界性竞争使得巴西和美国的出口市场高度地相互影响。作为这些市场一般均衡性质的结果,旨在刺激巴西市场的管制长期来看是反生产性的。有政府管制时巴西大豆的实际出口比没有管制时可能出口的少(而美国的出口则较多)。

(资料来源:R·S·平狄克、D·L·鲁宾费尔德,微观经济学,2007 年)

二、埃奇沃斯盒与帕累托最优

埃奇沃斯盒(F·Y·Edgeworth)以箱形盒(box diagram)的几何图形,直观地分析了一般均衡问题。对于社会某些资源来讲,在具有多种用途的情况下,既可以用以生产,也可以用以消费(例如闲暇时间),在这种情况下,通过生产与交换的相互均衡,就可以实现帕累托最优状态。在确定经济是否符合帕累托最优标准的条件时,经常会用到埃奇沃斯盒状图来分析生产和交换是否达到了一般均衡。

(一)埃奇沃斯盒

埃奇沃斯盒状图(Edgeworth box)是指方形盒的长和高分别代表两个消费者(或生产者)所拥有的两种商品(或生产要素)的总量,盒状图中各点表示两种商品(或要素)的总供给量在两个消费者(生产者)之间的配置状态。埃奇沃斯盒状图揭示了当所有消费的总量或经济活动中使用的投入品总量固定时,如何配置资源、考察生产的效率。与对消费者的边际替代率相类似,在证明生产中帕累托有效投入品的生产效率的论点时,也可以用定义两种投入品之间的边际技术替代率给出。边际技术替代率是指,为保持一定的产量水平,一种投入品能够被另一种投入品替换的单位数量。这样,用"埃奇沃斯的无差异曲线"的性质,人们可以作出一条描述当产量不变时一种投入被另一种投入替代的弯向圆点的曲线。

这条由后来的经济学家发明的曲线,叫做等产量曲线,它的斜率是边际技术替代率。给定的投入品供给,实现资源分配帕累托效率所必须的条件是,任何一组投入品之间的边际技术替代率,对于它们所有用于生产的用随机方式选择的所有产品都必须相等。如果这个条件未满足,那么重新配置投入品将可能在不减少任何单一产品产量的情况下使总产量增大。生产分析与交换分析的唯一区别是,衡量的是投入而不是产出,并且集中在两种产出上而不是两个消费者上。

图 9-5 所示为:A 最初有 20 个 X 和 60 个 Y,B 最初有 70 个 X 和 20 个 Y。如果 A 和 B 不进行物品交换,各自消费自己原来有的东西,那么,如图 9-5(a)所示,A 的初始消费组合是 $E_A(20,60)$,效用是 U_A,如图 9-5(b)所示,B 的初始消费组合是 $E_B(70,20)$,效用是 U_B。

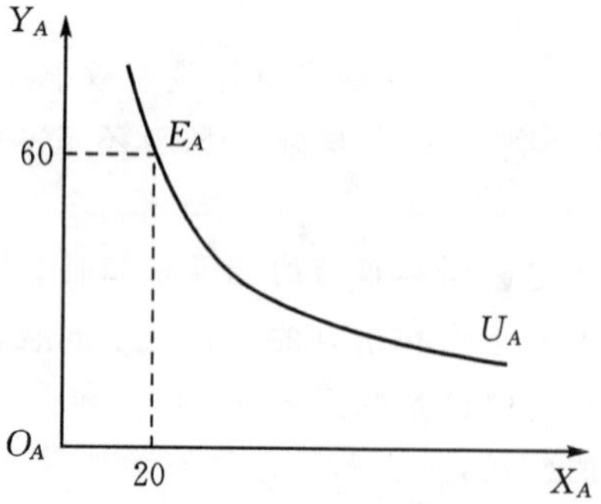

(a)A 的初始状态

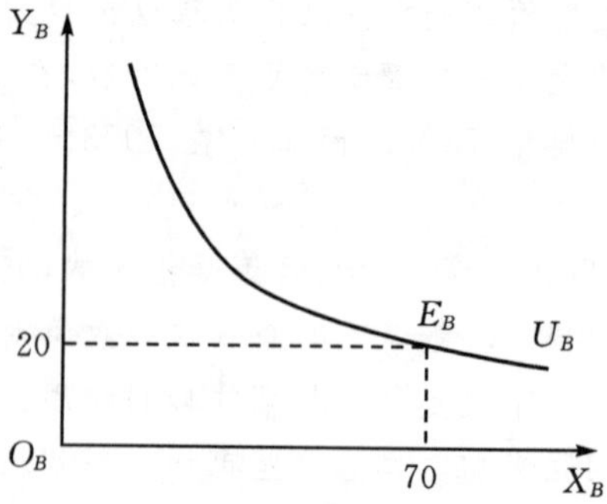

(b)B 的初始状态

图 9-5　A 和 B 各自的初始状态

以合并图的方式把描述 A 的选择的坐标图和描述 B 的坐标图巧妙地拼合起来所得到的

图形被称为埃奇沃斯盒子,如图 9-6 所示。盒子的横向长度是这个经济中现有的 X 的数量,等于 A 最初拥有的 X 的数量 20 加上 B 最初拥有的 X 的数量 70。盒子的纵向高度是这个经济中现有的 Y 的数量,等于 A 最初拥有的 Y 的数量 60 加上 B 最初拥有的 Y 的数量 20。图中点 E 既代表 A 的初始状态,也代表 B 的初始状态。

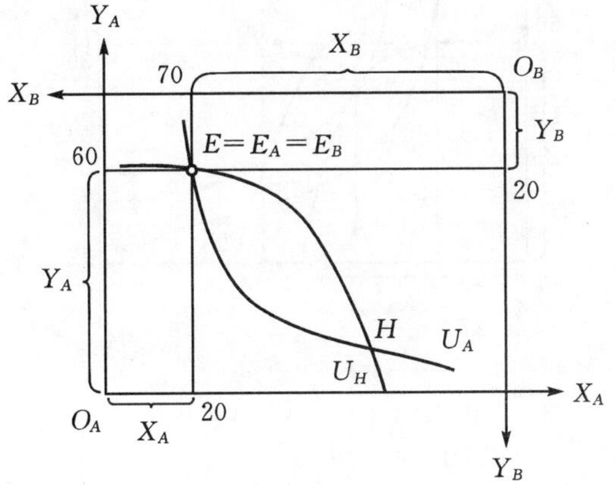

图 9-6 埃奇沃斯盒子和初始资源配置

盒子中的每个点代表既定数量的 X 和 Y 在两个人之间的一个资源配置状态。E 代表这个经济中现有数量的 X 和 Y 在 A 和 B 之间的初始配置。从盒子中的一个点移动到另一个点,意味着既定数量的 X 和 Y 在两个人之间的重新配置。比如,从 E 移动到 H,意味着 A 的 X 数量从 20 个增加到 60 个,B 的 X 数量从 70 个减少到 30 个,A 的 X 数量的增加总是等于 B 的 X 数量减少;同时,A 的 Y 数量从 60 个减少到 50 个,B 的 Y 数量从 20 个增加到 30 个,A 的 Y 数量的减少总是等于 B 的 Y 数量的增加。

现在引入表示消费者效用水平的无差异曲线。点 E 是消费者 A 无差异曲线 U_A 和消费者 B 无差异曲线 U_B 的一个交点。在这个交点 E 上,U_A 的斜率的绝对值大于 U_B 的斜率的绝对值,即:

$$(MU_{XA} / P_{XA})=(MU_{YA} / P_{YA})>(MU_{XB} / P_{XB})=(MU_{YB} / P_{YB}) \tag{9.1}$$

根据前述效用最大化的均衡条件,只要消费者 A 增加产品 X 的消费量,减少 Y 的消费量,相应的,消费者 B 减少产品 X 的消费量,增加 Y 的消费量,或者说,消费者 A 以 X 向消费者 B 交换 Y,两者效用水平都会得到提高。例如,当消费者 A 的无差异曲线 U_{A1} 与消费者 B 的无差异曲线 U_{B1} 切于点 E_1 时:

$$(MU_{XA} / P_{XA})=(MU_{YA} / P_{YA})=(MU_{XB} / P_{XB})=(MU_{YB} / P_{YB}) \tag{9.2}$$

可见,式(9.2)已经满足前述效用最大化的条件。图 9-7 表明,消费者 A 的效用水平从 U_A 提高到 U_{A1},消费者 B 的效用水平从 U_B 提高到 U_{B1} 的水平。因此,当消费者 A、B 对产品 X、Y 的分配,通过交换从两者无差异曲线的交点 E 点移动到切点 E_1 时,已达到最优组合,而且二者无差异曲线的所有切点都表明达到最优组合。

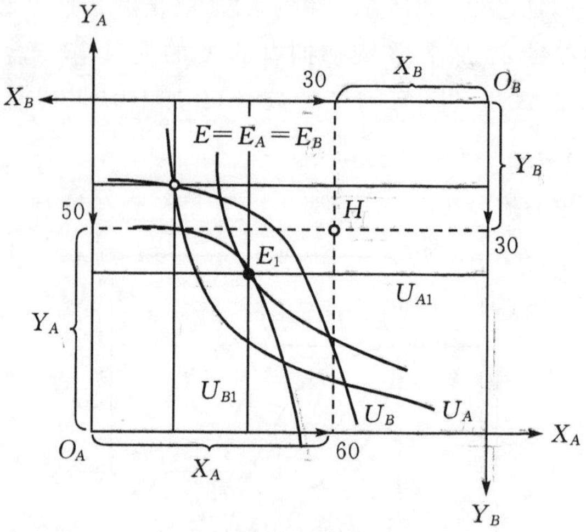

图 9-7 不同资源配置状态

(二)帕累托最优

帕累托最优配置又称帕累托最优状态，是指不存在任何变动，可以在不影响他人的条件下使得某些人的境况得到改善的状态。换句话说，当经济处于帕累托最优状态时，任何的变动都至少不使得一个人的境况受到伤害。一般来说，达到帕累托最优时，必须同时满足以下三个条件:交换的帕累托最优、生产的帕累托最优和生产交换的帕累托最优。

1. 交换的帕累托最优

假定一个社会的最终产品已经生产出来，并进行了某种初始分配，帕累托最优要求这些产品在消费者之间的分配，通过交换满足下述条件:任何两个消费者对任意两种产品的边际替代率都相等。

$$MRS_{XY}^{i}=MRS_{XY}^{j}=\cdots=P_X/P_Y \tag{9.3}$$

式中:MRS_{XY}^{i}表示消费者 i 消费产品 X 与 Y 的边际替代率;P_X/P_Y表示产品 X 与 Y 的价格之比，是一个与消费者无关的常数。

为简单起见，假定经济中有 A 和 B 两个消费者，消费两种商品 X 和 Y，而 A、B 对产品 X、Y 的边际替代率不相等。例如，对消费者 A 来说，$MRS_{XY}^{A}=1$，两种产品的边际效用相等。对消费者 B 来说，$MRS_{XY}^{B}=2$，表示一个单位 X 的边际效用等于两个单位的 Y。因此，如果 A 以一个 X 交换 B 的一个 Y，B 的境况得到改善，增加一个单位 Y 的效用，而 A 的境况并没有变坏。如果 B 以 1.5 个 Y 交换 A 的一个 X，则双方境况得到改善，都增加 0.5 个单位 Y 的效用。这表明，只要任何产品的 MRS 对任何消费者不相等，就意味着尚未达到帕累托最优状态，从而存在着继续交换的可能。只有所有消费者对任何产品的边际替代率彼此相等时，才没有任何人能通过继续交换使自己的境况变好而不使其他人的变坏。交换条件通常是用埃奇沃斯盒状图来分析，如图 9-8 所示。

盒中任何一点表示 X、Y 在消费者 A、B 之间的一种特定分配，U_{A1}、U_{A2} 等表示消费者 A 不断提高的等效用曲线，U_{B1}、U_{B2} 等表示消费者 B 不断提高的等效用曲线。在这些等效用曲线的公切点 E、G 等点上，X、Y 的边际替代率相等。A、B 所有等效用曲线公切点的连线，就形成

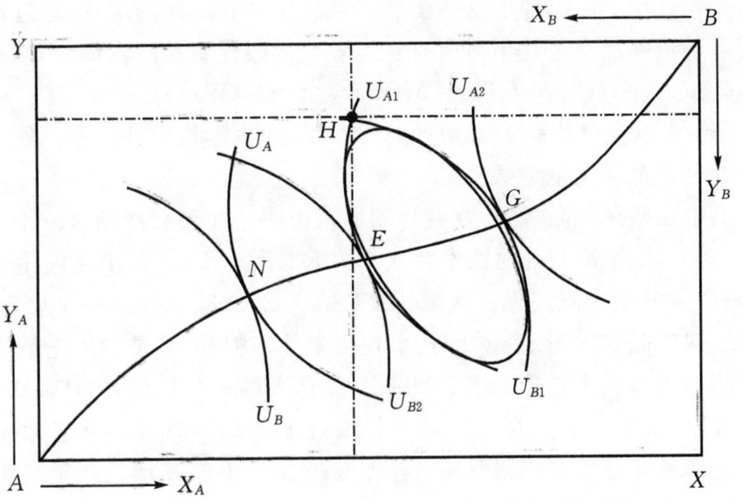

图 9-8 交换契约线

了交换契约曲线，曲线上的每一点都是帕累托最优状态，A、B 对 X、Y 的边际替代率相等。如果某种交换状态不落在交换契约曲线 AEGB 上，则不属于帕累托最优状态。如点 H，如果通过产品 X、Y 的交换，点 H 移动到点 E，则 A 效用不变，B 效用从 U_{B1} 增加到 U_{B2}，如果点 H 移动到点 G，B 效用不变，A 效用从 U_{A1} 增加到 U_{A2}。

在交换契约曲线上的每一个最优产品组合，都有一个相应的效用水平。这些效用水平的轨迹，就形成效用边界曲线或福利边界曲线。

思考题

假设 A 有 6 瓶啤酒，没有鱼，B 有 4 条鱼，没有啤酒。商店关门，A 决定用啤酒换鱼，如图 9-9 所示。

1. A 用 3 瓶啤酒换 1 条鱼是否使自己的状况变好？为什么？

2. A 如果用 2 瓶啤酒换 1.5 条鱼状况是否变好？为什么？

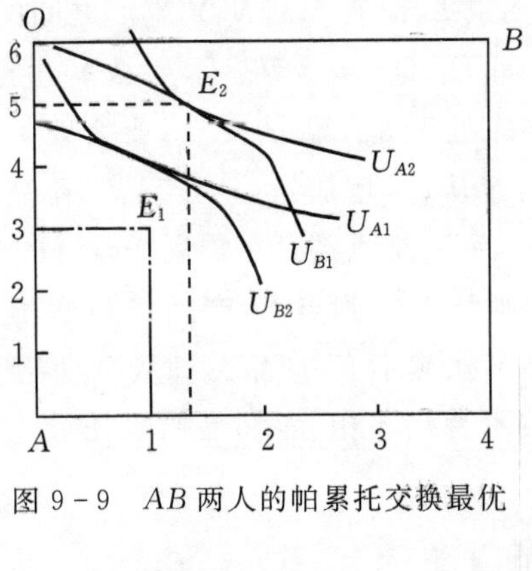

图 9-9 AB 两人的帕累托交换最优

2. 生产的帕累托最优

帕累托最优状态的生产条件与交换条件相似。假定一个社会拥有一定生产要素，并存在某种初始分配,帕累托最优状态要求这些生产要素在生产者之间的配置,通过调整满足下述条件:任何两种要素的边际技术替代率对所有生产者或者两种商品而言都相等。即:

$$MRTS_{LK}^{X} = MRTS_{LK}^{Y} = \cdots = (W/r) \tag{9.4}$$

式中:$MRTS_{LK}^{X}$表示生产产品X的两种要素L、K的边际技术替代率;(W/r)表示要素L、K的价格之比,是与产品无关的常数。

为简单起见,也以两种产品、两种要素为例加以说明。如果有产品X、Y的生产者,都需要投入要素L、K。生产产品X的边际技术替代率$MRTS_{LK}^{X}=1$,即L、K的边际产量相等,可以等量替代。生产产品Y的边际技术替代率$MRTS_{LK}^{Y}=2$,即减少投入一个要素L需要增加两个要素K。显然,对产品X、Y来说,边际技术替代率并不相等,不是帕累托最优状态。如果进行调整,产品X生产者以一个单位L替换产品Y生产者的一个单位K,产品X的产量不变,产品Y的产量却增加了,这表明还存在着帕累托改进的余地。只有所有边际技术替代率相等时,才没有任何生产者能通过继续调整使自己产量增加而不使其他人产量减少。帕累托最优的生产条件同样也可以用埃奇沃斯盒状图来描述,如图9-10所示。

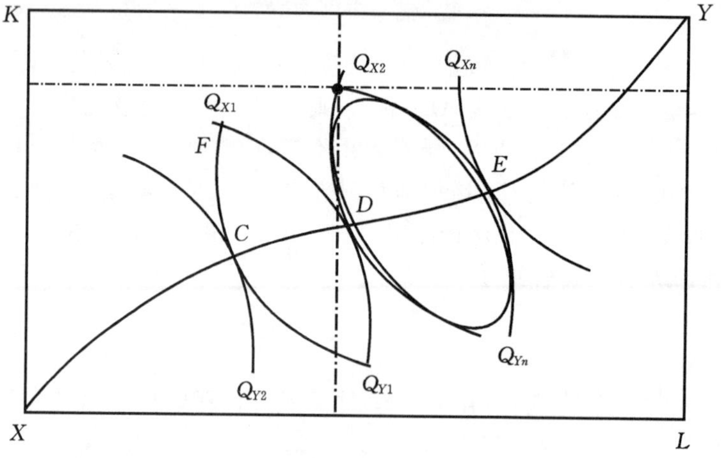

图9-10　生产契约线

盒中任何一点,表示生产要素L、K在产品X、Y生产之间的一种特定分配。Q_{X1}、Q_{X2}表示产品X生产者不断提高的等产量线,Q_{Y1}、Q_{Y2}等表示产品Y生产者不断提高的等产量线。从理论上说,盒内的任何一点,要么处于Q_X、Q_Y的交点,要么处于Q_X、Q_Y的切点。若处于交点,如点F,则从点F到点D,产品X从Q_{X1}增加到Q_{X2},产品Y不变;从点F到点C,产品Y从Q_{Y1}增加到Q_{Y2},产品X不变。可见,所有交点都存在帕累托改进的余地,都不是帕累托最优状态。而在Q_X、Q_Y的公切点,如点C,则从点C到点F,产品X虽然不变,产品Y却从Q_{Y2}降到Q_{Y1}。又如点D,从点D到点F,产品Y虽然不变,产品X却从Q_{X2}降到Q_{X1}。在这些等产量线的公切点C、D…,要素L、K的边际技术替代率相等,都是帕累托最优状态。这些公切点的集合,形成生产契约线$XCDY$。

3. 生产交换的帕累托最优

生产交换的帕累托最优是指生产者和消费者之间的帕累托最优。符合交换的最优条件,只是说明消费最有效率;符合生产的最优条件,只是说明生产最有效率。但是,交换和生产分别达到最优，并不能说明整个资源配置也达到最优。帕累托最优的第三个条件是将交换与生产联系起来，达到生产交换的帕累托最优。生产交换的帕累托最优条件是：产品的边际转换率等于消费者对这两种商品的边际替代率。

图 9-10 的生产契约线表示产品 X、Y 生产者对要素 L、K 的最优组合。例如，C、D、E 是效率曲线上的 3 个点，C 代表 $X=30$ 和 $Y=100$ 的组合，D 代表 $X=40$ 和 $Y=50$ 的组合，E 代表 $X=80$ 和 $Y=20$ 的组合，根据这些数据就可以在 XY 平面上得到如图 9-11 中所示的生产可能性曲线 PP'。

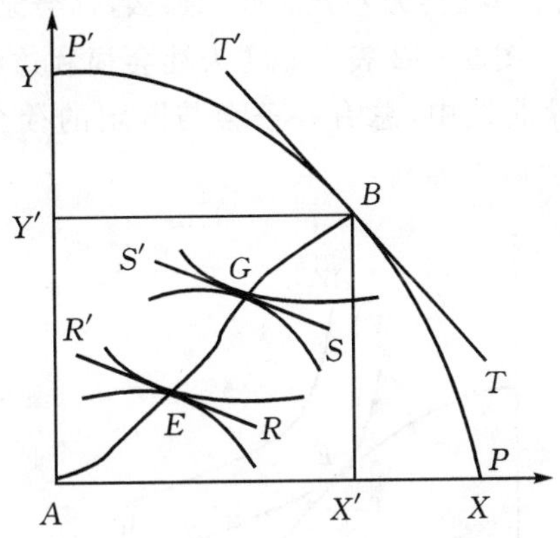

图 9-11　生产可能性曲线与边际转换率

前面图 9-8 的交换契约线表示消费者 A、B 对产品 X、Y 的最优组合。沿着生产可能性曲线(边界)下降，表示 X 的产量增加而 Y 的产量减少。X 的产量增加 1 单位所必须放弃的 Y 的产量数叫做边际转换率。

设产出 X 的变动量为 ΔX，产出 Y 的变动量为 ΔY，则它们比率的绝对值 $\Delta X/\Delta Y$ 的极限值定义为 X 商品对 Y 商品的边际转化率。即边际转换率就是生产可能性曲线上任一点切线的斜率。它表示在技术不变、资源充分利用前提下，增加 1 单位 X 产品必须放弃几单位的 Y 产品，即：

$$MRT_{XY}=\frac{\Delta Y}{\Delta X}$$

当 $\Delta\to 0$ 时：

$$MRT_{XY}=\frac{dY}{dX} \tag{9.5}$$

如果将埃奇沃斯盒搬进图 9-11，可以看到：尽管从交换条件来看，交换契约曲线上任何一点都是帕累托最优，但只有 A、B 等效用线公切点切线的斜率与生产可能性曲线某点 MRT(边际转换率)相等时，才符合生产交换的最优条件。在图 9-11 中，如果 MRT 不等于 MRS，就可以多生产一些产品而少生产另一些产品，从而社会成员的福利得到完善。例如，所有成员对产品 X、Y 的边际替代率等于 1，即 $MRS_{XY}^{i}=MRS_{XY}^{j}=\cdots=1$，产品 X、Y 的边际转换率 $MRT_{XY}=2$，那么就可以多生产 X，少生产 Y，将一个 X 转换成两个 Y，从而增加社会成员的福利。

假定在生产契约曲线上选定最优投入组合 G，其最优产量 X'、Y' 的组合为生产可能性曲

线上的点 B。在点 E,A 与 B 等效用线公切点切线 RR' 的斜率绝对值,大于生产可能性曲线点 B 切线的 TT' 的斜率绝对值,即 $|MRS_{XY}|>|MRT_{XY}|$,就表示存在帕累托改进的余地。而在点 G,A 与 B 等效用线公切点切线 SS' 的斜率绝对值,正好等于生产可能性曲线在点 B 切线 TT' 的斜率绝对值,即 $|MRS_{XY}|=|MRT_{XY}|$,符合生产交换的最优条件。即:

$$MRS^i_{XY}=MRS^j_{XY}=MRT_{XY} \tag{9.6}$$

从理论上说,在生产可能性曲线上符合生产交换条件的帕累托最优状态有无穷多个,究竟应该选择哪一个呢?有人提出由个人效用水平汇合而成的社会福利函数,并假定它与个人的无差异曲线一样凸向原点,称之为社会无差异曲线。那么,社会无差异曲线与福利边界曲线的切点,就决定社会的最大福利。图 9-12 表示 UU 为社会福利边界,WW 为社会无差异曲线。在不同效用水平的社会无差异曲线中,总有一条会与既定的社会福利边界相切,如 WW_1 与 UU 切于点 E,点 E 代表了社会最大福利。

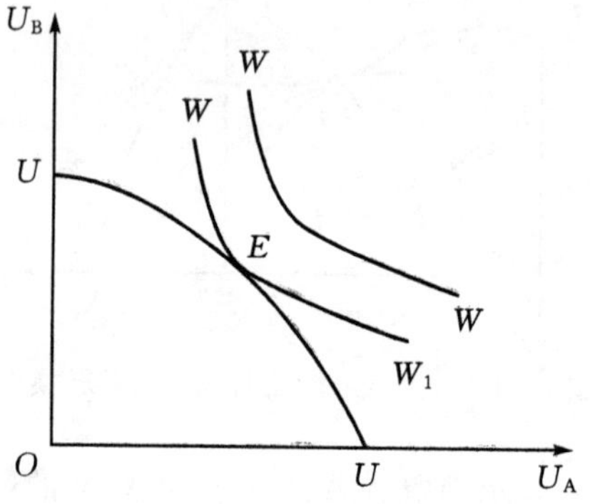

图 9-12　最大社会福利

如图 9-12 所示,当消费者和生产者达到了一般均衡时,式(9.6)可以写成:

$$MRS^i_{XY}=MRS^j_{XY}= MRS_{XY}= P_X / P_Y \tag{9.7}$$

思考题

由 A、B 两人及 X、Y 两种产品构成的经济中,A、B 的效用函数分别为 $U_A=XY$,$U_B=40(X+Y)$,X、Y 的存量为(120,120),该经济的社会福利函数为 $W=U_AU_B$。

求:(1)该经济的效用边界;

(2)社会福利最大化时的资源配置。

三、一般均衡与帕累托均衡的区别与联系

1. 一般均衡

一般均衡是相对于局部均衡而言。所谓局部均衡是指仅仅是某一种产品、一个厂商或一个消费者实现了均衡,达到了最佳化。一般均衡是指在完全竞争条件下市场能找到一组价格体系使所有的消费者和所有的生产者同时达到最佳化或所有的要素供求和产品供求均相等,经济就处于一种均衡状态,显然,当经济处于一般均衡状态时,资源便实现了最优配置或得到了最有效的利用。

一般均衡只有在完全竞争的市场经济中才有可能实现。因为从理论上说，只有在完全竞争的市场中，才有可能存在着一个使所有产品和生产要素的供求都同时相等的价格体系，而只有借助于这套竞争的价格体系，经济的一般均衡才有可能实现。虽然是瓦尔拉斯最先意识到一般均衡的，但他有关一般均衡的数学证明是错误的。后来的经济学家用高深的集合论、拓扑学等现代数学方法和严格而苛刻的假设(如任何厂商都不存在规模报酬递增，每一种厂商至少使用一种原始的生产要素等)证明出一般均衡解。这里省略掉复杂的数学证明，就看它对人们的启发意义，在于各种市场是互相作用互相影响的。国际市场和国内市场相互影响，经过长期的相互作用会达到一种动态均衡。这对长期决策有启发意义。

2. 帕累托最优(帕累托均衡或帕累托效率)

在讨论帕累托最优之前先明确帕累托改进和帕累托标准这两个概念。

(1)帕累托改进。如果对于一个既定的资源配置进行改变，其结果将会使至少一个人的情况变得更好，并且没有任何一个人的情况变得更差，称为帕累托改进。

(2)帕累托标准。如果有两种资源配置方案 A 和 B，至少有 1 人认为 A 优于 B 而没有人认为 A 劣于 B，则从社会的观点看 A 优于 B，A 就是帕累托最优状态标准。

帕累托最优是指在一个经济社会中，既定的资源配置状态下，所有的帕累托改进均不存在，任一改变都不能使至少有一个人的状况变好而又不使任何人的状况变坏，这种状态就是帕累托最优状态。帕累托最优状态也可以理解为是这样一种状态——谁要想使自己的境况变好就得使其他人的境况变坏(因为这时已经不存在任何帕累托改进了)。还可以理解为在帕累托最优状态，消费者无法通过互利的自由商品交换来改进自己的消费配置，原因是如果某消费者认为是对自己有利的交换结果就有另一个消费者认为是对自己有损失的。

在一个经济社会中，如果任何资源的重新配置都不可能使任何人的福利有所增加，也不可能使任何人的福利减少，即社会实现了资源的最优配置。这一资源最优配置的标准被称为帕累托标准，资源最优配置的状态被称为帕累托最优状态。这是帕累托最优状态的另一种定义。

3. 一般均衡与帕累托均衡二者的关系

关于两者的关系目前有以下三种说法。

(1)第一种说法是福利经济学第一、第二定理。

第一定理：一般均衡都是帕累托最优的，而帕累托最优一定是达到了一般均衡，而实现了一般均衡不一定是帕累托最优(如存在外部效应——消费者不是为自己着想而是为他人着想)。在下一节市场失灵将会研究外部效应。

第二定理：只要偏好呈凸状(替代率递减)帕累托最优一定是一般均衡。

可见福利经济学的第一、二定理认为帕累托最优条件是严格于一般均衡的，即一般均衡是帕累托最优的必要条件。

(2)第二种说法恰恰与第一种说法相反。

第二种说法认为达到一般均衡的条件严格于帕累托最优。帕累托最优是一般均衡的必要条件，不是充分条件。实现了一般均衡必然实现了帕累托最优，而实现了帕累托最优未必实现一般均衡。

在完全竞争中，消费者之间实现的帕累最优的交换结果对应的消费配置，是所有消费者依据个人对商品的主观评价都相等的最终消费点。这说明通过自由竞争的交换互动，消费者所达成的最终交换结果把消费者个人主观商品价值社会化为一个社会共同的商品价值。该共同的社会商品价值成为不依消费意愿而改变的一个客观价值。用这个客观价值衡量每位消费者交换前后的最终消费配置的价值,有的消费者可能会发现交换后的价值大于交换前的价值;不仅使其消费效用得到改进,而且财富也得到增加;而对于另一部分消费者会发现,他们交换后的商品价值小于交换前的商品价值,只是消费效用有所改进,但财富却受到损失。即感觉在交换过程中贵买贱卖了商品,受到无端的剥夺。如果经济中每位消费者交换前的商品价值与交换后的商品价值相等,那么最终交换结果对应的最终消费配置是一个一般均衡的配置。这说明在经济的所有最终交换结果中,一般均衡的交换结果是最优的,它使得每位消费者感到通过商品交换使自己的消费效用得到改进,却没有财富损益,即商品交易是公平的[①]。一般把$MRS^i_{XY}=MRS^j_{XY}=MRT_{XY}$叫做帕累托均衡;$MRS^i_{XY}=MRS^j_{XY}=MRT_{XY}=P_X/P_Y$叫做一般均衡。故而,一般均衡的条件更加严格,优于帕累托均衡。

(3)第三种说法是说一般均衡就是帕累托均衡,帕累托均衡就是一般均衡。二者具有一致性。

第二节　市场失灵类型

市场失灵是指市场机制本身在某些场合下不能导致资源有效配置的情况,即市场无效率的一种状况,也即是达不到帕累托最优的一种状况。市场失灵一般主要由四种因素导致,即垄断、外部性经济、公共物品和信息不对称。

一、垄断引起的市场失灵

我们知道,通过完全竞争市场,资源得到最有效配置,消费者和生产者的利益得到合理分配,社会经济福利达到最大。从前几章的学习中我们也认识到要想使社会经济福利达到最大,就必须使生产边际成本等于市场价格。但是,与完全竞争市场相反,由于垄断厂商具有足够的市场势力影响价格,他是价格的制定者而不是价格的接受者,垄断厂商会向消费者收取高于边际成本的价格。

从消费者的角度来看,这种高价格只能使他们消费更少的商品,消费者利益受到损失,福利减少;但从垄断厂商角度来看,这种高价格使他们得到了超额利润,生产者福利增加。那么,从社会总福利来看,这种垄断高价格究竟使社会总福利增加了还是减少了呢?

衡量社会总福利的标准是社会总剩余。而社会总剩余等于消费者剩余加上生产者剩余,图 9-13 显示了垄断厂商的生产特征。

从图 9-13 中可以看出:垄断厂商会在边际收益等于边际成本的时候停止生产,即 $MC=MR$ 时的 E 点。这时根据需求曲线确定了商品价格 P_1,需求曲线 D 反映商品对消费者的价值,用他们对商品的支付价格来衡量,而边际成本曲线反映的是垄断厂商的成本。那么,我们根据价格等于边际成本时达到最优化来看,可以在需求曲线 D 与边际成本曲线 MC 相交之处找到社会最有效率的产量,即此时社会总剩余达到最大,即图 9-13 中的 C 点,此时厂商的产

① 参见李绍荣,帕累托最优与一般均衡最优之差异,经济学,2012 年。

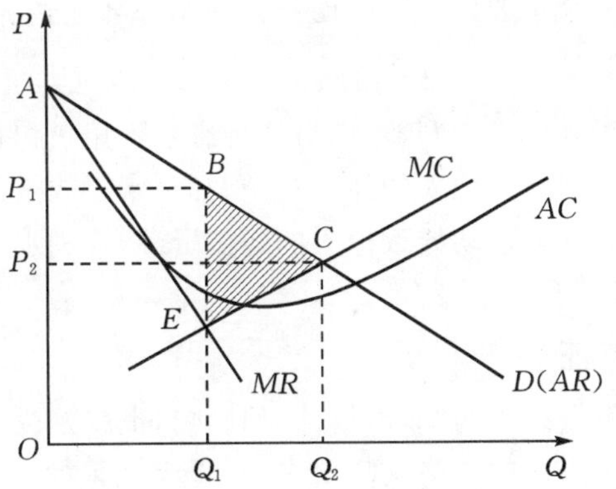

图 9-13 垄断厂商的生产

量为 Q_2，它大于垄断厂商的产量 Q_1，从产量 Q_1 到 Q_2 的变化中我们来分析它们的总剩余变化。

在 C 点时，消费者价格为 P_2，产量为 Q_2。消费者剩余是消费者对一种物品的意愿支付价格减去他们实际为此支付的价格，即图中 CAP_2 部分，生产者剩余是生产者出售一种物品得到的量减去生产该物品的成本，即 P_2C 以下 MC 曲线以上部分，此时社会总剩余最大。

在 B 点时，消费者价格为 P_1，产量为 Q_1，消费者剩余为 BAP_1 部分，减少了 BP_1P_2C，而生产者剩余为 P_1B 以下 MC 曲线以上部分。相对于 C 点，社会总剩余减少了 BEC 部分。

那么，垄断使社会福利减少，垄断下的市场是无效率的，不能使社会利益达到最大。同时，我们还可以从消费者角度来说明垄断下的高价格的无效率。当垄断者向消费者收取高于边际成本的价格时，有一些潜在的消费者对商品愿意出的价格高于商品的成本，但低于垄断者的价格，这些消费者最终不会购买这些商品。由于这些消费者对商品愿意支付的价格高于商品的成本，使本来两方都受益的交易没有达成，因而垄断的高价格使市场无效率。

垄断还会造成一种寻租行为。在经济学中，消费者剩余和生产者剩余也被称为租金，因此，那些通过在某一行业获得垄断地位或维持垄断地位来获得租金的行为被称为寻租，它是一种非生产性的活动。由于垄断可以使厂商很容易获得较高的利润，所以，垄断厂商会想方设法地来维持这种垄断的地位。例如，他们可能会专门雇用游说者来说服法律制定者制定有利于垄断的政策，甚至贿赂政府官员等。通常，垄断厂商会将他们得到的额外垄断利润用于这种额外成本。由于存在寻租活动，垄断所引起的成本将大于前面所计算的 ABC 部分的损失。如果垄断厂商之间为寻租而竞争，那么在达到市场均衡时用于寻租的资源将等于垄断利润，最终垄断造成的损失将是很大的。

另外，垄断对社会还可能有其他方面的损害。由于垄断的高利润，可能会使垄断缺乏降低成本和技术创新的动力，从而社会生产成本较高，资源配置出现低效率。既然市场不能解决垄断问题，因此在垄断存在时，就应该由政府制定相应的政策来减少垄断所造成的福利损失。

二、外部性经济引起的市场失灵

在完全竞争市场的分析中，帕累托最优状态是在经济活动不存在外部性经济的假设前提下达到的，一旦经济活动产生外部性，经济运行的结果将不可能满足帕累托最优状态。外部性经济扭曲了价格机制，使价格体系不能传递正确信息，结果是资源不能有效配置。因此，外部性经济是导致市场失灵的一个重要原因。下面我们介绍外部性经济的定义及其特征。

(一)外部性经济的含义

当一个人的活动影响了其他人的利益,而对这种影响不用负担报酬或得不到报酬时,就产生了外部性经济。若这种活动导致他人的经济资源、福利水平或效用满足受损,那么就是外部不经济,也叫“负外部性”;若这种活动导致他人的经济资源、福利水平或效用满足提升,那么就是外部经济,也叫“正外部性”。

(二)外部性经济的特征

外部性经济的最主要特点是它的“非市场性”的影响,也就是说,这种外部性经济活动所产生的成本或利益并没有通过市场的价格反映出来,它是无意识的强加于他人并且没有为之付出相应的代价或者得到相应的报酬。外部性经济的特征主要表现在以下几个方面:

1.外部性经济独立于市场机制之外

外部性经济的影响无法用市场价格反映出来,它不属于交换关系的范畴,因而市场机制无力对产生外部性的厂商给予惩罚或奖励。比如,市场机制根本无法计算飞机的轰鸣声使周围居民遭受多少价格的损失,如果市场有能力自动地惩罚产生噪音的飞机场,补偿周围的受害者,那么,市场机制就不会出现外部性经济的缺陷了。

2.外部性经济产生于决策范围之外,具有明显的伴随性

对于排放污染物的厂商来说,他进行决策的动机是使自己的利润最大化,而并不是为了排放污染物,排污只是生产过程中的伴随现象,而不是故意制造的效应。可以说,外部性经济是伴随着生产或消费而产生的某种副作用,它是市场机制容许生产者或消费者在做出决策时可以忽视的行为结果。

3.外部性经济具有某种强制性

在很多情况下,不管人们是否愿意,外部性会强加在承受者身上。如附近飞机场的轰鸣声,并不是周围居民不愿意就可以听不到的;还有马路上汽车的废气污染并不是来往的人们不愿意就可以避免的;等等。这种强制性是不能由市场机制来解决的。

4.外部性经济很难完全消除

例如,一般来说,工业污染是不可能消除的,工厂要生产就会产生污染,所以,对于政府来说,其作用也只能是限制污染,使之达到人们能够接受的某种标准,完全消除是难以做到的。

(三)外部性经济的影响

在存在外部性经济时,社会对市场的关注扩大到超出市场中生产者与消费者的福利之外,由于生产者与消费者在决定需求或供给多少时并没有考虑他们行为的外部效应,所以,在存在外部性经济时,市场均衡并不是有效的。这就是说,均衡并没有使社会的总利益最大化。

为分析这种外部性经济的影响,我们需要了解两个概念,即私人成本和社会成本。

私人成本是指生产者个人在生产中所支付的所有投入的费用。

社会成本是指同一个经济活动中全社会需要支付所有费用,它包括从事该项活动的生产者的私人成本加上他给其他人带来影响的成本。

如果生产者给其他人带来的是负外部性经济,那么社会成本大于私人成本。排污的厂商给周围居民造成损失,它的社会成本大于厂商的私人成本;如果生产者给其他人带来正的外部

性经济，那么社会成本小于私人成本。例如，养花人不仅满足了自己的需要，还给周围邻居带来好处，养花的私人成本小于社会成本，因为邻居的收获已减少了养花的总成本。

外部性经济对资源配置效率的影响在于它使得私人成本与社会成本出现差异。当社会成本大于私人成本时，即生产产生负外部经济时，市场供给量过多，超过了帕累托最优水平，社会总福利受损；当社会成本小于私人成本，即产生正外部性时，社会最优量大于私人市场决定的数量。

总之，负外部性使市场生产的数量大于社会最优的数量，正外部性使市场生产的数量小于社会最优的数量。因此，无论生产者对其他人的影响是正外部性经济或是负外部性经济，生产者根据私人成本决策所决定的最优产量都是缺乏效率的，市场处于一种失灵的状态。

三、公共物品引起的市场失灵

除垄断与经济外部性外，引起市场失灵的另一个重要原因是公共物品的存在。公共物品是指那些同时具有非排他性和非竞争性的物品，如国防、海崖的灯塔等。我们下面介绍公共物品的含义及其性质。

（一）公共物品的含义

要想了解公共物品的含义，我们先来了解私人物品。私人物品是那些可以分割、可供不同人消费，但是一旦由某人消费就排除了其他人同时消费，而且在个人正常消费过程中不会给别人带来外部收益或成本的物品。可见，私人物品有两个明显的特征：一是排他性，二是竞争性。它可以通过市场经济的价格机制来调节其分配。

公共物品与私人物品相对应，是指那些能够同时供许多人共同使用的产品和劳务。

（二）公共物品的特征

1. 非排他性

排他性是指某个消费者在购买并得到一种商品的消费权之后，就可以把其他消费者排斥在获得该商品的利益之外，私人产品在使用上具有排他性。例如，如果你买了件衣服，你就获得了消费这件衣服的权利，其他人就不能同时消费这件衣服了。但与衣服这种物品不同，国防使我们免受外敌的侵略，很显然，我们都享受国防提供的保护，并没有因为我享受保护而使得你的保护减少。消防和路灯等也具有相同的特点，它们都是公共产品，它们的共同特点是不会因为被一个人享用后就排除了其他人的享用。

公共物品的非排他性使得通过市场交换获得公共物品的消费权的这种机制出现了失灵。对厂商而言，必须把那些不付钱的人排斥在消费商品之外，否则，他就很难弥补生产成本。对于一个消费者而言，市场上的购买行为，显示了他对于商品的偏好。由于公共物品的非排他性，公共物品一旦被生产出来，每个消费者就可以不支付而获得消费权，每个消费者都可以“搭便车”。消费者的这种行为意味着生产公共物品的厂商很有可能得不到等于生产成本的收益，从而长期来看厂商就不会提供这种物品，可见公共物品很难要求市场提供。

2. 非竞争性

竞争性是指消费者或消费数量的增加引起的商品的生产成本的增加，私人产品大多具有竞争性。例如，你多吃一个冰淇淋，生产者就必须多生产一个，而生产一个冰淇淋需要花费厂商一定数量的成本,从而减少用于生产其他商品的资源。也就是说,对其他产量的生产形成竞争。但是,公共产品都不具有消费的竞争性,如广播、电视、航标灯等,它们共同的特点是消费者人数的增加并不对生产成本产生影响。例如,增加一些人听广播、看电视并不会影响电台的发射成本;汽车通过桥梁只要不是太拥挤,则它们就是非竞争性的,因为通过一辆汽车对桥造成的折旧很小,接近于零。

公共物品的非竞争性特点说明,尽管有些公共物品的排他性可以很容易就能被发现,如在桥头设立收费站,但这样做并不一定有效率。依照有效率的条件,厂商的定价原则应该是价格等于边际成本,如果桥梁由私人部门提供,它们会索要等于边际成本的费用,既然每辆车花费厂商的边际成本接近于零,那么厂商的价格也应该等于零,结果私人不可能提供这些产品。非竞争性和非排他性是公共物品两个最基本的性质。

3. 外部性

许多公共物品都具有外部性,并且一般是正的外部性,如美丽的公园、漂亮的建筑、博物馆的建立、公路桥梁的建设等。然而,一般来说,公共物品的外部性是很难精确测量的,产生的长远利益也很难计算。比如,教育使国民素质普遍提高,但它对消费者个人和对社会生产的外部影响很难计算。

4. 生产的规模性和自然的垄断性

大部分公共物品的生产都要考虑规模经济问题。只有在规模经济条件下,公共物品的平均成本才能降到一定程度,否则就会形成浪费。例如,铁路不能修建一半,电话不能只装几部。基础设施这类公共物品的规模经济性决定了它的自然垄断性,而自然垄断性排斥了有效竞争。一般来说,这些公共部门的生产者和经营者之间不可能展开竞争,因为这将导致低效率和浪费。例如,对于电力、煤气、电话等服务部门来说,如果有更多的公司参与竞争,就一定会重复提供设备,造成浪费。

(三)公共物品的分类

公共物品可分为三类,即纯公共物品、准公共物品和公有资源。

1. 纯公共物品

纯公共物品是指既具有非竞争性又具有非排他性的物品。通常情况下,公共物品并不兼有这两种性质,如公路交通,当公路达到一定拥挤度的时候,再增加一辆车就会给其他人带来拥挤,从而导致公路交通的成本上升。这时候,公共物品(公路交通)具有排他性,因为原则上公路方面可以对使用道路的人收费,而使用者也必须支付费用才可通过。但纯公共物品无法排除一些人“不支付便消费”。例如,国防服务,因为一个人即使拒绝为国防支付,他也可以享受国防;还有外交、法律法规、灯塔、警察等。一般纯公共物品除了具有广泛的外部性外,还具有无拥挤性和选择性,通过纳税间接购买与被动消费,并且由政府提供。

2. 准公共物品

准公共物品是指那些局部具有非排他性与局部非竞争性的公共物品。在实际生活中,我们面临的大多是这类物品。比如一个图书馆,如果读者比较少时,它可以对任何人开放并且互不影响,但随着读者数量的增加,就会发生拥挤问题,对读者的影响就会产生并且会增加,于是就要采取各种限制。类似的还有上网、公园、看电影、俱乐部等。一般准公共物品除了同样具有广泛的外部性外，还具有一定程度的拥挤性、消费时部分可以分割、政府和个人都可以提供等特点。

3. 公有资源

我们通常把不具有排他性但却有竞争性的物品称为公共资源。公共资源一旦被过度地使用，就会造成严重后果。在我们的生活中，有很多这样的公有资源，如清洁的空气、水、湖泊、海洋中的鱼等，如果人类不好好利用，都会发生资源枯竭的悲剧。

(四)"搭便车"与市场失灵

正是因为公共产品具有消费的非排他性和非竞争性特征，一个人对公共产品的消费不会导致别人对该产品的减少，于是只要有公共产品存在，大家都可以消费。这样，一方面公共产品的供给固然需要成本，这种费用理应由受益者分摊；另一方面，公共产品的供给一经形成，就无法排斥不为其付费的消费者，于是不可避免地会产生如前所述的经济外部性以及由此而出现的"搭便车者"。更严重的是，既然如此，人人都希望别人来提供公共产品，而自己坐享其成，其结果便很可能是大家都不提供公共产品。而缺乏必要的公共产品，就不能满足社会经济的客观需要，会大大降低社会资源配置的效率。

关于公共物品的需求曲线，其实并没有多少实际意义，因为公共物品的需求曲线是虚拟的，是建立在许多不可能做到的假设条件之上的。第一，每个消费者通常并不知道自己对公共物品的需求价格，那就不可能说出他对公共物品价格与需求量之间的关系，因而就不能画出单个消费者的需求曲线；第二，就算消费者了解自己对公共物品的需求价格，他们也会尽力隐瞒，因为是公共物品，就算少付费或不付费，也可以享用，于是消费者就会低报或隐瞒自己对公共物品的需求价格，他们在享用公共物品时都想免费乘车。所以，我们无法准确地得出每个消费者对公共物品的需求曲线，也就无法得出社会公共物品的需求曲线，从而无法准确得出它的最优数量。

通常情况下，市场提供的公共物品的数量一般低于最优数量。因为公共物品很容易出现"搭便车"行为，每个消费者都会尽量少支付或不支付对公共物品的消费价格，从而他们支付的价格不足以弥补生产公共物品的成本，那么，公共物品就只有以低于最优数量来供给。实际上，市场的价格机制只有在物品具有竞争性和排他性的时候才能起作用，而对于公共物品，市场价格机制体现不了它的优势，因而出现失灵。

四、信息不对称引起的市场失灵

信息不对称也叫不完全信息，是指在商品交易的活动中，买方和卖方对他们面临选择的商品的了解程度不一样。有时候买方了解得多一些，卖方了解得少一些，如医疗保险市场，医疗保险的购买者肯定比保险公司更加了解自己的健康情况；有时候卖方了解得多一些，买方了解得少一些，如汽车的卖方一般比买方更加了解汽车的质量和性能，药品的卖方也会比买方更加了解药品的功效。同样，在劳动力市场上，出售劳动力的人会比购买劳动力的人更加了解自己的工作能力。

在前面几章的分析中，我们认识到，无论在商品市场上还是劳动力市场上，买方和卖方了解的信息是一致的，即他们对商品质量好坏、商品价格等都认识一致，这样，在买卖双方都接受的价格下，卖方出售了他愿意出售的数量，买方购买了他愿意购买的数量，从而达到了帕累托最优状态，市场出现最高效率。这些都是买卖双方的意愿在价格机制的作用下通过市场的自由交易而实现的。但是，在现实情况下，信息不对称是非常常见的，由于人们认识能力的限制，个人掌握信息的技能和经验不同，对商品的了解也不同。而且，当人们认识到，掌握更多的信息在交换时会占有很大的优势时，他们就会千方百计地隐藏信息，除非你愿意额外购买它。信息也成为了一种商品。买方和卖方通过自己对商品信息掌握程度的优势，在商品交易时就会提出高于商品本身的实际价格，从而赚取更多的利润。

在信息不对称的情况下，市场机制就不能充分发挥作用。例如，由于交易双方的信息不对称，价格不再是引导资源流动的明确的信号，消费者可能以较高的价格购买到质量很差的商品，生产者可能生产出市场并不需要的产品。这样一种潜在的、对双方都有利益的交易可能无法达成，或是即便达成，效率也不高。在信息不对称的情况下导致的均衡结果对社会来讲将是一种无效率的状况，也会导致市场失灵。

（一）逆向选择和“优汰劣胜”

在现实的经济生活中，存在着一些反常的现象。本来按常规，降低商品的价格，这种商品的需求量就会增加；提高商品的价格，商品的供给量就会增加。但是，由于信息的不对称，有时候，降低商品的价格，商品的需求量并没有增加；提高商品的价格，生产者也不会增加供给。这种现象称为“逆向选择”。它是指在签订交易协议前，交易的某一方知道比另一方多的信息，而这一信息很可能影响到另一方的利益，那么，拥有信息多的一方就会利用这种优势来作出对自己有利而对另一方不利的选择。逆向选择也可以理解为在买卖双方信息不对称的情况下，差的商品总是将好的商品驱逐出市场。

阅读材料

在旧车市场，卖者知道车的真实质量，而买者不知道。这样，卖者就会以次充好，而买车的人不能了解旧车的真实质量，只知道车的平均质量，对平均质量给出中等价格，这样一来，那些高于中等价的上等旧车就可能会退出市场。接下来的情况是，由于上等车退出市场，买者会继续降低估价，次上等车会退出市场。最后的结果是：市场上只剩下了破烂车，极端的情况是一辆车都不成交。不对称信息使得旧车消费市场的需求曲线不断向下移动，并最终与低质量旧车的需求曲线重合，造成低质量旧车把高质量旧车驱逐出市场。虽然市场上车的价格下降了，但成交量也在下降。这个过程，我们就称为逆向选择。

为了更加清楚地说明逆向选择，我们举出具体例子。假定卖者出售的旧车有两种可能类型：一种是价格为 60000 元的高质量车，一种是价格为 20000 元的低质量车，每种车的数量分别占一半的市场，买卖双方有相同的偏好并且对车的评价等于车的质量。显然，如果买者知道车的质量，均衡价格就为 $P=60000$ 元（高质量）或 $P=20000$ 元（低质量）。但买者不知道车的真实质量，如果买者对高质量的车愿意出的最高价格为 70000 元，对低质量的车愿意出 30000 元，那么，在信息对称的情况下，交易是可以达成的，并且通过市场调节，成交量达到最优。但是，信息是不对称的，由于买者不敢保证出高价就能买到高质量的车，所以愿意出的最高价格为意愿的平均价格 50000 元（$70000\times0.5+30\ 000\times0.5$）。但是，乐意以这种价格成交的，只有低质量的车了。于是，这些买主基本上买的都是低质量的车，等到买者用后才发现自己上了当，以后再有人来买的时候，他们愿意出的最多价格就不是 50000 元了，而是低于 50000 元，直至降到接近 20000 元。这样下去，低质量的车照卖而有赚头，而以这样的价格卖高质量车，却只能卖得越多亏得越多。结果是，高质量车放挤出市场。

“逆向选择”伴随着旧车价格和质量不断下降，消费者的购买量也迅速下降，最终结果是导致市场萎缩甚至消失，市场均衡的结果完全无效率。因为在理想的完全信息假定下，旧车市场的交易对卖者和买者都会带来利益或效用。

上述材料中的例子尽管简单，但给出了逆向选择的基本特征：第一，在信息不对称的情况下，市场的运行可能是无效率的，因为在上述例子中，有买主愿出高价购买好车，市场“看不见的手”并没有实现将好车从卖主手中转移到需要的买主手中。从而在市场调节下供给和需求是总能在一定价位上满足买卖双方的意愿的这种理论失灵了。第二，这种“市场失灵”具有“逆向选择”的特征，即市场上只剩下次品，也就是形成了人们通常所说的“劣币驱逐良币”[①]效应。传统市场的竞争机制得出的结论是“良币驱逐劣币”或“优胜劣汰”；可是，信息不对称得出的却是相反的结论——“劣币驱逐良币”或“优汰劣胜”。

同样，这种“优汰劣胜”的例子也存在于保险市场。但与旧车市场不同的是，保险市场中掌握信息多的是买者（投保人）而不是卖者（保险公司）。保险公司根据平均的意外发生概率确定保费，但不知道具体哪些个人意外事故发生的概率大或小。这样，在医疗保险中，那些知道自己身体状况不佳的人最有积极性购买保险；在财产保险中，那些知道自己财产易遭受损失的人最愿意购买保险。从而，保险客户的意外损失概率就会高于社会平均的概率，保险公司为了不亏本，只有提高保费，而那些风险可能性低的投保人就会认为不划算，从而放弃投保。结果是将那些风险可能较小的好顾客逐出保险市场，剩下的都是些容易出风险的客户，于是出现了逆向选择。

还有，在劳动力市场，也会出现逆向选择。我们假设一批能力不同的人才到企业应聘。如果信息是对称的，各个人才的能力是共同信息，企业和人才都会根据人才的能力高低提出自己的要求，从而得到适合的岗位和获取适合的工资，由此达到均衡。而在现实社会中，信息是不对称的，招聘企业并不知道应聘人才的真实能力。在这种情况下，招聘企业只能根据应聘人才的平均能力来确定聘用的人才和给予其平均工资待遇。但在此工资下，高能力人才将退出应聘过程，招聘市场上只留下能力程度较低的人才。这样，人才的平均能力就会下降，理性的招聘企业知道这一情况以后，便会降低给予应聘人才的待遇。结果造成更多的较高能力的应聘人才退出招聘市场，如此循环下去，形成“优汰劣胜”现象，这便是人才应聘过程中的逆向选择。逆向选择的结果，一方面是低能力人才获得了较高待遇，另一方面是招聘企业承担了较高招聘成本而无法获得高能力人才，最终导致成本和收益在分担与分配上的不对称，市场出现了低效率或无效率。

（二）道德风险

信息不对称还会引发道德风险，道德风险问题源于保险市场。保险公司与投保人签订合约时，无法知道投保人的真实情况和行为。一旦参加保险后，他们往往不像以往那样仔细看管家中的财产了。正是因为保险公司无法观察到人们投保后的防灾行为而产生隐蔽行为，面临着人们松懈责任甚至可能采取不道德行为而引致损失。这就是道德风险。它是指交易的两方

① 劣币驱逐良币是指当一个国家同时流通两种实际价值不同而法定比价不变的货币时，实际价值高的货币（良币）必然要被熔化、收藏或输出而退出流通领域，而实际价值低的货币（劣币）反而充斥市场。这一现象最早被英国的财政大臣格雷欣（1533—1603年）所发现，故也称之为“格雷欣法则”。

在签订协议后，其中一方利用多于另一方的信息，有目的地损害另一方的利益，从而达到增加自己的利益又不用承担责任的行为。

例如，一所大学学生自行车被盗比率约为10%，有几个有经营头脑的学生发起了一个对自行车的保险，保费为保险标的的15%。按常理，这几个有经营头脑的学生应获得5%左右的利润。但该保险运作一段时间后，这几个学生发现自行车被盗比率迅速提高到15%以上。何以如此？这是因为自行车投保后，学生们对自行车的安全防范措施明显减少。投保的学生由于不完全承担自行车被盗的风险后果，因而采取了对自行车安全防范的不作为行为。而这种不作为的行为，就是道德风险。

这种道德风险在保险行业更常发生。只要一个当事人（如投保人）将从另一个当事人（如保险公司）那里得到的预期支付水平（如保险赔偿金）部分地由难以受到监督的接受者的行为决定时，就会产生道德风险问题。

（三）委托人—代理人问题

如果雇员工作努力的质量很难受到雇主的监督，由此偷懒而不会导致工资减少，雇员就有在工作中偷懒的动机。我们把这种雇佣关系称为委托人和代理人之间的关系。

委托—代理关系是指一方通过签订合同等形式委托另一方为其进行经济决策，并向另一方支付报酬的关系。由于双方掌握的信息不对称，委托人掌握的信息少一些，处于信息劣势，代理人掌握的信息多一些，处于信息优势，所以，委托人—代理人关系事实上就是居于信息优势与处于信息劣势的市场参加者之间的相互关系。由于信息不对称现象在经济活动中相当普遍，而许多合同都是在非对称信息条件下签订和执行的，所以，社会经济中的许多关系都可以归结为委托人—代理人关系。如政府与公务员、政府与企业、企业经理与雇员、股东与经理、证券投资者与经纪人、保险公司与投保人、批发商与零售商、医生与病人等，都属于委托人—代理人关系。

正是因为两方掌握的信息不对称，所以产生了委托人—代理人问题。我们以企业拥有者（委托人）和经理（代理人）之间的关系为例。我们知道，企业厂商是以追求利润最大化为目标的，但是，厂商是一个抽象体，它由企业所有者、经理、工人等组成，而厂商追求利润最大化是企业所有者的目的，因为厂商的利润就是企业所有者的利润。但是，经理人员的最大目的可能不是利润的最大化，而是如何提高自己的工资待遇。企业所有者和经理人员之间形成了委托人—代理人问题。企业所有者是委托人，经理人员等是代理人，委托人的利润最大化目标通过代理人行为实现，但代理人的目标不是利润最大化，他的目标可能是收入的最大化或者是在工资一定的前提下的舒适最大化，所以，委托人可能会在工作中偷懒、怠工、为自己添加不必要的办公设施以使工作环境舒适等。如果经理或工人的努力程度是可以观察并可以监督的，企业所有者就可以采取相应的措施制裁经理或工人的不努力行为。遗憾的是，无论是经理还是工人，他们的努力程度都是难以观察的，其监督观察的成本很大。企业所有者不可能总是监督和观察他们的行为。即使可以观察他们的行为，也不知道经理或工人是否百分之百地在努力工作，只有经理或工人他们自己知道自己的努力程度。由于企业所有者与经理或工人所拥有的信息是不对称的，而他们所追求的目标又是不同的，也就是说，经理或工人不会以企业的利润最大化作为自己的目标，因为企业不是他们自己的，所以他们可能会为追求自己的目标而以牺牲企业所有者利益为代价。这种委托人—代理人问题使企业最终达不到生产的最高效率。

由此可知，委托人—代理人问题有三个重要特征：①委托人利益的实现取决于代理人的行为;②委托人的目标不同于代理人的目标;③有关代理人行为的信息是不对称的。代理人的信息明显要多于委托人的信息,代理人的行为不易直接被委托人观察到。委托人与代理人之间由于信息不对称使得厂商利润最大化的目标得不到实现,从而资源得不到最优配置,市场出现低效率。

市场的信息不对称造成了很多与市场机制相背离的问题,市场出现了失灵。若政府不采取措施进行干预,必然会造成资源配置的失衡与浪费。

第三节 微观经济政策

虽然市场可以自动调节市场均衡,可达到资源配置的最优,并使社会总利益最大化,但市场这种自动调节也具有其局限性,比如我们上一节讲到的当遇到市场失灵时,只有政府发挥其"看得见的手"的作用,才可使资源得到更有效的配置。而对不同因素导致的市场失灵,政府应采取不同的微观政策进行干预。

一、政府对垄断的政策

(一)反垄断法及相关政策

政府制定了一系列反对垄断的政策,最典型的就是反垄断法,也叫反托拉斯法。它是政府反对垄断及垄断行为的重要的法律手段,许多西方国家都制定了反托拉斯法。

19 世纪 70 年代和 80 年代,美国经济飞快发展,为了更多地控制扩张中的行业,许多竞争中的企业相互兼并或者形成托拉斯。托拉斯是指包括将其资产交给托管局监管的企业在内的企业联合,并允许他们制定垄断价格,获得高额的垄断利润。因为许多托拉斯的组织者进行剥削并胁迫任何阻碍他们的人,从而变成了强盗式的资本家,这给人们带来了极大的威胁。1890 年,美国联邦政府通过了第一个反托拉斯法案——《谢尔曼法案》,该法案禁止垄断并抑制贸易的串通。之后,美国国会通过了一系列法案和修正案,禁止减少潜在竞争的兼并,禁止反竞争的市场行为。

反托拉斯法给予政府促进竞争的各种方法,这些法律允许政府阻止大企业合并。同时,依据反托拉斯法,政府针对不同形式的垄断可以制定一些政策反对垄断。目前有以下几种反垄断的政策:

1. 行业的重新组合

即将一个垄断行业重新组合成有许多厂商竞争的行业,通过厂商之间的竞争把先前具有市场影响力的垄断行业的价格降下来。当这些重新组合的厂商的竞争程度越高的时候,市场上的价格就越接近于完全竞争的市场价格。对于政府而言,一般采取的办法是分解原来的垄断厂商或者扫除进入垄断行业的障碍,并为那些进入竞争的厂商提供优惠条件,以鼓励其与其他厂商竞争。

如果一个行业垄断是通过行业中的厂商兼并或者一家厂商依靠较大的规模设置进入障碍而形成的,那么,就可以依靠政府力量把行业中的垄断厂商分解为几个或多个较小的厂商。一般而言,政府对垄断行业重新组合后,并不会立即就形成完全竞争的市场结构。因为即使大的垄断厂商被分解后形成的小厂商也具有一定程度的市场支配力,为配合把竞争因素引入垄断行业，让新加入一个垄断行业经营的厂商有能力与原有的厂商竞争，政府要对新厂商给予一定的优惠，减少进入障碍。

2. 制止垄断行为

如果一个行业不存在进入障碍，那么，一般厂商不会在长期内获取超额利润。因此，已经取得垄断地位的厂商总是试图设置进入障碍，或者采取不正当竞争手段排挤竞争者，以维护自身市场的支配力，为此，政府可以采用各种处罚手段加以制止。对垄断行为的制止重点在于清除进入障碍，鼓励更多的厂商进行竞争。对不执行反垄断规定的厂商或个人，政府可以对其实行经济制裁。

(二)对垄断进行管制

上述反垄断的理由并不适用于自然垄断的情形。因为自然垄断的特点是它具有很大的规模效应，甚至于在整个市场的需求范围内，这种规模效应还存在。这类行业通常需要大型的资本设备和大量的固定要素，如城市管道煤气公司、供电公司等。如果引进竞争机制，就会使大量设备和固定资产浪费，那么城市底下将到处是煤气管道和水管，城市上空将到处是高压天线，不仅浪费资源，还会给环境带来负面影响。并且，在这样的行业，若厂商的生产量低于社会总需求，根据自然垄断的平均成本特点，其成本一定会很高。因此，这种情况下，政府想通过竞争来消除垄断提高效率是不明智、不现实的，一般是对其加以管制。管制的措施主要包括价格管制或者价格和产量的双重管制，通过税收或补贴以及国家直接经营。

1. 对价格的管制（即按边际成本定价）

前面我们已经分析过，垄断厂商根据边际成本等于边际收益（$MC=MR$）时制定垄断价格，由此获得超额利润（如图 9 - 14 中的 $a+b$ 部分），造成无谓损失。政府的作用就是让这种损失减少最小，最好是没有无谓损失。通常我们说，当价格等于边际成本时，资源配置是最优的，社会总利益也达到最大。假定政府对垄断行业只实行价格管制，即规定一个低于垄断市场价格的管制价格或最高限价，垄断企业会获得一定量的超额利润，但这一利润额低于垄断厂商自主定价时决定的超额利润，政府规定低于厂商自主定价的最高限价，一个适当的选择是按市场需求等于厂商边际成本的原则决定管制价格。如图 9 - 14 中的 B 点，这时，政府定价为 P_2，小于垄断厂商规定的价格 P_1，并且产量也增加（$Q_2>Q_1$），垄断厂商也有纯利润 b，但比自由定价时的利润要少。由于消费者利益没有受到损害，社会总剩余最大，资源得到最优配置。

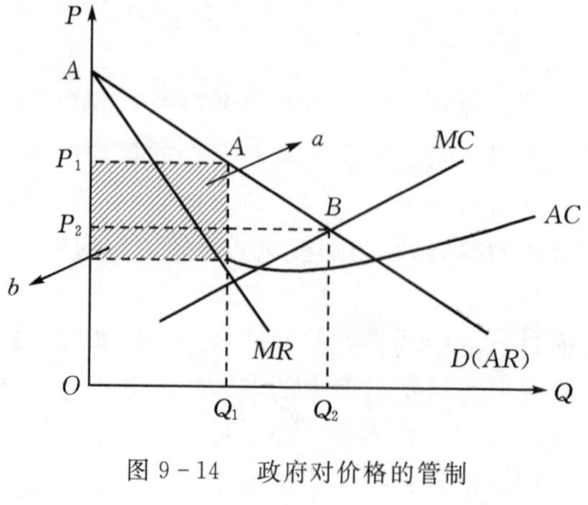

图 9 - 14　政府对价格的管制

2. 对自然垄断的管制（按平均成本定价）

图 9-15 表示了自然垄断的生产成本的特点。虽然已经达到了市场的总需求量（A 点所对应的 Q_A），厂商的平均成本仍然在下降。若对其进行价格管制，即按边际成本定价，边际成本等于需求（MC 交 D 于 B 点），此时 B 对应的价格就会小于平均成本，厂商出现亏损，图中的阴影部分为亏损量，此时的厂商就会退出生产。所以，政府对自然垄断行业的管制不能只是价格管制，还需要对其进行产量的管制。从理论上说，在市场需求曲线上的任何一个价格与产量的组合均可以作为政府对垄断厂商的管制。但在实践中，政府往往按平均成本定价（图中的 A 点处），产量为 Q_A，价格为 P_A，这时厂商只获得正常利润。

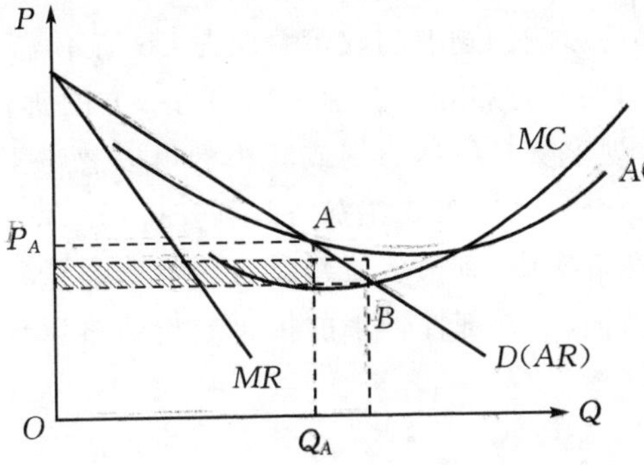

图 9-15　政府对自然垄断的管制

3. 税收和补贴

若政府对垄断厂商的价格或产出数量的管制使厂商遭受损失，政府就可对其进行相应的补贴。同样，若在政府管制后垄断厂商仍有超额利润，政府便向其征收一定的税额，以体现平等分配的原则。

4. 直接经营

对垄断行业，政府也可以采取直接经营的方式来解决由于垄断造成的市场失灵。由于政府经营的目的不在于利润最大化，所以可以按照边际成本或者平均边际成本决定价格，以便部分地解决由于垄断所产生的产量低和价格高等低效率问题。

二、对外部性引起市场失灵的政策

外部性造成资源配置缺乏效率的原因是由于私人部门用于决策的成本即私人成本与社会实际付出的成本之间出现偏差，或者是私人获得的收益与社会总收益出现不同。所以，要达到更有效率地配置资源，政府必须矫正外部性影响，让外部性影响内在化。目前政府的主要措施有明确所有权、合并企业、税收和补贴、发放交易许可证和政府管制。

（一）明确所有权

通常，外部性影响之所以导致市场资源配置的无效率，主要是因为没有明确所有权。如果政府通过立法来规定产权并建立一套严格定义的不变的产权关系，有些外部性的影响就可能不会发生。例如，造纸厂向河流排放污水，从而使下游的居民受到损害。如果给下游的用水者以使用一定质量干净水的权利，则造纸厂就不能向河流排放污水了；如果该厂要向河流排放污水，就要向下游的受污染者支付费用，向下游的居民购买这种权利。同时，遭受污染的居民就将这笔费用用于污水的治理。或者，造纸厂也可自己治理污水，让下游的居民享受这种不受污染的权利。不管是哪种方式，由于造纸厂为其负外部影响支付了费用，它的私人成本就等于社会成本，资源配置更有效。

通过所有权的明确化来解决外部性影响这一思想是以科斯为代表的所有权学派经济学家提出的。他们提出，只要明确界定所有权，经济行为主体之间的交易行为就可以有效地解决外部性问题。著名的科斯定理概括了这一思想：只要所有权是明确的，则在交易成本为零的条件下，无论最初的所有权赋予谁，最终效果都是有效率的。

科斯定理用于解决外部性影响问题上的政策含义是：政府不需要对外部性影响进行直接的调节，只需要明确产生外部性一方和受外部性影响的另一方的所有权，市场谈判就可以解决问题。其局限性是科斯定理规定交易成本为零或者小到可以忽略不计，但在现实生活中交易成本不可能为零。首先，因为交易谈判需要花费时间和安排场地，谈判中提出的证据需要花资源、经历和时间去收集等。在现实中，有很多谈判就是因为交易谈判的成本太高而无法达成。其次，如果外部性影响波及面很广，外部性带来的损害或价值难以计算，那么就算产权明确也难达成协议。

阅读材料

甲、乙两人同住一间宿舍，甲爱安静，乙则喜欢听音乐，乙的行为对甲造成了负外部性，那么有以下几种解决方法：

第一种：假定若甲忍受吵闹，或者乙不听音乐，他们都无法接受，假设损失是 100 元。

第二种：乙购买耳机，价格为 10 元。根据科斯定理，假如学校规定甲有权享受安静，他可以向学校有关部门报告，要求乙不干扰他，这时，乙为了能继续听音乐，只好花 10 元购买耳机；如果学校规定，乙有权听音乐，那么甲在不堪忍受吵闹的情况下，要么忍受，要么与乙谈判，如果甲是理性的，他会选择花费 10 元钱给乙买一个耳机。

最初权利的规定对最终结果并不是至关重要的。不管这种权利给准，通过“交易”，都可达到总效益的最大，若学校将权利给甲，那么甲最终获得的效益是 100 元，乙的效益是 90 元(100－10)，总效益为 190 元；若学校将权利交给乙，那么，甲给乙买耳机花了 10 元，但享受到了安静，获得了 100 元，总效益是 90 元(100－10)，乙的收益是 100 元，两人总效益同前面的不变，还是 190 元。

(二)合并企业

如果将产生外部性影响的厂商与受其影响的厂商联合起来，合并成一个厂商，那么，厂商在合并后能够使得外部性影响在企业内部得到解决。例如，若造纸厂给下游的一个食品加工厂带来了负外部性影响，那么，要是将这两个厂商合并，这个外部性影响就被内部化了，厂商就会考虑排放污水对食品厂影响的成本，从而自觉地调整生产投入和成本，企业的外部成本被内部化了。合并后的厂商所决定的产量等于社会的最优产量，外部性在一定程度上得到限制。

(三)税收和补贴

政府可以通过对那些具有负外部性经济的厂商征税，对具有正外部性经济的厂商进行补贴，这是迫使厂商考虑外部性成本或外部利益的手段之一。我们把这种用于纠正负外部性经济影响的税收，称为庇古税(庇古是最早提出这种税收方法的经济学家)。政府向施加负外部经济的厂商征收恰好等于外部边际成本的税收，而给予提供正外部经济的厂商等于外部边际收益的补贴。政府征税和补贴的最终结果是使厂商的私人边际成本等于社会边际成本，从而得到社会最优产量。但是，用税收的方法来克服负外部经济影响的弱点是政府很难准确确定外部边际成本，如造纸厂的污染边际成本，因而无法准确地制定污染税。但是，这种征税的方法使厂商的私人成本更加接近社会成本，所以资源的配置比征税前更加有效。

(四)发放交易许可证

政府可以发放或拍卖一定数量的交易许可证，这样就可以将政府无法得到的(如治理污染的成本)交给市场机制调节，从而避免了政府决策所面临的问题，提高了资源配置的效率。

(五)政府管制

政府可以通过规定或禁止某些行为来解决外部性影响，如政府规定污水的排放标准或者干脆禁止某些污水的排放。

不管政府采取什么措施，它们的最终目的是将排污控制在最优状态。那么多少排污量才是最优的呢？当然，我们会说，零排放才是最优。但是，前面我们讲过，有些外部性是无法根除的，有些工厂的生产不得不产生一定的污染物。最优就是边际收益等于边际成本时的状态，即污染的社会边际成本等于社会边际收益。假定以造纸厂和周围居民为例，造纸厂的社会污染成本为造纸厂的生产成本加上给周围居民带来的损失。如图 9-16 所示，横轴表示排污量或排污程度，纵轴表示污染造成的成本或治理污染成本。两曲线相交的 A 点为平衡状态，即当排污量为 Q 吨、社会污染成本为 P 元时，排污量达到最优。

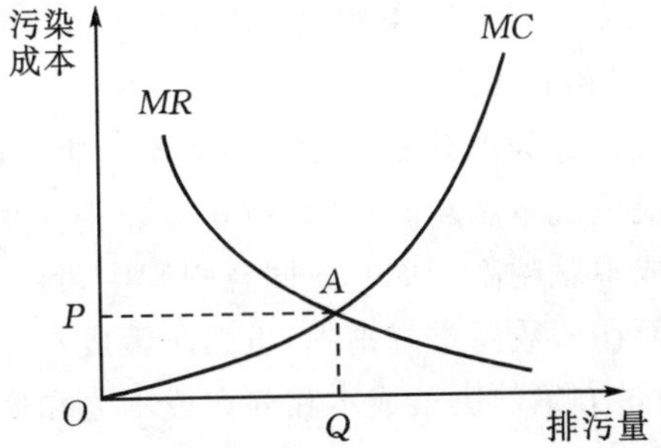

图 9-16　造纸厂的污染成本与最优排污量

三、对公共物品引起市场失灵的政府政策

前一节我们分析了让市场决定公共物品的供给量是很困难的，针对这个现象，政府就必须担起提供公共物品的任务。那么，政府是如何决定提供什么公共物品和提供多少公共物品的呢？一个重要的方法就是对公共物品进行成本—收益分析，即估算一件公共物品的生产成本和它将给社会带来的收益。如果成本大于收益，该公共物品就不值得生产；反之，当成本等于或小于收益时，它就值得生产。总之，成本—收益方法是以总收益和总成本之间的差额最大化为目标的。

但是，由于每个公共物品的成本和收益预算也很困难，从而难以进行准确的成本—收益分析，那么政府的决策也可能失误。为了更加有效率地提供公共物品，决定其供给量，政府不得不借助于具有集体性、非市场性和规则性特点的公共选择。公共决策是由政府代表作出的决策，政府的选择最终取决于政治市场的均衡。构成政治市场的需求者是公众、选民或者纳税人，而供给者是由政治家或者官员所组成的政府。与市场运行一样，公共选择也有一定的规则，以协调人们的行动，反映人们的偏好。

下面介绍几种公共选择的规则：

(1)一致同意规则。一致同意是指一项方案只有在所有参加者全部同意时方可实施，如果有一个参加者不同意，哪怕同意者人数大大超过一人，这项方案也将被否决。一致同意规则的好处是它满足了所有人的利益，避免了“免费乘车者”，并且达成协议后将是帕累托最优。但其协议的成本太大了，特别是在总人数很多的情况下，很难最后达成协议。

(2)多数同意规则。多数同意规则即一项方案必须得到参加者多数的同意才可实施，这里的多数可以是超过总数一半，也可以是总数的三分之二以上。多数规则的好处是成本较低并容易达成协议，缺点是它不能代表所有人的利益，不是帕累托最优状态，但它可能是潜在的最优状态。

(3)加权规则。加权规则即按照这项方案对不同参加者有不同的重要性来分配票数，对参加者的意愿“加权”，相对重要的，分配的票数就多，反之就少，最后以票数的多少来决定方案是否实施。

(4)否决规则。这个规则为，先让所有参加者都提出自己的行动方案，然后再让每个参加者否决自己不同意的方案，最后剩下的就是所有参与者都接受的方案了。由于这种方案也可以让每个人都接受，所以也是帕累托最优的。

这几种公共选择的规则都有它的优点和缺点，那么怎样选择才可确定是最优的选择呢？一般来说有两种模型：成本模型和概率模型。

成本模型将公共选择的成本分为决策成本和外在成本。决策成本是指通过某项方案所花的时间和精力，参与者越多，决策成本就越高；外在成本是指通过的方案给不同意者带来的利益损失，不同意者越多，外在成本就越高。如一致同意规则中，每个人的利益都满意了，外在成本为零，但决策成本非常大；而在多数同意规则中，虽然决策成本比较低，但它不能满足所有人的意愿，存在外在成本。当通过方案的决策成本和外在成本之和最小时，我们就认为该项方案最优。

与成本模型不同的是，概率模型力图使公共决策的结果最小限度地偏离个人意愿。通过成本模型，公共理论证明了公共选择中的多数规则是一种比较理想的规则。

我们知道，无论是什么规则，政府在公共决策中均占据着重要的作用，但是，与厂商不同，政府不是以追求利润最大化为最终目的的，它追求的是规模最大化。规模大，机构就大，人员就多，权力就大，提升的机会就多。同时，政府各部门提供的是某种特殊的劳务，他们是劳务的垄断者，因而没有竞争，最终导致政府的低效率。解决政府低效率的方法是使政府官员制度具有竞争性。具体做法如下：

(1)应允许私人生产者进入提供公共物品部门的领域，使其能直接提供公共物品，与政府展开竞争；或者由私人承包公共物品的生产，以创造出比政府更高的效率。

(2)让政府之间进行竞争；或者使提供公共物品的部门的权利分散化，把庞大的部门分解成较小的机构，以降低成本，提高效率。

(3)应对政府的各项开支项目所能得到的社会效益与为此付出的成本进行对比，以限制那种不计成本、一味扩大项目预算的行为。

四、信息不对称引起市场失灵的政府政策

信息不对称给市场机制的正常运行带来许多问题。在信息不对称导致市场失灵的领域，通过一些有效的制度安排和措施安排消除信息不对称带来的影响。实施这些制度安排和防范措施，可以通过市场机制本身，也可以通过政府干预来做到。

在商品市场上，逆向选择是发生在难以事先辨别优劣的商品上，所以，在突破逆向选择的过程中，一方面鼓励卖方提供标准化产品、提供质量保证书或者其他办法来为他们的产品维持好的声誉；另一方面，政府通过行政手段规范、约束卖方市场，包括制定质量标准、实行质量监督、要求销售者提供质量保证等。同时，政府还要提供良好的检测鉴别机制，保证信息的集散畅通和获取方便，并建立和维护良好的市场体系和秩序，有效打击假劣产品等，为消费者提供良好的信息环境。

在保险市场上，不能用提高保费的方法去消除保险市场的逆向选择。保险公司可以通过提供不同类型的合同，将不同风险的投保人分开，即不拥有信息的人(保险公司)可以设计一个菜单，来鉴别不同人的信息。同时，政府建立强制险制度，如对社会养老保险和医疗保险，要求政府、企业和个人共同出资解决。

在劳务市场上，人才可以通过受教育程度向企业发送信号，同时，企业在进行人才招聘时可建立一个反映人才能力与企业职位要求吻合程度的综合认知体系。该体系应包括应聘人才的自然情况、受教育程度、以往职位和工作业绩、诚信、人际关系等一系列因素，并根据职位要求最终确定聘用人选。并且，政府也可与企业、人才市场联手，对人才建立全面的资料库，及时记录人才的学历、业务水平、信用等情况，这样就可以将人才的私人信息转变为共同信息。从而，企业在招聘人才时，既可以节省招聘成本，又可以降低招聘风险，有效地防止人才在应聘过程的逆向选择。还有，为减轻道德风险，需建立对人才的激励与约束机制。一方面，人才的能力要通过对他的激励使其最大限度地发挥出来，如采用绩效工资、奖金、期权、福利补贴等方式；另一方面，为平衡企业在信息博弈中的弱势地位，要通过对人才进行约束来实现，如公司的章程约束、合同约束、偏好约束和外部的法律约束、道德约束、市场约束和舆论约束等。

但是，任何政府干预都不能完全解决信息不对称导致的市场失灵现象，但有可能使社会资源配置达到次优状态。政府在“市场失灵”的情况下适当干预是很有必要的，但政府干预也存在一些问题，它可能出现不但不能有效克服市场机制的内在缺陷和不足，反而导致资源配置效率下降、社会资源浪费严重的情况，政府的这种干预的缺陷也会导致“政府失灵”。在现实的经济问题中，就要对“政府失灵”和“市场失灵”进行权衡，找出最优的方案。

本章关键词

市场失灵	外部性经济	公共物品	公有资源
信息不对称	逆向选择	道德风险	

案例分析

为什么稀缺资源10年后价格下跌——两位经济学家的赌博

两位美国经济学家，一位是马里兰州立大学的朱利安·西蒙(Julian Simon)，另一位是斯坦福大学的保罗·埃尔里奇(Paul Ehrltch)。他们决定赌不可再生性资源是否会消耗完的问题。不可再生性资源是消耗完就无法再有的资源，如石油、煤及各种矿石等。这种资源在地球上的储藏量是有限的，越用越少，总有一天这种资源会用完。悲观派埃尔里奇的观点是，这种资源迟早会用完，这时人类的末日就快到了。这种不可再生性资源的消耗与危机，表现为其价格大幅度上升。乐观派西蒙的观点是，这种资源不会枯竭，价格不但不会大幅度上升，还会下降。

他们两人选定了5种金属：铬、铜、镍、锡、钨。各自以假想的方式买入1000美元的等量金属，每种金属各200美元。以1980年9月29日的各种金属价格为准，假如到1990年9月29日，这5种金属的价格在剔除通货膨胀的因素后果然上升了，西蒙就要付给埃尔里奇这些金属的总差价。反之，假如这5种金属的价格下降了，埃尔里奇将把总差价支付给西蒙。这场赌博需要的时间真长。

到1990年，这5种金属无一例外地跌了价。埃尔里奇输了，教授还是守信的，埃尔里奇把自己输的7607美元交给了西蒙。

本案例中两位经济学家对不可再生资源所持观点实际上取决于他们所用的分析方法，埃尔里奇用的是局部均衡分析法，西蒙采用的是一般均衡分析法，而且是动态的。局部均衡分析法通常假定某一产品(或要素)的需求和供给只取决于其自身的价格，不考虑其他市场的影响，因而这种方法隔绝了各类市场之间的联系。一般均衡分析法通常认为各种市场之间存在着不可忽略的联系，一种产品(或要素)的价格变动会影响其他产品(或要素)的价格变动，反过来，它们又影响该产品(或要素)的价格。因此，本案例中这两位经济学家赌博的最终输赢实际上是这两种分析方法之间的输赢，是这两种分析方法哪一种更接近经济生活现实的问题。

西蒙教授在赢了这场赌博之后说，自己一开始就对赢得赌博充满了信心，因为他相信人类社会的价格机制和技术进步。的确，价格机制是调节经济的一只神奇的“看不见的手”。在自由竞争的市场上，价格随供求关系变动而灵活、及时地变动。价格反映了资源稀缺的程度。当某种资源短缺，供给小于需求时，价格必定上升。价格上升，增加了供给，减少了需求，最终使供求平衡。反之，当某种资源过剩，供给大于需求时，价格必定下降。价格下降，减少了供给，增加了需求，最终也使供求平衡。所以，只要让价格自由浮动，价格就可以准确地反映资源的稀缺程度，有效地调节供求。这5种金属无疑是不可再生性资源，但也同任何其他资源一样由价格调节。当这5种金属越来越短缺时，其价格必定上升。但为什么现实中这5种金属越来越少，而价格反而下降，西蒙赢得了这场赌博呢？关键在于价格上升刺激供给的作用。

世界上任何一种资源都有其替代品，不可再生性资源同样也有替代品。当这5种金属的价格上升时，就刺激了人们去开发它们的替代品。例如，铜和锡过去主要是制造各种生活用的器皿的。当铜和锡的价格上升时，发明并大量生产替代铜和锡的塑料制品就是有利的。同样，铜和其他制造电线金属价格的上升也刺激了人们开发替代铜的光导纤维，光导纤维主要以沙子为原料。这就是说，这5种金属价格的上升刺激了人们去开发它们的替代品。当这些替代品大量生产出来时，供给增加，价格下降，人们就会用替代品取代这些金属。这时，这些金属的需求大大减少，价格自然就下降了。

但在刺激替代品的开发和生产中，价格十分重要，只有价格上升到一定程度，当开发和生产这些金属的替代品有利时，才能刺激这种创新活动。替代品的开发与大量生产是技术进步的结果，但促进这种技术进步的是价格机制。在市场经济中，包括专利在内的产权受到立法保护，人们可以从自己的发明创造中获得丰厚利益。这是激励人们开发各种替代品的动力。

发明者寻找和开发这 5 种金属的替代品——塑料或光导纤维等——不是为了解决社会面临的这 5 种金属短缺问题，而是为了获利。但在他们为获利而开发这 5 种金属的替代品时，他们就为社会进步作出了贡献。价格调节使发明者的个人利益与社会利益相一致。这就是市场调节自发刺激技术进步的机制。有这种机制，人类就可以生产出一切不可再生性资源的替代品。因此，像这 5 种金属一样的不可再生性资源，不会枯竭，价格也不会无限上升。而且，价格上升到一定程度后，必然由于替代品的大量生产而再下降，甚至低于原来的价格水平。这正是西蒙敢于打这场赌的理论依据。他的获胜不是偶尔的运气，而是客观经济规律的必然结果。

埃尔里奇最终在这场赌博中输给了西蒙，证明一般均衡分析法比局部均衡分析法更接近经济现实。从一般均衡分析角度出发，人们可以在很多问题保持正确且乐观的态度。以土地为例，如果土地的价格过高，那么就会出现土地替代品，比如会发展起高层楼房，会填海造地，会向还未被开发的土地扩展等。如果地球上的土地价格实在太高，那么，开发月球土地资源就会顺理成章并有利可图。总之，只要土地价格过高，就会出现土地的替代品，从而使土地价格保持相对稳定。

同样，在对待水资源匮乏的问题上也无须悲观，依靠价格机制可以解决水资源短缺的问题。如果能够保证水价大幅度提高，到一定程度时海水淡化、废水重新利用等都会是有利可图的，水的供给就会增加。同时，水价上升能使人们节约用水，减少需求。比如当水价较低时，用滴灌技术代替大水漫灌是不经济的，但当价格涨到一定程度，人们就会自觉采用滴灌技术，因为这样做有利可图。水价上升不仅会使已发明的各种节水技术得以利用，同时也能刺激新的节水技术的出现。照此推理，解决水资源危机的核心方法就是保证价格机制的正常运行。

（资料来源：梁小民，经济学家的赌博，万象，2013 年）

讨论并分析：

1. 请结合上述材料比较局部均衡分析法和一般均衡分析法的异同。

2. 请结合生活实际，举例说明我们应如何应对资源危机。

课后练习

一、选择题

1. 垄断造成资源配置的低效率是因为垄断价格（　　）边际成本。

A. 高于　　B. 等于　　C. 低于　　D. 两者无关

2. 为了提高资源配置效率，政府对自然垄断行业的垄断行为（　　）。

A. 放任不管　　B. 加以管制　　C. 完全支持　　D. 坚决反对

3. 如果在市场上一种商品相对于社会最优产量来说供给不足，这说明存在（　　）。

A. 信息不对称　　B. 正外部性　　C. 负外部性　　D. 逆向选择

4. “搭便车”现象是由于物品存在（　　）造成的。

A. 正外部性　　B. 负外部性

C. 非竞争性和非排他性　　D. 竞争性和排他性

5. 在其他条件相同的前提下，身体状况越差的人越愿意购买保险，这是市场失灵中的(　　)现象。

A. 外部经济　　B. 逆向选择　　C. 道德风险　　D. 搭便车

二、简答题

1. 为什么垄断会造成资源配置的低效率？试画图说明。

2. 什么是公共物品？有什么特征？

3. 简要说明政府对外部性引起市场失灵的矫正政策。

参考文献

[1]斯蒂格利茨.经济学(上册)[M].北京:中国人民大学出版社,2007.
[2]高鸿业.西方经济学[M].北京:中国人民大学出版社,2005.
[3]胡放之,童光荣.微观经济学[M].2版.上海:上海财经大学出版社,2013.
[4]梁小民.西方经济学[M].北京:中央广播电视大学出版社,2002.
[5]平狄克,鲁宾费尔德.微观经济学[M].3版.美国英林虚城:普伦蒂斯一霍尔公司,2005.
[6]萨缪尔森,诺德豪斯.经济学[M].16版.纽约:麦格劳一希尔公司,2008.
[7]曼斯菲尔德.微观经济学[M].7版.纽约:诺顿公司,2001.
[8]鲍莫尔,布兰德.西方经济学——原理和政策[M].7版.纽约:德里顿出版社,2007.
[9]阿西玛咖普罗斯.微观经济学[M].牛津:牛津大学出版社,2010.
[10]尼库尔森.微观经济理论[M].5版.纽约:德里顿出版社,2002.
[11]蒋中一.树立经济学的基本方法[M].3版.纽约:麦格劳一希尔公司,2004.
[12]斯蒂格利茨.经济学(上册) [M].纽约:诺顿公司,2003.
[13]范里安.微观经济分析[M].3版.纽约:诺顿公司,2002.
[14]亨德森,邝特.微观经济理论[M].3版.纽约:麦格劳一希尔公司,2000.
[15]弗格森.微观经济理论[M].3版.美国伊利诺伊州:依尔文公司,2002.
[16]萨尔维特.微观经济理论[M].2版.纽约:麦格劳一希尔公司,2003.
[17]周惠中.微观经济学[M].上海:上海人民出版社,2015.
[18]斯蒂格利茨.公共部门的经济学[M].2版.纽约:诺顿公司,2008.

普通高等教育“十三五”应用型本科系列规划教材

经济学基础	人力资源管理概论
管理学基础	国际贸易概论
会计学基础	物流管理概论
经济法	公共关系学
运筹学	会计电算化
组织行为学	财务管理
市场营销	现代管理会计(第二版)
计量经济学	商务礼仪
应用统计学	外贸函电
电子商务概论	商务谈判
金融学	微观经济学
供应链管理	数据库原理及应用实验教程
企业管理	数据库原理及应用(SQL Server 2008)

图书在版编目(CIP)数据

微观经济学/贾鹏飞主编. —西安:西安交通
大学出版社,2016.12
ISBN 978-7-5605-9269-5

Ⅰ.①微… Ⅱ.①贾… Ⅲ.①微观经济学
Ⅳ.①F016

中国版本图书馆 CIP 数据核字(2016)第 305906 号

书　　名 微观经济学
主　　编 贾鹏飞
责任编辑 李逢国

出版发行 西安交通大学出版社
(西安市兴庆南路 10 号　邮政编码 710049)
网　　址 http://www.xjtupress.com
电　　话 (029)82668357　82667874(发行中心)
(029)82668315(总编办)
传　　真 (029)82668280
印　　刷 陕西时代支点印务有限公司

开　　本 787mm×1092mm　1/16　**印张** 11.875　**字数** 284 千字
版次印次 2017 年 1 月第 1 版　2017 年 1 月第 1 次印刷
书　　号 ISBN 978-7-5605-9269-5
定　　价 36.80 元

读者购书、书店添货、如发现印装质量问题,请与本社发行中心联系、调换。
订购热线:(029)82665248　(029)82665249
投稿热线:(029)82668133
读者信箱:xj_rwjg@126.com